普通高校"十二五"规划教材
经济管理实验教材系列

金融模拟交易实验教程

艾 蔚 主编
袁 军 副主编

清華大学出版社
北 京

内 容 简 介

本书将金融学相关原理介绍与金融实践操作模拟紧密结合,分证券、期货与外汇三部分展开阐述,并选取常用金融分析软件对操作流程和技巧进行介绍,旨在提高学生的实际操作能力。

本书内容被设计成7个实验单元,其中实验单元1到实验单元5详述证券模拟交易实验,尤以股票投资为主;实验单元6阐述期货交易;实验单元7阐述外汇交易。每个实验单元都包括实验要求、实验准备、实验内容与实验小结等内容,其中实验准备包含大量的实验项目操作细节,可为学生提供详细的实验指导与示范说明,而实验内容既有验证性实验项目,也有设计性实验项目,有助于提升学生的创新意识与实践能力。

图书在版编目(CIP)数据

金融模拟交易实验教程 / 艾蔚主编. —北京:清华大学出版社,2013(2022.9重印)
(普通高校"十二五"规划教材·经济管理实验教材系列)
ISBN 978-7-302-32204-7

Ⅰ. ①金… Ⅱ. ①艾… Ⅲ. ①金融交易—教材 Ⅳ. F830.9

中国版本图书馆 CIP 数据核字(2013)第 084805 号

责任编辑: 高晓蔚
封面设计: 汉风唐韵
责任校对: 宋玉莲
责任印制: 宋 林

出版发行: 清华大学出版社
  网 址: http://www.tup.com.cn, http://www.wqbook.com
  地 址: 北京清华大学学研大厦 A 座   **邮 编:** 100084
  社 总 机: 010-83470000   **邮 购:** 010-62786544
  投稿与读者服务: 010-62776969,c-service@tup.tsinghua.edu.cn
  质量反馈: 010-62772015,zhiliang@tup.tsinghua.edu.cn
  课件下载: http://www.tup.com.cn,010-62770175-4903
印 装 者: 三河市龙大印装有限公司
经 销: 全国新华书店
开 本: 185mm×230mm **印 张:** 18   **字 数:** 379 千字
版 次: 2013 年 5 月第 1 版   **印 次:** 2022 年 9 月第 7 次印刷
定 价: 58.00 元

产品编号:051376-03

前　言

　　培养金融改革和创新需要的既掌握金融学的理论知识，又具备实际操作技能的应用型创新人才是高校金融专业的目标。因为实现金融专业毕业生向金融从业者的转变，不仅需要证券、期货与外汇等基础理论知识，更需要在证券、期货与外汇等金融市场上游刃有余的操作能力，两方面相辅相成。

　　与此同时，中国金融市场突飞猛进的发展，为金融类课程的教学注入了新的内容，也对其教学模式改进提出了要求，实践教学成为不可或缺的教学环节，而模拟实验是金融专业实践教学的主要方式。

　　在长期的教学实践中，我们发现寻找合适的证券、期货与外汇有关的理论教材容易，而寻求合适的实验教材较为困难，因此实验教学随意性大，教学质量提升无章可循。鉴于此，我们总结了多年来的证券、期货、外汇模拟交易实验课程教案，编写了本书。

　　本书是上海工程技术大学教学改革项目"投融资运营学科建设"的成果之一，由艾蔚负责设计全书的整体框架与撰写体例。各章编写分工如下：艾蔚负责编写实验单元1、实验单元2、实验单元5、实验单元6和实验单元7，袁军负责编写实验单元3和实验单元4。袁军对初稿进行审阅与修改，艾蔚最后进行总纂和定稿。

　　在这里，要特别感谢上海工程技术大学管理学院对本书编写的大力支持。

　　本书是作者在多年的教学实践的基础上编写而成的，虽几经修改，但由于编者水平有限，书中难免有不妥及疏漏之处，敬请广大读者及同人批评指正。

艾蔚、袁军

2013 年 1 月

目 录

实验单元 1

股票模拟交易实验软件环境

1.1 实 验 要 求

掌握证券分析软件的基本功能和使用技巧；

学会股票模拟交易系统的基本操作；

能够利用证券行情系统进行简单的股票分析与选择。

1.2 实 验 准 备

安装并登录钱龙金融教学软件，然后熟悉股票模拟交易的行情系统和下单系统的功能与操作。本教程使用钱龙金融教学软件进行证券、期货和外汇模拟交易的演示，使用其他行情软件和下单系统也是一样的。

1.2.1 行情系统操作

单击桌面"开始"菜单→程序→钱龙金融教学系统，或者双击桌面上的快捷方式图标，出现图1-1。单击"证券市场"，出现下拉菜单，单击"实时行情"，即可进入证券行情分析系统。

图 1-1 钱龙金融教学系统页面

1.2.1.1　基本界面元素

打开证券行情软件,首先出现的是实时证券行情数据列表界面,它以表格形式显示多种证券价格信息,如图 1-2 所示。

图 1-2　股票行情数据列表界面

窗口顶部是菜单栏,菜单栏包含了所有证券分析软件能够实现的功能。单击菜单栏上的各个功能项目,即可启动并使用相应的功能,如图 1-3 所示。

图 1-3　菜单栏

在股票行情数据列表界面的第一行,可以看到列表指标,如证券名称、证券代码、开盘价、成交价、涨跌变化、成交总量、现量、最高价、最低价、买入价、卖出价、幅度、换手率、市盈率、市净率、成交金额、总市值、量比、委比、昨日收盘价等。

图 1-2 左下方起有若干个证券分类标签,可以单击某个标签查看某类证券的行情,如图 1-4 所示。

图 1-4　证券分类标签

在界面底部还有当日沪深两市股价指数以及总交易额等指标,通过这些指标大致了解当日大盘和个股行情以及状态栏等,如图 1-5 所示。

图 1-5　沪深两市股价指数和状态栏

上证指数、涨跌、成交金额(亿):鼠标单击此处,即可直接切换到上证指数分时走势图。

深证成指、涨跌、成交金额(亿):鼠标单击此处,即可直接切换到深证成指分时走势图。

恒生指数、涨跌、成交金额(亿):鼠标单击此处,即可直接切换到恒生指数分时走势图。

状态栏:显示系统在线状态,包括在线、断线、离线、连接异常等,当出现"!"或灰色,表明服务器连接异常或断开,双击可进行重新连接。它在画面最底端。

买气(红)、卖气(绿)的强弱表示。

跑马屏:报价跑马屏用于显示沪市、深市大盘最新价、涨跌及成交量等实时信息。资讯跑马屏用于显示当前重要的资讯,进行滚动播报。

警示灯:当有符合您所设置的警示条件时,警示灯就会闪烁,单击警示灯即可查看具体信息。

服务器状态:处于闪烁状态,就说明有新的行情数据到达;不闪烁,则说明没有行情数据。

1.2.1.2　个股页面

在关注大盘的走势后,可进一步关注个股信息,通过选取个股页面进行观察,采用股票快速查找方法可以迅速找到相关个股。如果在股票行情数据列表界面找到想要选取的个股,可以使用鼠标左键直接双击个股名称,就可进入。也可利用智能键盘进行快速定位,比如敲入证券名称的拼音首字母,若想查看上海机场的股票行情,可输入"SHJC",智能键盘马上就可找到"上海机场",然后敲击回车键,即可查看其走势行情,如图 1-6 所示。

或者投资者可通过输入股票代码,直接输入代码即可准确定位该股票,然后回车即可查看该证券行情。如输入 600009,系统马上就可找到"上海机场",如图 1-7 所示。

在个股页面,通过分时走势图,投资者可了解该股票当日的价格走势以及该股票的买盘价、卖盘价、成交量等数据,还可通过 K 线图了解该股票某时段的价格趋势,综合这些相关数据可全面考察该个股的近期表现,如图 1-8 所示。

从个股信息窗口,可以看到卖五/卖四/卖三/卖二/卖一/买一/买二/买三/买四/买五;最新、涨跌、幅度、总量、现量、委比、金额、涨停、均价、换手、开盘、最高、最低、量比、市

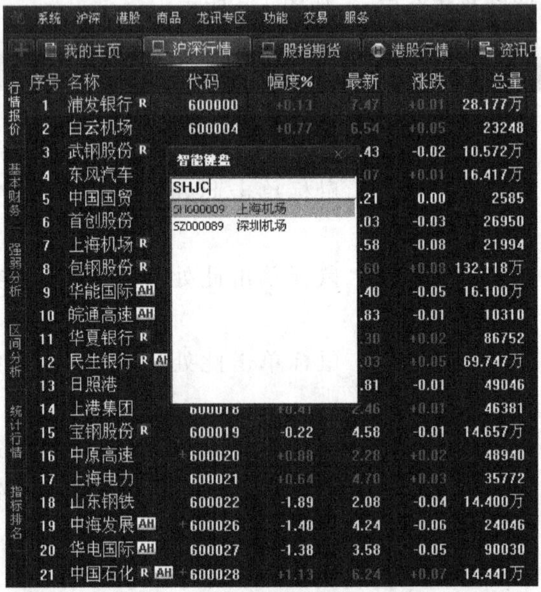

图 1-6　利用智能键盘查看股票行情

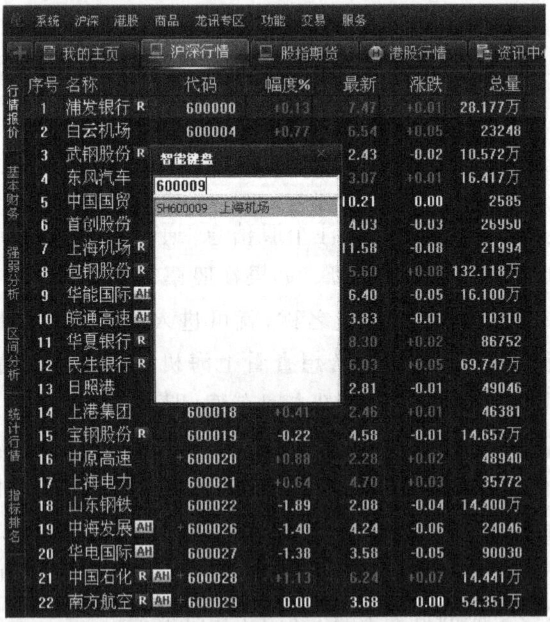

序号	名称	代码	幅度%	最新	涨跌	总量
1	浦发银行 R	600000	+0.13	7.47	+0.01	28.177万
2	白云机场	600004	+0.77	6.54	+0.05	23248
3	武钢股份 R			2.43	-0.02	10.572万
4	东风汽车			3.07	+0.01	16.417万
5	中国国贸			10.21	0.00	2585
6	首创股份			4.03	-0.03	26950
7	上海机场 R			11.58	-0.08	21994
8	包钢股份 R			5.60	+0.08	132.118万
9	华能国际 AH			6.40	-0.05	16.100万
10	皖通高速 AH			3.83	-0.01	10310
11	华夏银行 R			8.30	+0.02	86752
12	民生银行 R AH			6.03	+0.05	69.747万
13	日照港			2.81	-0.01	49046
14	上港集团	600018	+0.41	2.46	+0.01	46381
15	宝钢股份 R	600019	-0.22	4.58	-0.01	14.657万
16	中原高速	600020	+0.88	2.28	+0.02	48940
17	上海电力	600021	+0.64	4.70	+0.03	35772
18	山东钢铁	600022	-1.89	2.08	-0.04	14.400万
19	中海发展 AH	600026	-1.40	4.24	-0.06	24046
20	华电国际 AH	600027	-1.38	3.58	-0.05	90030
21	中国石化 R AH	600028	+1.13	6.24	+0.07	14.441万

图 1-7　利用股票代码查看股票行情

序号	名称	代码	幅度%	最新	涨跌	总量
1	浦发银行 R	600000	+0.13	7.47	+0.01	28.177万
2	白云机场	600004	+0.77	6.54	+0.05	23248
3	武钢股份 R			2.43	-0.02	10.572万
4	东风汽车			3.07	+0.01	16.417万
5	中国国贸			10.21	0.00	2585
6	首创股份			4.03	-0.03	26950
7	上海机场 R			11.58	-0.08	21994
8	包钢股份 R			5.60	+0.08	132.118万
9	华能国际 AH			6.40	-0.05	16.100万
10	皖通高速			3.83	-0.01	10310
11	华夏银行 R			8.30	+0.02	86752
12	民生银行 R			6.03	+0.05	69.747万
13	日照港			2.81	-0.01	49046
14	上港集团	600018	+0.41	2.46	+0.01	46381
15	宝钢股份	600019	-0.22	4.58	-0.01	14.657万
16	中原高速	600020	+0.88	2.28	+0.02	48940
17	上海电力	600021	+0.64	4.70	+0.03	35772
18	山东钢铁	600022	-1.89	2.08	-0.04	14.400万
19	中海发展 AH	600026	-1.40	4.24	-0.06	24046
20	华电国际 AH	600027	-1.38	3.58	-0.05	90030
21	中国石化 R AH	600028	+1.13	6.24	+0.07	14.441万
22	南方航空 R AH	600029		3.68		54.351万

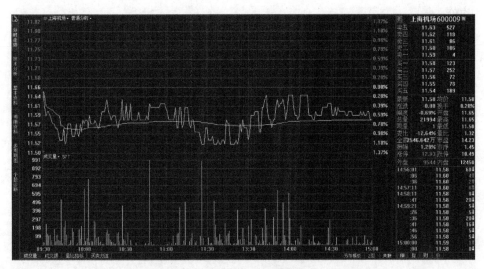

图 1-8　个股分时走势图

盈、市净、跌停;外盘、内盘等信息。

卖五/卖四/卖三/卖二/卖一是指该个股当前时刻委托卖出的第五/第四/第三/第二/单一最低价格。

买一/买二/买三/买四/买五是指该个股当前时刻委托买入的最高/次高/第三/第四/第五高价格。

最新:该商品目前最后 1 笔成交的价格。

涨跌:最新-昨收

幅度:(价格涨跌÷昨收盘价)×100%

总量:当日开盘到最近 1 笔为止,该个股所有累计成交手数的总和。

现量:该个股最近 1 笔成交的手数。

委比:

$$委比=\frac{(委买五档手数之和-委卖五档手数之和)}{委买五档手数之和+委卖五档手数之和}$$

委比的变化范围为(-100%,100%)。

金额:到最近 1 笔为止该个股当日的累计成交金额,单位为"万元"。

涨停与跌停:为抑制投机行为,证监会对每交易日中每只股票的成交价格,相对于前一交易日收盘价的最大升跌幅度作了一个限制,此即涨跌幅限制。现在涨跌幅限制是当日成交价只能在前一交易日收市价±10%内,当成交价为前一交易日收市价±10%时,此成交价即为涨停板,亦即涨停;当成交价为前一交易日收市价-10%时,此成交价即为跌停板,亦即跌停。

均价:

$$均价 = \frac{当日的累计成交金额}{累计成交量}$$

换手:

$$换手率 = \frac{最近五日成交量的总和(股数)}{普通股股份总数}$$

开盘:该个股当日的第1笔成交价格。

最高:当日到最近1笔为止该个股成交的最高价格。

最低:当日到最近1笔为止该个股成交的最低价格。

量比:是评价当日累计成交量的指标。

$$量比 = \frac{现成交总手}{过去5个交易日平均每分钟成交量 \times 当日累计开市时间(分)}$$

市盈:

$$市盈率 = \frac{每股市场价}{每股税后净利润}$$

外盘:到最近1笔为止,当日所有靠近委卖价成交的手数总和。

内盘:到最近1笔为止,当日所有靠近委买价成交的手数总和。

在K线图状态下,可通过上、下方向键来展开或压缩K线显示的数量。

根据分析的不同需要,可以显示不同周期的K线图,其方法包括:在K线图状态下,通过F8键进行不同K线周期的切换与选择;或者用鼠标左键单击图1-9的左上角"日线"字样,在弹出的菜单中进行选择,可以选择1分钟、5分钟、周线、月线、季线等,如图1-10所示。

图1-9 个股历史走势K线图

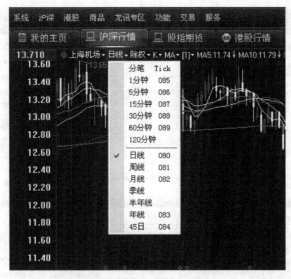

图 1-10　不同周期的 K 线图切换

1.2.1.3　资讯

除了大盘和相关个股近期与当日的表现,与证券市场有关的资讯也是投资者关注的内容。宏观经济形势以及证券市场的实际运行情况,国家的经济政策和上市的信息对个股和大盘都会产生很大的影响,直接影响相关证券以及证券市场的走势。证券分析系统软件通常还包含资讯系统,可为投资者提供国家的相关经济政策和产业政策以及特定公司的信息,专业人士以及证券研究机构对证券市场的看法和未来走势的分析。

另外,投资者还可按 F10 键,调出个股的基本信息,如图 1-11 所示。

1.2.1.4　综合排名

证券分析软件通常还会提供不同分类的证券综合排名的查看功能。通过对不同市场的上市证券按照不同的参照指标进行排名,使得投资者能综合了解个股之间的相对变化以及不同市场之间的比较。投资者可利用排名的功能辅助证券选择,以及为原有证券的进一步操作提供依据。输入数字 81、82、83、84、85、86、87,可分别调出上证 A 股、上证 B 股、深证 A 股、深证 B 股、上证债券、深证债券、上证基金的综合排名。综合排名通过 9 个小窗口列出所选市场证券的涨幅、跌幅、振幅、5 分钟涨幅、5 分钟跌幅、量比、委比、成交总金额排名,如图 1-12 所示。

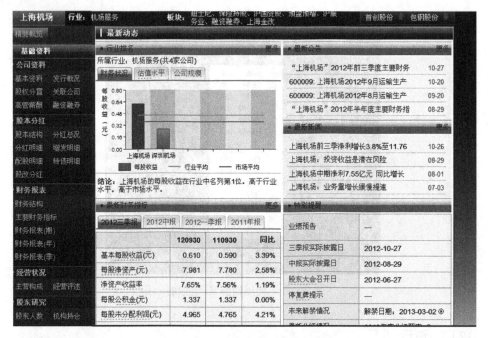

图 1-11　按 F10 键调出个股基本信息

图 1-12　上证 A 股的综合排名

在"综合排名"中还可右击鼠标,弹出菜单,变更板块和排名指标,查看不同的市场信息,如图 1-13 所示。

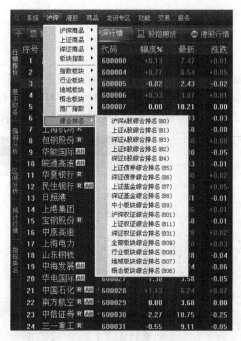

图 1-13　综合排名功能

1.2.1.5　证券排序

在列表状态下,任何栏目都可用鼠标左键单击变量名实现排序,再次单击按相反方向进行排序。如用鼠标左键单击"换手率",对当前列表按照换手率进行排序,如图 1-14 所示。

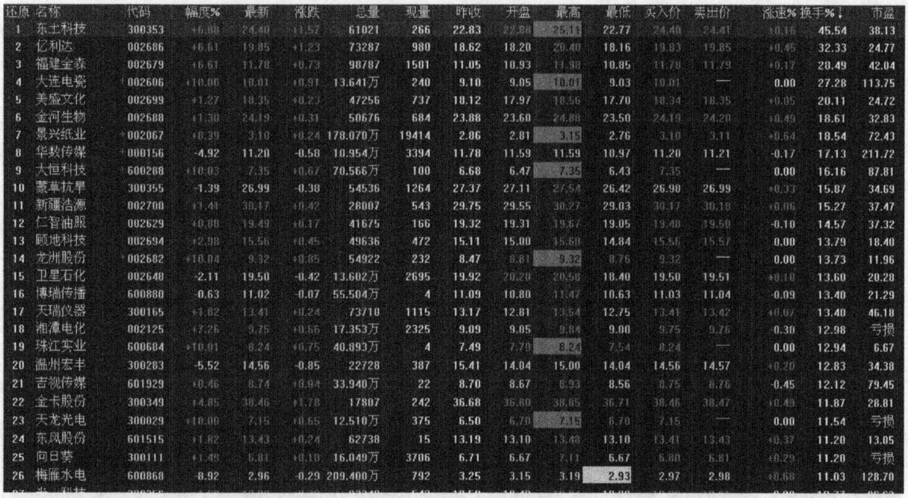

图 1-14　单击换手率对证券列表进行排序

1.2.1.6　板块

（1）所属板块

如果需要了解某个证券的板块属性，可在 K 线图状态下单击右键，如图 1-15 所示，在弹出的菜单中选择"所属板块"，进入查看，板块属性会提供单个证券的所属板块、板块类别、所属板块品种数，便于了解证券的基本面特征，如图 1-16 所示。

图 1-15　所属板块功能　　　　　　图 1-16　个股的所属板块

也可单击个股页面的右下角"关联"按钮，查看其所属的板块，如图 1-17 所示。

图 1-17　查询所属板块

（2）板块查看

单击"沪深"菜单下的"指数板块"，即可打开板块，对板块动态变动进行考察，或者选择"行业板块"、"地域板块"、"概念板块"等，如图 1-18 所示。

(a) 指数板块

(b) 概念板块

图 1-18　板块查看功能的使用

1.2.1.7　自选股设定

由于证券市场的交易品种繁多,投资者可将其重点关注的股票集中放在自选股中,以便于查看,操作方法如下:在证券列表或 K 线图状态下,单击鼠标右键,加入自选板块,在弹出的窗口中单击自选股,然后确定。以后,可直接输入 06 回车,或者按 F6 键,快速进入自选股列表。也可在列表状态下,单击屏幕下方的自选股标签进行查看。

1.2.1.8　技术分析基本界面

按回车键或者 F5 键可以实现技术分析界面和分时走势图界面的相互切换,或者单击功能键选取"技术分析",也可以切换到技术分析界面。

技术分析界面默认 3 个分区,最上方是主图区,通常默认为 K 线图,下面是 2 个技术指标区,软件默认显示 2 个技术指标,如图 1-19 所示。

图 1-19　技术分析基本界面

可在 K 线图状态下,单击右键,在弹出的菜单中选择视图组合,变更分区数量,如图 1-20 所示。

除了 K 线图外,证券分析软件还可提供美国线、宝塔线、最高线、收盘线等。在技术分析基本界面的主图上,单击右键,可在弹出的菜单中变更主图类型,如图 1-21 所示。

也可在 K 线图状态下,单击左上角的快捷键,在弹出的菜单中选择主图类型,如图 1-22 所示。

（1）宝塔线

宝塔线,也叫股票宝塔线指标,又称为 TOWER（TWR）指标,是一种注重股价分析的

图 1-20　变更分区数量

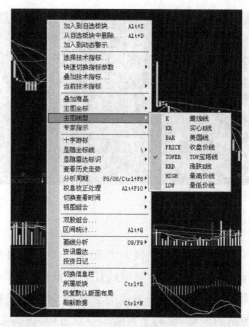

图 1-21　变更主图类型

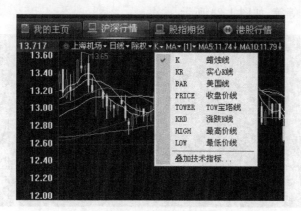

图 1-22　选择主图类型

中长期技术分析工具。宝塔线指标 TOWER 与 K 线图及点状图相类似,应用趋势线的原理,引入支撑区和阻力区的概念,以不同颜色(红绿色、黑白色、虚实体)的棒线来区分股价涨跌的一种图表型量化指标。它主要是将股价多空之间的争夺过程和力量的转变数值表现在图表中,借以研判未来股价的涨跌趋势及选择适当的买卖时机,如图 1-23 所示。

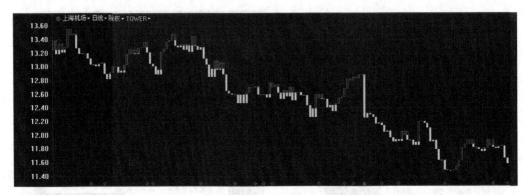

图 1-23　宝塔线

（2）美国线

美国线的构造则较 K 线简单。美国线的直线部分，表示了当天行情的最高价与最低价间的波动幅度。左侧横线代表开盘价，右侧横线则代表收盘价。绘制美国线比绘制 K 线简便得多。K 线所表达的含义较为细腻敏感，与美国线相比较，K 线较容易掌握短期内价格的波动，也易于判断多空双方（买方与卖方）和强弱状态，作为进出场交易的参考。美国线偏重于趋势面的研究。另外，我们可以在美国线上更清楚地看出各种形态，例如反转形态、整理形态，等等，如图 1-24 所示。

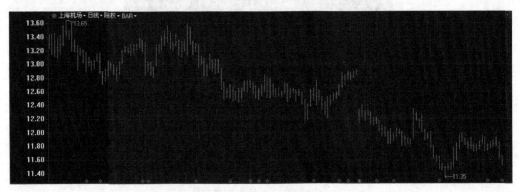

图 1-24　美国线

（3）收盘线、最高线、最低线

收盘线是将每个收盘价当成一个点连接起来，如图 1-25 所示。

最高线、最低线与收盘线相似，如图 1-26 和图 1-27 所示。

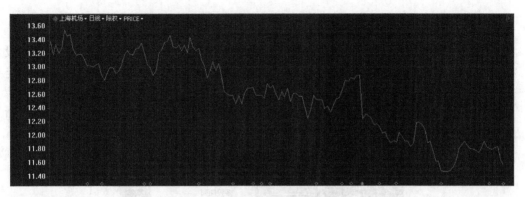

图 1-25　收盘线

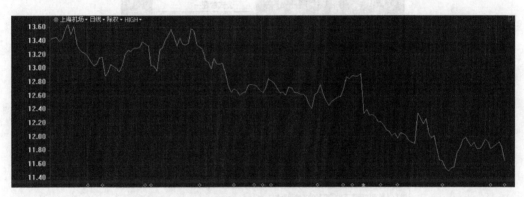

图 1-26　最高线

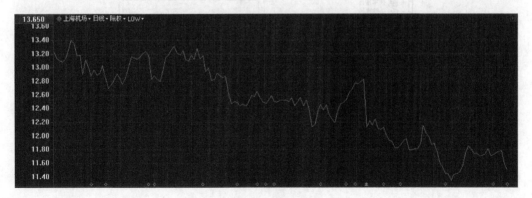

图 1-27　最低线

1.2.1.9   条件选股

条件选股是由投资者设定一些条件,证券分析软件依据这些条件,由系统自动搜索设定范围内的股票并找出符合条件的股票。该功能可为投资者筛选当前或一段时间内满足条件的股票,列在证券列表中,供投资者逐一进行分析。

单击主菜单栏的"功能"按键,在下拉菜单中选用"条件选股",就会弹出条件选股窗口,如图 1-28 和图 1-29 所示。

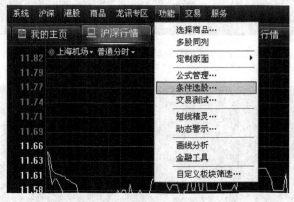

图 1-28   条件选股的使用

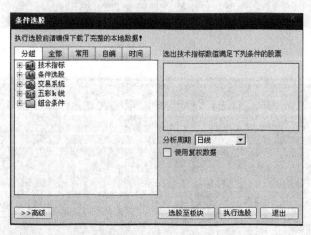

图 1-29   条件管理器

在条件选股窗口中,单击"高级",在弹出的窗口中设定参数、选择日期范围、选股范围,如图 1-30 所示,之后系统会按照设定的条件选出投资者关注的证券,以便进一步研究分析。

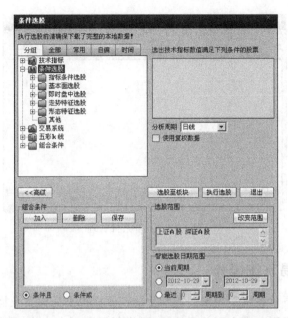

图 1-30　智能选股

　　选股功能的实现需要以本地计算机拥有完整的行情数据,系统会提醒补全数据,如果数据不完全,可能影响选股的准确性。

1.2.1.10　预警功能

　　证券分析软件还设置有预警功能,投资者可根据个人的关注热点和喜好进行预警设置,并打开预警开关。当行情变动触动预警条件时,系统就会向投资者发出警示。单击主菜单栏的"功能"按键,在下拉菜单中选用"动态警示",就会弹出警示条件管理窗口,如图 1-31 和图 1-32 所示。

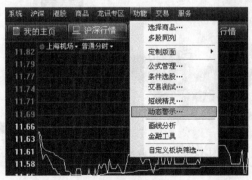

图 1-31　预警功能的使用

图 1-32　预警条件管理

1.2.2　模拟交易系统操作

　　证券模拟交易下单系统是用来处理学生的证券模拟委托买卖及撤单、查询等操作的。学生通过资金账户或别名进入下单系统后,可进行股票买入卖出、委托撤销、当日委托查询等操作。

1.2.2.1　系统运行

　　在钱龙金融教学软件画面中单击"下单系统"按钮,随后,即可进行委托交易,如图 1-33所示。

图 1-33　股票模拟交易下单系统登录

1.2.2.2　系统登录

单击“下单系统”后出现登录画面，如图1-34所示。

用户登录
账号类型
资金账号
保护账号
登入账号
记住账号
交易密码
软键盘
验 证 码
7106
71·06
登录
退出
通信设置
请您注意密码的保密，并不定期修改

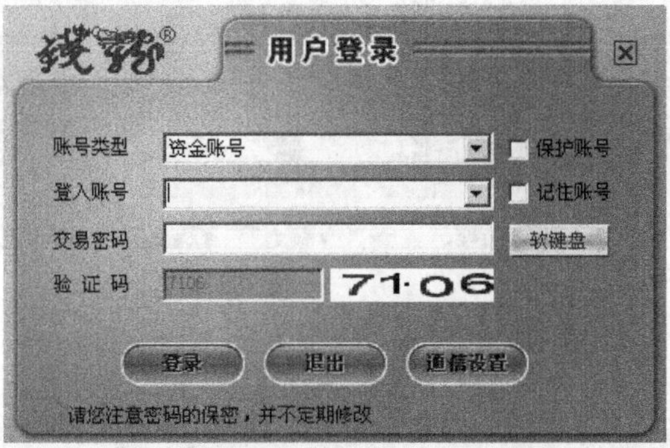

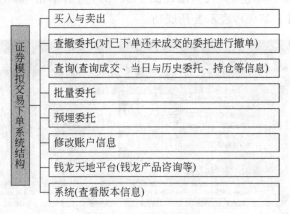

图1-34　下单系统登录

在登录账号与交易密码处填入正确的账号(由专业教师分配)与密码，单击登录即可。

股票模拟交易下单系统主页面设有委托买入、委托卖出、查撤委托、查询、批量委托、预埋委托、修改密码等功能按钮。

单击主页面右上角系统关闭的快捷按钮，退出系统。

证券模拟交易下单系统结构
买入与卖出
查撤委托(对已下单还未成交的委托进行撤单)
查询(查询成交、当日与历史委托、持仓等信息)
批量委托
预埋委托
修改账户信息
钱龙天地平台(钱龙产品咨询等)
系统(查看版本信息)

图1-35　下单系统结构

1.2.2.3　主要功能

登录成功后，进入“股票模拟交易下单系统(客户端)”的主页面，如图1-36所示。

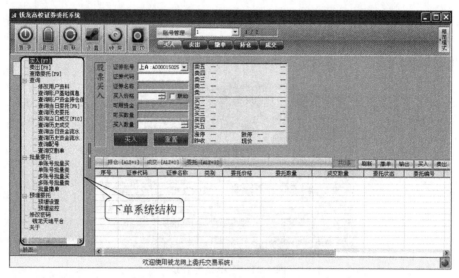

图 1-36　股票模拟交易下单系统主页面

主要功能列举说明如下。

（1）委托买入

用户可以单击左侧的"买入"［F7］，填写所需买入的证券代码、买入价格和买入数量等，如图 1-37(a)所示。单击"买入"，出现图 1-37(b)，随后单击"确定"，当委托买入相关信息恰当时，弹出图 1-37(c)，表示委托成功。

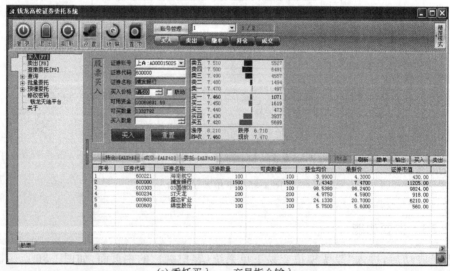

(a) 委托买入——交易指令输入

图 1-37　委托买入

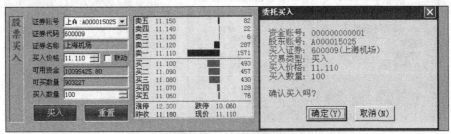

(b) 委托买入——确认委托

(c) 委托买入——委托成功

图 1-37（续）

(2) 委托卖出

用户可以单击"卖出"[F8]，填写所需买入的证券代码、买入价格和买入数量等，如图 1-38(a)、图 1-38(b)和图 1-38(c)所示。

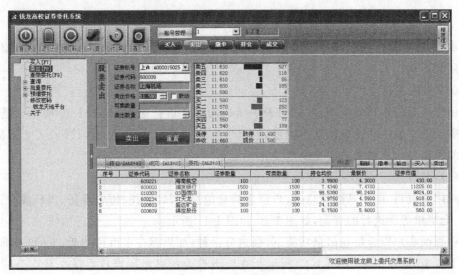

(a) 委托卖出——交易指令输入

图 1-38　委托卖出

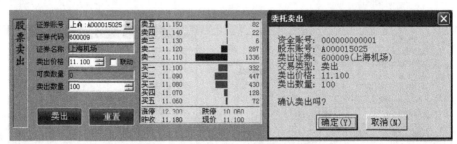

(b) 委托卖出——确认委托

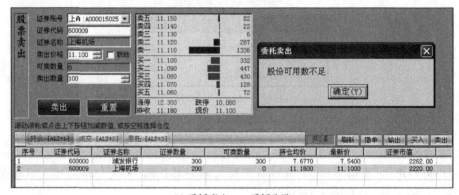

(c) 委托卖出——委托失败

图 1-38（续）

由于 600009 上海机场的可卖数量为零，所以卖出的过程中会出现错误信息，如"股份可用数不足"。

（3）查撤委托

用户可通过本功能查询，并对列表中所选的委托进行撤单，如图 1-39 所示。既可在查撤委托的页面中双击撤销选中的委托，也可在快速撤单中通过证券代码、买卖方向、价格区间等选项快速搜索需要撤销的委托。

（4）查询

对用户资料、账户基础信息、账户资金持仓信息、当日委托、历史委托、当日成交、历史成交、交割单等所进行的查询，如图 1-40 和图 1-41 所示。

在查询账户资金持仓信息功能下，通过分币种（如果存在多币种的话，下同）查询资金账号下资金、证券余额，如图 1-42 所示。查询当日委托可显示当日委托交易指令的具体内容，如图 1-43 所示。

查询历史委托可显示特定日期范围内委托交易指令的具体内容，如委托交易的证券代码、证券名称、买卖类别、委托数量与价格以及委托状态等，如图 1-44 所示。

(a) 查撤委托查找

(b) 查撤委托确认

(c) 查撤委托成功

图 1-39 查撤委托

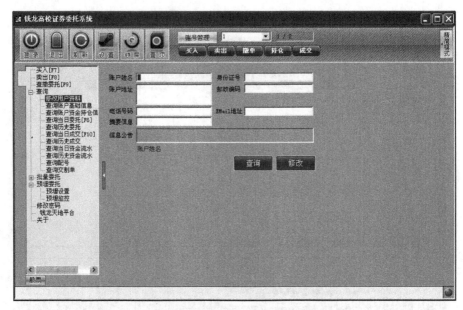

图 1-40　查询——修改用户信息

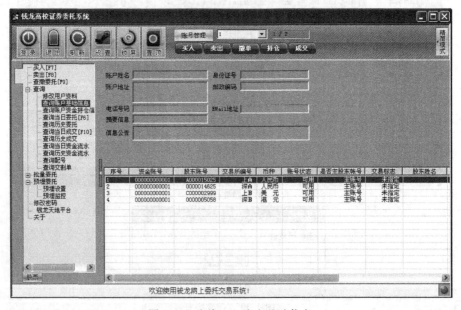

图 1-41　查询——账户基础信息

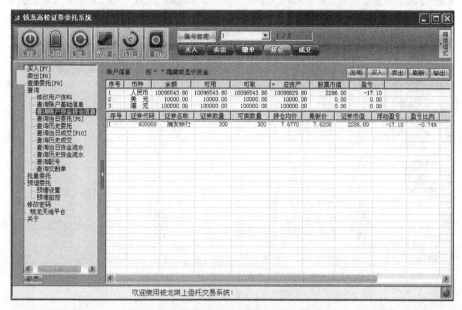

图 1-42 查询账户资金持仓信息功能

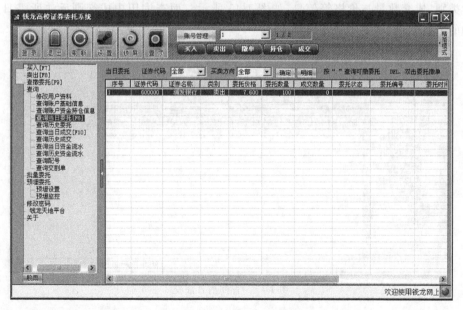

图 1-43 查询当日委托

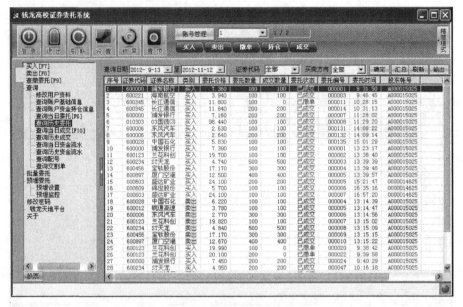

图 1-44　查询历史委托

查询当日成交可显示当日成交的内容，包括已成交委托交易的证券代码、证券名称、买卖类别、成交数量与价格等信息，如图 1-45 所示。而查询历史成交则反映所需日期范围内的上述信息，如图 1-46 所示。

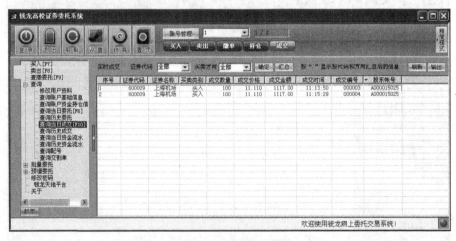

图 1-45　查询当日成交

查询当日资金流水可显示当日成交引起的资金变动，包括成交发生的时间、金额、交易后的资金余额、委托交易指令的具体内容、成交数量与价格以及佣金、印花税、过户费等信息,如图 1-47 所示。而查询历史资金流水则反映所需日期范围内的上述信息,如图 1-48所示。

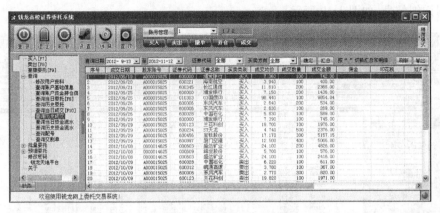

图 1-46 查询历史成交

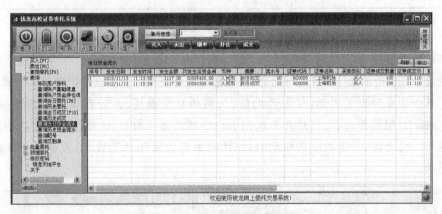

图 1-47 查询当日资金流水

图 1-48 查询历史资金流水

查询交割单可显示已完成交割的证券交易,包括相关交易的成交、费用、证券余额等一系列详细信息,如图 1-49 所示。

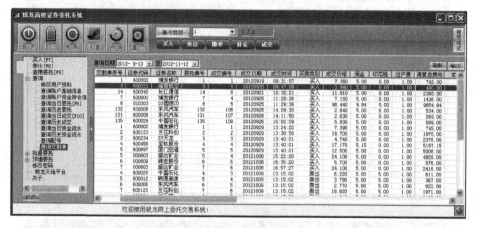

图 1-49　查询交割单

（5）批量委托

批量委托包括单账号批量买与批量卖、多账号批量买与批量卖以及批量撤单。如图 1-50 所示。其中单账号批量买卖,可设置均量、总额和总量委托,并分别输入单笔数量、总数量、总金额、总笔数等内容,当然并非这四个空格都需逐一填写,比如在均量委托中单笔数量、总数量、总金额、总笔数就是联动的,即注明单笔数量和总笔数,总数量和金额就是自动计算的。

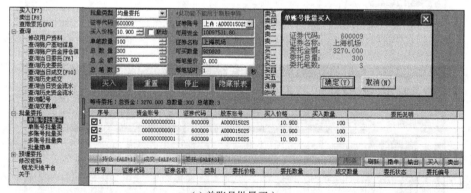

(a) 单账号批量买入

图 1-50　批量委托

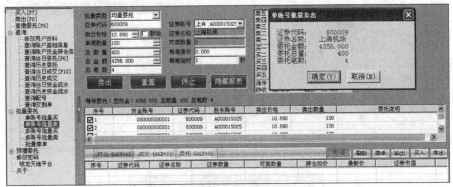

(b) 单账号批量卖出

图 1-50（续）

多账号批量买卖与单账号批量买卖类似，只是需要需要登录多个账号，如图 1-51 所示。

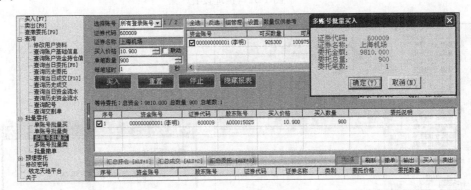

图 1-51 多账号批量买入

（6）预埋委托

预埋委托包括预埋设置和预埋监控。其中预埋设置是预先设定委托交易指令，当触发条件实现，就进行下达委托交易指令，如图 1-52 所示，输入预埋交易指令内容和触发条件后，单击"设置"，弹出预埋委托设置话框，检查无误后可进行确定，随后出现预埋设置成功的提示。

在预埋监控中可对预埋单进行修改、删除与买入等，选择"买入"后，会弹出确定下单和预埋委托成功的提示，如图 1-53 所示。

（7）修改密码

单击"修改密码"，进入密码修改模块操作，如图 1-54 所示。输入旧密码，并两次输入新密码，即可修改密码。可以修改登录时的资金密码，该功能操作比较简单。

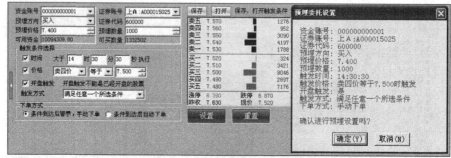

(a) 预埋设置

(b) 预埋设置成功提示

图 1-52　预埋设置

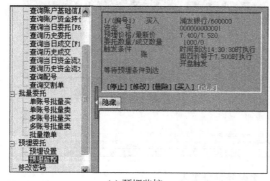

(a) 预埋监控

(b) 预埋监控——下单提示

(c) 预埋监控——预埋委托成功提示

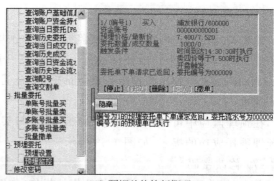

(d) 预埋单的执行概况

图 1-53　预埋监控

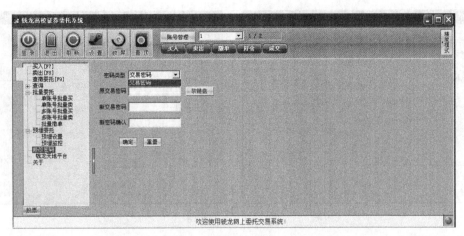

图 1-54　修改密码

另外在交易管理中,教师可以使用用户管理、资金管理、交易设置、用户排名、教师管理、查看、平仓等功能,如图 1-55 所示。

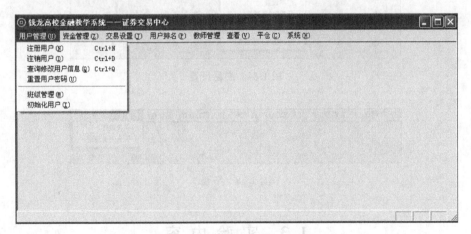

图 1-55　证券交易管理页面

在资金管理中,教师可以对各账号进行存款和取款操作,如图 1-56 所示。

在交易设置中,教师可以针对不同股票设定分红送配、停复牌、费率、T＋0 清算等设置,以便于模拟实验的管理,如图 1-57 所示。

此外,教师还可针对各账号的交易情况,使用平仓管理,如图 1-58 所示。

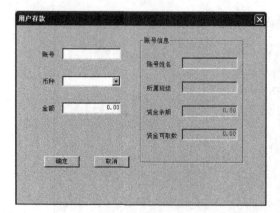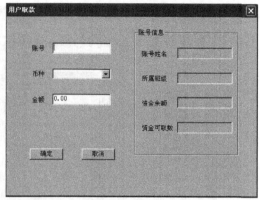

图 1-56   资金管理

图 1-57   交易设置

图 1-58   平仓

1.3   实 验 内 容

（1）安装调试

下载并安装某一常用的证券分析软件。要求学生自行在互联网上搜索并下载常见的证券分析软件并安装调试，以保证其能正常运营并接收行情数据。

启动证券分析软件，熟悉其页面菜单和工具栏。

（2）使用证券分析软件查看当日大盘走势及涨跌排行

利用证券分析软件查看当日股市大盘走势，了解某一个股的当日走势及其在大盘涨跌幅中的排名。

思考：① 当日大盘走势与多数个股的走势有何关联？

② 当日涨跌幅前列的股票之间是否存在联系？

③ 考察当日综合排名中涨跌幅前 5 名的股票有何特征？

④ 考察当日综合排名中交易总金额前 5 名的股票有何特征？

（3）了解各图表窗口特点和图标含义

调用时间图窗口、K 线图窗口、走势图窗口、价量图、收盘价图，了解各种图表窗口特点和图标的含义。

设计一个条件组合并利用证券分析软件选出符合条件的股票。

（4）熟悉主要行情指标

调用某单一商品的报价窗口、分时价量表，掌握开盘价、收盘价、委比、量比、内盘、外盘等主要行情指标的含义与运用。

（5）资讯信息

调用咨询信息窗口和背景资料窗口，查询新闻和上市公司资料。

（6）条件选股

在掌握证券分析软件基本功能的基础上，进一步熟悉其高级功能的使用，比如条件选股。

列举常用的基本面选股指标。

（7）股票模拟交易

首先，实验指导教师为每位学生设立模拟交易账号，并为每一账户存放一定量的虚拟起步资金，学生可以用这些进行沪深 A 股的委托买卖。

其次，要求学生了解股票投资的基本过程，掌握股票交易的基本步骤。学生需通过证券交易系统进行模拟交易后，熟悉证券的买卖、撤单、查询交易结果、盈亏状况等操作，并对股票投资的高风险特征有初步的市场感受。

思考：① 在模拟股票投资中，你如何完成选股？

② 你的股票模拟交易中收益率最高的个股是什么？试着分析原因。

③ 你的股票模拟交易中收益率最低的个股是什么？试着分析原因。

④ 通过实验老师了解你的股票模拟交易综合收益率排名，并与同学沟通模拟交易心得。

1.4 实验小结

① 许多公司都提供免费的证券分析软件和行情数据。按照安装说明，保持网络畅通，即可成功安装。多数证券分析软件的基本功能是类似的，差异主要在于一些特色功能上。学生可试用多个证券分析软件，并选择适合自己的软件。

② 结合课堂所学的基本理论知识,在考察大盘走势和个股表现的基础上,对大盘和个股情况进行解释,锻炼学生学以致用的能力。

③ 熟悉各图表窗口、行情指数,以及条件选股、预警等功能,有助于提供投资者的证券研究效率。

本章附录 常用画面操作热键

Ctrl+P、Ctrl+N	切至前一天、后一天 在以"天"为单位的画面中(例如:涨跌幅排名等),按这两个组合键,就可以把画面往前或往后切一天
—	自动翻页开关 如果您在某一个画面中按了自动翻页开关"—",这个画面就会开始每隔若干秒翻一页。再按一下开关"—",它就会停止翻页。其实,它就相当于系统每隔若干秒帮您按一下 PageDown
↑、↓	技术分析画面中放大、缩小图形
←、→	左右移动游标
Home、End	游标移至最前、最后
PageUp、PageDown	上一个股票、下一个股票 或者 上一页、下一页
*、/	技术分析画面中上一个指标、下一个指标
Esc	关闭当前窗口一般情况下都是指关闭整个画面窗口。不过也有例外的:在技术分析画面中,如果您曾经单击鼠标,显示出明细小窗口,在这种情况下按 Esc 键,就是把这个明细小窗口隐藏起来
+	通过"+"可以切换子功能窗口的显示内容
Tab	在个股分析画面和智能报表画面,通过 Tab 依次切换画面下方的标签
Alt+F10	权息校正
Alt+P	打印当前画面
Alt+Z	将当前商品加入到"自选股板块"
Ctrl+Z	将当前商品加入到板块
Ctrl+F1	于技术分析画面显示当前指标说明
Shift+F1	显示当前画面的系统操作说明
F10	当前商品的 F10 资料
11+Enter	当前商品的基本资料(财务数据简表)
15+Enter	信息雷达之公告信息

续表

16＋Enter	信息雷达之实时资讯/历史资讯
01＋Enter(F1)	即时分析画面切换至分笔成交明细 技术分析画面切换至每日成交明细
02＋Enter(F2)	即时分析画面切换至价量分布图
05＋Enter(F5)	即时走势画面、技术分析画面、多周期同列画面间循环切换
08＋Enter(F8)	在技术分析画面切换周期类型

选择特殊画面

	快 捷 热 键	热键的含义
报价分析	1＋Enter	上证 A 股报价分析
	2＋Enter	上证 B 股报价分析
	3＋Enter	深证 A 股报价分析
	4＋Enter	深证 B 股报价分析
	5＋Enter	上证债券报价分析
	6＋Enter	深证债券报价分析
	180＋Enter	180 板块商品报价分析
资讯	00＋Enter	财经直播室
	001＋Enter	今日焦点
	17＋Enter	走势画面,切换至财经直播室内关于该商品的所有个股点评
大盘	03＋Enter(F3)	上证领先指标分时走势画面
	04＋Enter(F4)	深证领先指标分时走势画面
涨跌幅排名	61＋Enter	上证 A 股涨跌幅排名
	62＋Enter	上证 B 股涨跌幅排名
	63＋Enter	深证 A 股涨跌幅排名
	64＋Enter	深证 B 股涨跌幅排名
	65＋Enter	上证债券涨跌幅排名
	66＋Enter	深证债券涨跌幅排名
	67＋Enter	上证基金涨跌幅排名
	68＋Enter	深证基金涨跌幅排名
	69＋Enter	中小企业板涨跌幅排名

续表

	快 捷 热 键	热键的含义
公告信息	70＋Enter	钱龙信息
	71＋Enter	上海证交所信息
	72＋Enter	深圳证交所信息
	73＋Enter	股份转让公告
	74＋Enter	券商信息
	75＋Enter	上海证交所公告
	76＋Enter	深圳证交所公告
综合指标排名	81＋Enter	上证A股综合指标排名
	82＋Enter	上证B股综合指标排名
	83＋Enter	深证A股综合指标排名
	84＋Enter	深证B股综合指标排名
	85＋Enter	上证债券综合指标排名
	86＋Enter	深证债券综合指标排名
	87＋Enter	上证基金综合指标排名
	88＋Enter	深证基金综合指标排名
	89＋Enter	中小企业版综合指标排名

证券投资预备知识

2.1 实验要求

了解证券市场及证券市场风险；

了解沪深交易所的主要交易品种；

熟悉股票交易的开户程序与交易规则；

掌握实验报告的撰写方法。

2.2 实验准备

2.2.1 证券市场

证券市场是证券发行和交易的场所。从广义上讲，证券市场是指一切以证券为对象的交易关系的总和。从经济学的角度，可以将证券市场定义为通过自由竞争的方式，根据供需关系来决定有价证券价格的一种交易机制。

2.2.1.1 证券市的主要结构

证券市场的结构是指证券市场的构成及其各部分之间的量比关系。

（1）按层次结构分为发行市场和交易市场

按证券进入市场的顺序，可分为发行市场和交易市场。证券发行市场又称"一级市场"或"初级市场"，是发行人以筹集资金为目的，按照一定的法律规定和发行程序，向投资者出售新证券所形成的市场。证券交易市场又称"二级市场"或"次级市场"，是已发行的证券通过买卖交易实现流通转让的场所。

（2）按品种结构分为股票市场、债券市场、基金市场等

按照有价证券的品种划分，证券市场包括股票市场、债券市场、基金市场及衍生品市场等。

股票市场是股票发行和买卖交易的场所。股票市场的发行人一般为股份有限公司。

股份有限公司通过发行股票募集公司的股本,或是在公司营运过程中通过发行股票扩大公司的股本。股份公司在股票市场上筹集的资金是长期稳定、属公司自有的资本。股票市场交易的对象是股票,股票的市场价格除了与股份公司的经营状况和赢利水平有关外,还受到诸如政治、社会、经济等多方面因素的综合影响。因此,股票价格经常处于波动之中。

债券市场是债券发行和买卖交易的场所。债券的发行人有中央政府、地方政府、金融机构、公司和企业。债券发行人通过发行债券筹集的资金一般都有期限,债券到期时债务人必须按时归还本金并支付约定的利息。债券是债权凭证,债券持有者与债券发行人之间是债权债务关系。债券市场交易的对象是债券。债券因有固定的票面利率和期限,其市场价格相对股票价格而言比较稳定。

基金市场是基金证券发行和流通的市场。投资基金是一种利益共享、风险共担的集合投资制度,即通过向社会公开发行一种凭证来筹集资金,并将资金用于证券投资。基金根据组织形态的不同,可分为公司型基金和契约型基金。基金通过发行基金股份成立投资基金公司的形式设立,通常称为公司型基金;由基金管理人、基金托管人和投资人三方通过基金契约设立,通常称为契约型基金。目前我国的证券投资基金均为契约型基金。目前我国基金市场主要包括封闭式基金与开放式基金。封闭式基金在证券交易所挂牌交易,开放式基金投资者通过向基金管理公司申购和赎回来实现流通。

（3）按市场的组织形式可分为场内交易市场和场外交易市场

证券场内交易市场是证券集中交易的场所。证券场外交易市场是在交易所以外的各证券交易机构柜台上进行的股票交易市场,所以也叫做柜台交易市场。在场外市场交易的证券多为未在交易所挂牌上市的证券,但也包括一部分上市证券。

2.2.1.2　证券市场的参与者

证券市场的参与者包括发行人、投资者、市场中介、自律性组织和证券监管机构,它们各司其职,构成了一个完整的证券市场参与体系。

（1）发行人

证券发行人是指为筹措资金而发行债券、股票等证券的政府及其机构、金融机构、公司和企业。证券发行人是证券发行的主体。

（2）投资者

投资者是资金供给者,也是金融工具的购买者。投资者可分为个人投资者和机构投资者。

个人投资者具有分散性和流动性的特点。机构投资者相对于中小投资者而言拥有资金、信息、人力等优势,它们包括企业、商业银行、保险公司、投资信托公司、证券公司、基金、QFII 等。

基金是目前市场最主要的机构投资者,分为公募和私募两类。

QFII(Qualified Foreign Institutional Investors):即合格的境外机构投资者制度,是指允许合格的境外机构投资者,在一定规定和限制下汇入一定额度的外汇资金,并转换为当地货币,通过严格监管的专门账户投资当地证券市场,其资本利得、股息等经批准后可转为外汇汇出的一种市场开放模式。目前共有花旗环球金融集团、瑞士信贷第一波士顿、摩根斯丹利、美林国际等 QFII 投资中国市场。

企业、商业银行、保险公司、投资信托公司、证券公司等机构投资者为实现资本增值或通过市场化模式并购扩张也会参与证券市场投资,成为主要的机构投资者。

(3) 市场中介机构

证券市场上的中介机构主要包括:证券交易所、证券承销商和证券经纪商(主要指证券公司(专业券商)和非银行金融机构证券部(兼营券商))、具有证券律师资格的律师事务所、具有证券从业资格的会计师事务所或审计事务所、资产证券评级机构、证券投资的咨询与服务机构。

(4) 自律性组织

在我国证券自律性组织包括证券交易所和证券协会。我国的证券交易所是提供证券集中竞价交易场所的不以营利为目的的法人。证券业协会是证券业的自律性组织,是社会团体法人。它发挥政府与证券经营机构之间的桥梁和纽带作用,促进证券业的发展,维护投资者和会员的合法权益,完善证券市场体系。我国证券业自律性机构包括上海证券交易所、深圳证券交易所、中国证券业协会和中国国债协会等。

(5) 证券监管机构

依据《证券法》,证券监管机构是依法制定有关证券市场监督管理的规章、规则,并依法对证券的发行、交易、登记、托管、结算以及证券市场的参与者进行监督管理的部门,主要包括中国证券监督管理委员会和地方证券监管部门。中国证监会是我国证券管理体制中的核心构成部分,是我国最高的专门证券监管机构。

2.2.1.3　证券市场主要产品

证券市场主要产品包括股票、债券、基金以及金融衍生工具,其中还包括各类指数。

(1) 股票

股票是一种有价证券,它是股份有限公司公开发行的用以证明投资者的股东身份和权益并据以获得股息和红利的凭证。购买股票后不可要求发行股票的公司赎回,只可在证券市场转让。

股票作为企业的资金凭证在专业性的证券市场交易,投资者获利的途径有两种:一种是享受企业经营的分红,另一种是博取股票买卖差价。股票是一种高收益的投资品种,炒股票需要投资者具有相当专业的金融知识,不断积累投资技巧,提高自己的分析能力。

股票分类的具体内容见后文。

（2）债券

债券是政府、金融机构、工商企业等直接向社会借债筹措资金时，向投资者发行，承诺按一定利率支付利息并按约定条件偿还本金的债权债务凭证。债券的本质是债的证明书。债券购买者与发行者之间是一种债权债务关系，债券发行人即债务人，投资者（债券持有人）即债权人。债券是一种有价证券。由于债券的利息通常是事先确定的，所以债券是固定利息证券（定息证券）的一种。

根据不同的分类标准，可对债券进行如下分类：

第一，按发行主体划分，债券可分为政府债券、金融债券、公司（企业）债券等，其中政府债券又包括国债、地方政府债券等。

第二，按财产担保划分，债券可分为抵押债券和信用债券。

第三，按可否转换划分，债券可分为可转换债券和不可转换债券。

第四，按付息的方式划分，债券可分为零息债券、定息债券和浮息债券。

第五，按是否能够提前偿还划分，债券可分为可赎回债券和不可赎回债券。

第六，按偿还方式不同划分，债券可分为一次到期债券和分期到期债券。

第七，按能否上市，债券可分为上市债券和非上市债券。

以下是几种常见债券的含义。

① 国债

国债是国家以其信用为基础，按照债的一般原则，通过向社会筹集资金所形成的债权债务关系。国债是由国家发行的债券，是中央政府为筹集财政资金而发行的一种政府债券，是中央政府向投资者出具的、承诺在一定时期支付利息和到期偿还本金的债权债务凭证，由于国债的发行主体是国家，所以它具有最高的信用度，被公认为是最安全的投资工具。

② 地方政府债券

地方政府债券，是指经国务院批准同意，2009年发行，以省、自治区、直辖市和计划单列市政府为发行和偿还主体，由财政部代理发行并代办还本付息和支付发行费的可流通记账式债券。

③ 公司债券

公司债券，是指公司依照法定程序发行、约定在一年以上期限内还本付息的有价证券。中国债券市场的发展相对于股票市场一直是"跛足"，债券市场规模小、市场化程度低、发行和交易市场割裂。2007年8月14日证监会颁布了《公司债券发行试点办法》，在公司债券发行试点期间，公司范围仅限于沪深证券交易所上市的公司及发行境外上市外资股的境内股份有限公司。截至2012年8月13日，上交所公司债发行总数为508只，市价总值为3 042.62亿元。

④　可转换公司债券

可转换公司债券是公司债券中的一种,是指在一定条件下可以被转换成公司股票的债券。可转债具有债权和期权的双重属性,其持有人可以选择持有债券到期,获取公司还本付息;也可以选择在约定的时间内转换成股票,享受股利分配或资本增值,它结合了股票的长期增长潜力和债券所具有的安全和收益固定的优势。此外,可转债比股票还有优先偿还的要求权。

⑤　资产支持证券

根据中国人民银行和中国银监会于 2005 年 4 月 20 日发布的《信贷资产证券化管理办法》和中国银监会于 2005 年 11 月 7 日发布的《金融机构信贷资产证券化试点监督管理办法》,资产支持证券是指由银行业金融机构作为发起机构,将信贷资产信托给受托机构,由受托机构发行的,以该财产所产生的现金支付其收益的收益证券。换言之,资产支持证券就是由特定目的的信托受托机构发行的代表特定目的的信托收益权份额。信托机构以信托财产为限向投资机构承担支付资产支持证券收益的义务。其支付基本来源于支持证券的资产池产生的现金流。项下的资产通常是金融资产,例如贷款或信用卡应收款。资产证券化支付本金的时间常依赖于涉及资产本金回收的时间,这种本金回收的时间和相应的资产支持证券相关本金支付时间的固有的不可预见性,是资产支持证券区别于其他债券的一个主要特征。

所谓上市债券,就是可在证券交易所挂牌交易的债券;反之为非上市债券。上市债券信用度高,价值高,且变现速度快,故而容易吸引投资者,但上市条件严格,并要承担上市费用。

沪深两家证券交易所可交易的债券品种包括国债、地方政府债券、企业债券(公司债券)、可转换债、分离债、资产支持证券,等等。

上海证券交易所公司债券上市规则要求发行人申请债券上市,应当符合下列条件:

第一,经有权部门批准并发行;

第二,债券的期限为一年以上;

第三,债券的实际发行额不少于人民币 5 000 万元;

第四,债券须经资信评级机构评级,且债券的信用级别良好;

第五,申请债券上市时应符合法定的公司债券发行条件;

第六,发行人的债项评级不低于 AA;

第七,债券上市前,发行人最近一期末的净资产不低于 5 亿元人民币,或最近一期末的资产负债率不高于 75%;

第八,债券上市前,发行人最近三个会计年度实现的年均可分配利润不少于债券一年利息的 1.5 倍;

第九,本所规定的其他条件。

（3）基金

投资基金是由基金管理公司或其他发起人向投资者发行受益凭证,将大众手中的零散资金集中起来,委托具有专业知识和投资经验的专家进行管理和运作,并由信誉良好的金融机构充当所募集资金的信托人或保管人,基金经理人将通过多元化的投资组合,降低投资风险,谋求资本长期稳定的增值。投资者按比例分享投资收益与承担投资风险。购买基金主要关注基金管理公司的信誉及其业绩。

根据不同的划分标准,基金分类包括:

第一,根据基金单位是否可增加或赎回,可分为开放式基金和封闭式基金。

第二,根据组织形态的不同,可分为公司型基金和契约型基金。

第三,根据投资风险与收益的不同,可分为成长型、收入型和平衡型基金。

第四,根据投资对象的不同,可分为股票基金、债券基金、货币市场基金、期货基金等。

以下是几种常见基金类型的含义。

① 开放式基金

开放式基金是一种发行额可变,基金份额（单位）总数可随时增减,投资者可按基金的报价在基金管理人指定的营业场所申购或赎回的基金。与封闭式基金相比,开放式基金具有发行数量没有限制、买卖价格以资产净值为准、在柜台上买卖和风险相对较小等特点,特别适合于中小投资者进行投资。

② 封闭式基金

封闭式基金属于信托基金,是指基金规模在发行前已确定、在发行完毕后的规定期限内固定不变并在证券市场上交易的投资基金。由于封闭式基金在证券交易所的交易采取竞价的方式,因此交易价格受到市场供求关系的影响而并不必然反映基金的净资产值,即相对其净资产值,封闭式基金的交易价格有溢价、折价现象。从我国封闭式基金的运行情况看,无论基本面状况如何变化,我国封闭式基金的交易价格走势基本遵循先溢价、后折价的价格波动规律。

③ 公司型基金

公司型基金又叫做共同基金,指基金本身为一家股份有限公司,公司通过发行股票或受益凭证的方式来筹集资金。投资者购买了该家公司的股票,就成为该公司的股东,凭股票领取股息或红利,分享投资所获得的收益。

④ 契约型基金

契约型基金又称为单位信托基金,指专门的投资机构（银行和企业）共同出资组建一家基金管理公司,基金管理公司作为委托人通过与受托人签订“信托契约”的形式发行受益凭证——“基金单位持有证”来募集社会上的闲散资金。

⑤ QFII 基金

QFII 是英文 Qualified Foreign Institutional Investors（合格的境外机构投资者）的简

称。在 QFII 制度下,合格的境外机构投资者(QFII)将被允许把一定额度的外汇资金汇入并兑换为当地货币,通过严格监督管理的专门账户投资当地证券市场,包括股息及买卖价差等在内的各种资本所得经审核后可转换为外汇汇出,实际上就是对外资有限度地开放本国证券市场。

⑥ QDII 基金

QDII 是 Qualified Domestic Institutional Investors (合格的境内机构投资者)的首字缩写。它是在一国境内设立,经该国有关部门批准从事境外证券市场的股票、债券等有价证券业务的证券投资基金。和 QFII 一样,它也是在货币没有实现完全可自由兑换、资本项目尚未开放的情况下,有限度地允许境内投资者投资境外证券市场的一项过渡性的制度安排。

⑦ 指数基金

指数基金是一种按照证券价格指数编制原理构建投资组合进行证券投资的一种基金。从理论上来讲,指数基金的运作方法简单,只要根据每一种证券在指数中所占的比例购买相应比例的证券,长期持有就可。对于一种纯粹的被动管理式指数基金,基金周转率及交易费用都比较低,管理费也趋于最少。这种基金不会对某些特定的证券或行业投入过量资金。它一般会保持全额投资而不进行市场投机。当然,不是所有的指数基金都严格符合这些特点,不全具有指数性质的基金也会采取不同的投资策略。

⑧ ETF 基金

ETF 是 Exchange Traded Fund 的英文缩写,中译为"交易型开放式指数基金",又称交易所交易基金。ETF 是一种在交易所上市交易的开放式证券投资基金产品,交易手续与股票完全相同。ETF 管理的资产是一揽子股票组合,这一组合中的股票种类与某一特定指数,如上证 50 指数,包含的成份股票相同,每只股票的数量与该指数的成份股构成比例一致,ETF 交易价格取决于它拥有的一揽子股票的价值,即"单位基金资产净值"。ETF 的投资组合通常完全复制标的指数,其净值表现与盯住的特定指数高度一致。比如上证 50ETF 的净值表现就与上证 50 指数的涨跌高度一致。

(4) 金融衍生工具

金融衍生工具是指建立在基础产品或基础变量之上其价格决定于后者变动的派生金融产品。

根据不同的划分标准,金融衍生工具分类包括:

第一,按基础工具种类,可分为股权式衍生工具、货币衍生工具和利率衍生工具;

第二,按产品形态,可分为远期、期货、期权和掉期四大类;

第三,按风险-收益特性,可分为对称型与不对称型两类。

权证是我国主要的股权式衍生工具之一,可分为认购权证和认沽权证。认购权证赋予持有人在约定的日期以约定的价格认购某种股票的权利,认沽权证赋予持有人在约定的日期以约定的价格卖出某种股票的权利。目前沪深两市中的权证主要是由上市公司股权分置改革对价时而发行,以及从公司可转债分拆而衍生出的权证。

股指期货也是一种金融衍生工具。股票指数期货,就是以某种股票指数为基础资产的标准化的期货合约。买卖双方交易的是一定时期后的股票指数价格水平。在合约到期后,股指期货通过现金结算差价的方式来进行交割。推出股指期货将给市场增加新的投资与获利工具,同时也增加了一种新的避险工具,提升股票市场的价格发现功能和敏感性。

(5) 股价指数

股票指数即股票价格指数,是反映不同时期股价变动情况的相对指标。通常以某一时期(基期)股票价格平均致为基期数(100),以后各期(报告期)的股票价格平均值和基期的股票价格平均值相比,即为各期的股票价格指数。股票指数是由证券交易所或金融服务机构编制的表明股票行市变动的一种供参考的指示数字。为帮助投资者了解多种股票的价格变动情况,一些金融服务机构利用自己的业务知识和熟悉市场的优势,编制出股票价格指数,公开发布,作为市场价格变动的指标。投资者据此可以检验自己投资的效果,用以预测股票市场的动向。同时,股票指数还可以用来观察、预测社会政治、经济发展形势。

国际市场上知名的股票指数有道·琼斯股票指数、标准·普尔股票价格指数、《金融时报》股票价格指数、日经 225 指数、香港恒生指数,等等。

目前,我国股票市场主要使用上证综合股票指数系和深证综合股票指数系。

① 上证综合股票指数系

由上海证券交易所编制的股票指数,1990 年 12 月 19 日正式开始发布。该股票指数的样本为所有在上海证券交易所挂牌上市的股票,其中新上市的股票在挂牌的第二天纳入股票指数的计算范围。纳入指数计算范围的股票称为指数样本股(也称做成分股),成为样本股的前提条件是该股票在上海证券交易所挂牌上市。上海证券交易所股票指数的发布几乎和股票市场行情的变化同步,是投资者和证券从业人员研判股票价格变化趋势必不可少的参考依据。

上海证券交易所编制了上证综指、上证 50、上证 180、上证 380 指数,以及上证国债、企业债和上证基金指数为核心的上证指数体系。上证指数系列从总体上和各个不同侧面反映了上海证券交易所上市证券品种价格的变动情况,可以反映不同行业的景气状况及其价格整体变动状况,从而给投资者提供不同的投资组合分析参照系。随着证券市场在国民经济中的地位日渐重要,上证指数也将逐步成为观察中国经济运行的"晴雨表"。表 2-1、表 2-2、表 2-3 和表 2-4 是上证指数体系中的部分指数。

表 2-1 成 分 指 数

指数名称	基准日期	基准点数	成分股数量
上证 180	2002-06-28	3 299.06	180
上证 50	2003-12-31	1 000	50
上证 380	2003-12-31	1 000	380
超大盘	2003-12-31	1 000	20
上证中盘	2003-12-31	1 000	130
上证小盘	2003-12-31	1 000	320
上证中小	2003-12-31	1 000	450
上证全指	2003-12-31	1 000	500
沪企债 30	2008-12-31	100	30
上证 100	2003-12-31	1 000	100
上证 150	2003-12-31	1 000	150
市值 100	2003-12-31	1 000	100

表 2-2 综 合 指 数

指数名称	基准日期	基准点数	成分股数量
上证指数	1990-12-19	100	989
新综指	2005-12-30	1 000	930
A 股指数	1990-12-19	100	936
B 股指数	1992-02-21	100	53
工业指数	1993-04-30	1 358.78	632
商业指数	1993-04-30	1 358.78	62
地产指数	1993-04-30	1 358.78	24
公用指数	1993-04-30	1 358.78	103
综合指数	1993-04-30	1 358.78	168
中型综指	2007-12-28	1 000	360
上证流通	2009-12-31	1 000	930

表 2-3　行业指数(部分)

指数名称	基准日期	基准点数	成分股数量
上证能源	2003-12-31	1 000	30
上证材料	2003-12-31	1 000	50
上证工业	2003-12-31	1 000	50
上证可选	2003-12-31	1 000	50
上证消费	2003-12-31	1 000	30
上证医药	2003-12-31	1 000	30
上证金融	2003-12-31	1 000	30
上证信息	2003-12-31	1 000	30
上证电信	2003-12-31	1 000	9
上证公用	2003-12-31	1 000	30

表 2-4　基金指数与债券指数

指数名称	基准日期	基准点数	成分股数量
基金指数	2000-05-08	1 000	39
国债指数	2002-12-31	100	124
企债指数	2002-12-31	100	687
沪公司债	2007-12-31	100	500
沪分离债	2007-12-31	100	13

② 深证综合股票指数系

由深圳证券交易所编制的股票指数,以 1991 年 4 月 3 日为基期。该股票指数的计算方法基本与上海证券交易所指数相同,其样本为所有在深圳证券交易所挂牌上市的股票,权数为股票的总股本。由于以所有挂牌的上市公司为样本,其代表性非常广泛,且它与深圳股票市场的行情同步发布,所以它是股民和证券从业人员研判深圳股市股票价格变化趋势必不可少的参考依据。这里不再罗列相关指数的具体内容,详情可见 http://www.szse.cn/。

2.2.1.4　中国内地主要证券市场

(1) 上海证券交易所

上海证券交易所成立于 1990 年 11 月 26 日,同年 12 月 19 日开业,归属中国证监会直接管理。秉承"法制、监管、自律、规范"的八字方针,上海证券交易所致力于创造透明、开放、安全、高效的市场环境,切实保护投资者权益。其主要职能包括:提供证券交易的场所和设施;制定证券交易所的业务规则;接受上市申请,安排证券上市;组织、监督证券交易;对会员、上市公司进行监管;管理和公布市场信息。

经过多年的持续发展,上海证券市场已成为中国内地首屈一指的市场。截至 2011 年年底,上证所拥有 931 家上市公司,上市股票数 975 个,股票市价总值 14.84 万亿元。2011 年股票筹资总额 3 199.69 亿元。一大批国民经济支柱企业、重点企业、基础行业企业和高新科技企业通过上市,既筹集了发展资金,又转换了经营机制。

(2) 深圳证券交易所

深圳证券交易所成立于 1990 年 12 月 1 日,是为证券集中交易提供场所和设施,组织和监督证券交易,履行国家有关法律、法规、规章、政策规定的职责,实行自律管理的法人,由中国证券监督管理委员会监督管理。深交所的主要职能包括:提供证券交易的场所和设施;制定业务规则;接受上市申请,安排证券上市;组织、监督证券交易;对会员进行监管;对上市公司进行监管;管理和公布市场信息;中国证监会许可的其他职能。

深交所以建设中国多层次资本市场体系为使命,全力支持中国中小企业发展,推进自主创新国家战略实施。2004 年 5 月,中小企业板正式推出;2006 年 1 月,中关村科技园区非上市公司股份报价转让开始试点;2009 年 10 月,创业板正式启动,深交所主板、中小企业板、创业板以及非上市公司股份报价转让系统协调发展的多层次资本市场体系架构基本确立。深交所坚持从严监管根本理念,贯彻"监管、创新、培育、服务"八字方针,努力营造公开、公平、公正的市场环境。

截至 2011 年年底,深交所共有上市公司 1 411 家,市值 6.6 万亿元,上市基金产品 151 只,挂牌债券品种 321 只。多层次资本市场规模稳步增长,质量逐步提高,合理配置资源、服务经济转型的功能进一步发挥。

(3) 中国金融期货交易所

中国金融期货交易所是经国务院同意,中国证监会批准,由上海期货交易所、郑州商品交易所、大连商品交易所、上海证券交易所和深圳证券交易所共同发起设立的金融期货交易所。中国金融期货交易所于 2006 年 9 月 8 日在上海成立,注册资本为 5 亿元人民币。中国金融期货交易所的成立,对于深化金融市场改革,完善金融市场体系,发挥金融市场功能,具有重要意义。

中国金融期货交易所的主要职能是:组织安排金融期货等金融衍生品上市交易、结算和交割;制定业务管理规则;实施自律管理;发布市场交易信息;提供技术、场所、设施服务;中国证监会许可的其他职能。

中国金融期货交易所实行结算会员制度,会员分为结算会员和非结算会员,结算会员按照业务范围分为交易结算会员、全面结算会员和特别结算会员。实行结算会员制度,形成多层次的风险控制体系,强化了中国金融期货交易所的整体抗风险能力。

中国金融期货交易所采用电子化交易方式,不设交易大厅和出市代表。金融期货产品的交易均通过交易所计算机系统进行竞价,由交易系统按照价格优先、时间优先的原则自动撮合成交。

2.2.2　股票及股票市场

一般客户是不能直接进入证券交易所进行场内交易的,而要委托证券商或经纪人代为进行。客户的委托买卖是证券交易所交易的基本方式,是指投资者委托证券商或经纪人代理客户(投资者)在场内进行股票买卖交易的活动。股票的交易程序一般包括开户、委托买卖、成交、清算及交割、过户等几个过程。

2.2.2.1　股票的分类

股票是一种有价证券,是股份公司为筹集资金发给投资者作为公司资本部分所有权的凭证,成为股东以此获得股息(股利),并分享公司成长或交易市场波动带来的利润,但也要共同承担公司运作错误所带来的风险。根据不同的划分标准,股票包括多种分类方法。

股票可分为以下不同种类:

按票面形式,可分为记名股票、无记名股票和有面额股票。

按股东权利,分为优先股和普通股。

按持股主体,在股权分置改革以前,可分为国家股,法人股和个人股。

按公司业绩,可分为绩优股和垃圾股。

按上市交易所和买卖主体,可分为 A 股(上海和深圳)、B 股(上海和深圳,其中上海 B 股以美元结算,深圳 B 股以港元结算)、H 股(香港联交所上市交易的在大陆运作的公司)、红筹股(在中国香港或境外登记注册,但实际经营活动在中国大陆的公司)、N 股(内地注册,纽约上市的外资股)和 S 股(主要生产或者经营的核心业务在中国大陆,而企业的注册地在新加坡(Singapore)或者其他国家和地区,但是在新加坡交易所上市挂牌的企业股票),等等。

围绕金融模拟实验的要求,此处详细介绍两种股票分类:

(1) 根据投资主体的不同,我国上市公司股票可分为国有股,法人股和社会公众股

国家股是有权代表国家投资的部门或机构以国有资产向公司投资形成的股份(含现有资产折成的国有股份)。由于我国大部分股份制企业都是由原国有大中型企业改制而来的,因此,国有股在公司股份中占有较大的比重,通过改制,多种经济成分可以并存于同一企业,国家则通过控股方式,用较少的资金控制更多的资源,巩固了公有制的主体地位。由于我国国有股和法人股目前还不能上市交易,国有股股权的转让需在法律许可的范围

内,经证券主管部门批准,与合格的机构投资者签订转让协议一次性完成大宗股权的转移。

法人股是企业法人以其依法可支配的资产向公司投资形成的股份,或具有法人(单位)股是我国股份制企业股权结构的重要组成部分。1992 年后我国开办了法人股交易系统 STAQ 或 NET 法人股系统,使法人股有了专门的流通市场。但由于运作过程中出现了许多问题,加上与 1999 年实施的《证券法》有冲突,目前已停止运行。现有的法人股流动主要有以下几种方式:协议转让、拍卖、质押和回购。由于缺乏更广泛的投资者参与,法人股的流通受到制约,更无法通过股票市场的交易来体现其真正的价值。

社会公众股是指我国境内个人和机构,以其合法财产向公司可上市流通股权部分投资所形成的股份。在社会募集方式下,股份公司发行的股份,除了由发起人认购一部分外,其余部分应该向社会公众公开发行。我国《公司法》规定,社会募集公司向社会公众发行的股份,不得少于公司股份总数的 25%。公司股本总额超过人民币 4 亿元的,向社会公众发行股份的比例应在 15% 以上。

(2) 根据交易币种,可分为 A 股和 B 股

A 股的正式名称是人民币普通股票,由我国境内的公司发行,供境内机构、组织或个人(不含台、港、澳投资者)以人民币认购和交易的普通股股票。A 股实行"T+1"交割制度,有涨跌幅(10%)限制,参与投资者为中国大陆机构或个人。A 股市场于 1990 年成立。

B 股是中国大陆公司发行的人民币特种股票,在国内证券交易所上市,以外币交易。B 股以无纸化电子记账,实行"T+3"交割制度,有涨跌幅(10%)限制。B 股市场于1992 年建立,2001 年 2 月 19 日前,仅限中国香港、中国澳门、中国台湾地区居民和外国人买卖。2001 年 2 月 19 日后,B 股市场对国内投资者开放。

此外,在上海与深圳证券交易所还有两类特殊的股票,即 ST 股票与 PT 股票,值得投资者特别警惕。

ST 是英文 special treatment 缩写,意即"特别处理"。该政策针对的对象是出现财务状况或其他状况异常的,如上市公司最近两年连续亏损,或亏损一年、但净资产跌破面值、公司经营过程中出现重大违法行为等情况之一,交易所对该公司股票交易进行特别处理。1998 年 4 月 22 日,沪深交易所宣布,将对财务状况或其他状况出现异常的上市公司股票交易进行特别处理(special treatment),由于"特别处理",所以在该股票的行情数据前冠以"ST",故而这类股票称为 ST 股。

进一步划分,ST 股包括: *ST——公司经营连续三年亏损,退市预警;ST——公司经营连续两年亏损,特别处理;S*ST——公司经营连续三年亏损,退市预警+还没有完成股改;SST——公司经营连续两年亏损,特别处理+还没有完成股改;S——还没有完成股改。

以下是 ST 股财务状况异常的几种情况。

第一,最近两个会计年度的审计结果显示的净利润为负值,也就是说,如果一家上市公司连续两年亏损或每股净资产低于股票面值,就要予以特别处理。

第二,最近一个会计年度的审计结果显示其股东权益低于注册资本。

第三,注册会计师对最近一个会计年度的财产报告出具无法表示意见或否定意见的审计报告。

第四,最近一个会计年度经审计的股东权益扣除注册会计师、有关部门不予确认的部分,低于注册资本。

第五,最近一份经审计的财务报告对上年度利润进行调整,导致连续两个会计年度亏损。

第六,经交易所或中国证监会认定为财务状况异常的。另一种"其他状况异常"是指自然灾害、重大事故等导致生产经营活动基本中止,公司涉及可能赔偿金额超过公司净资产的诉讼等情况。

PT 是英文 Particular Transfer(特别转让)的缩写。依据《公司法》和《证券法》规定,上市公司出现连续三年亏损等情况,其股票将暂停上市。沪深交易所从 1999 年 7 月 9 日起,对这类暂停上市的股票实施特别转让服务,并在其简称前冠以 PT,称之为 PT 股票。

投资者只限定在周五 9∶30 开市时间内申报转让委托(不是通常意义上的买卖,是转让);申报转让价格可在上一次转让价上下浮动 5%;周五 9∶30 开市后只接受申报委托,不进行买卖,待 15∶00 时收市后将有效申报按集合竞价方法进行撮合成交,然后再告知成交回报结果。因此,投资者成交的转让价不是正常交易时间内,也不是连续的,而是在周五 15∶00 收市后一次性撮合成交。

未撮合成交的申报单无效,等待下周五再重新申报。转让信息在各证券营业部的行情显示栏中无显示,仅在周六指定报刊中公告。因此,投资者只能在周六的指定证券报刊中获得成交信息。有即时接收股票信息的计算机,15∶00 后立即可以知道,各营业部的计算机也可在 15∶00 后看到。PT 股票的涨跌情况不计入指数,成交数据也不计入市场统计。因此,PT 股涨停、跌停与指数无关。PT 股期间,公司其他权利义务不变,非流通股的协议转让及流通股的定价收购,仍按交易所规定执行。

2.2.2.2　股票市场

股票市场包括一级市场和二级市场,也称为发行市场和流通市场。

一级市场是指股票的初级市场,在这个市场上投资者可以认购公司发行的股票。通过一级市场,发行人筹措到了公司所需资金,而投资人则购买了公司的股票成为公司的股东,实现了储蓄转化为资本的过程。一级市场有以下几个主要特点:发行市场是一个抽象市场,其买卖活动并非局限在一个固定的场所;发行是一次性的行为,其价格由发行公司决定,投资人以同一价格购买股票。

二级市场是已发行股票进行买卖交易的场所。二级市场的主要功能在于有效地集中和分配资金,具体为:促进短期闲散资金转化为长期建设资金;调节资金供求,引导资金流向,沟通储蓄与投资的融通渠道;二级市场的股价变动能反映出整个社会的经济情况,有助于抽调劳动生产率和新兴产业的兴起;维持股票的合理价格、交易自由、信息灵通、管理缜密,保证买卖双方的利益都受到严密的保护。已发行的股票一经上市,就进入二级市场。投资人根据自己的判断和需要买进和卖出股票,其交易价格由买卖双方来决定,投资人在同一天中买入股票的价格是不同的。

2.2.3　股票交易程序

股票交易程序是指股票在交易所买卖的过程,包括开户、委托、竞价成交、清算交割和过户等环节。

以下是入市投资需办理的有关手续和流程,如图 2-1 所示。

2.2.3.1　A 股开户

(1) 办理证券账户卡

因我国目前开设有上海证券交易所和深圳证券交易所,投资者可根据需要决定办理深圳证券账户卡和上海证券账户卡,或两者中的任一个,每一个证券账户只能买卖其对应交易所的证券产品。

① 深圳证券账户卡

投资者可以通过所在地的证券营业部或证券登记机构办理,需提供本人有效身份证及复印件,委托他人代办的,还需提供代办人身份证及复印件。法人需持营业执照(及复印件)、法人委托书、法人代表证明书和经办人身份证办理。证券投资基金、保险公司开设账户卡则需到深圳证券交易所直接办理。个人开户费用为 50 元/每个账户,机构开户费用为 500 元/每个账户。

② 上海证券账户卡

投资者可以到上海证券中央登记结算公司在各地的开户代理机构处,办理有关申请开立证券账户手续,带齐有效身份证件和复印

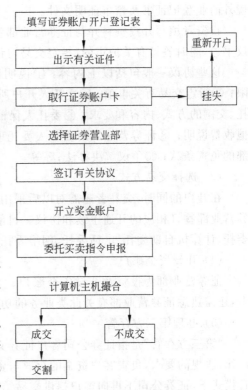

图 2-1　股票交易流程

资料来源:http://www.sse.com.cn/sseportal/ps/zhs/sczn/jylc.shtml

件。法人需提供法人营业执照副本原件或复印件,或民政部门、其他主管部门颁发的法人注册登记证书原件和复印件;法定代表人授权委托书以及经办人的有效身份证明及其复印件。若是委托他人代办,则须提供代办人身份证明及其复印件和委托人的授权委托书。开户费用为个人 40 元/每个账户,机构 400 元/每个账户。

（2）选择证券营业部

投资者办理深、沪证券账户卡后,到证券营业部买卖证券前,需首先在证券营业部开户,开户主要在证券公司营业部营业柜台或指定银行代开户网点,然后才可以买卖证券。

个人开户需提供身份证原件及复印件,深、沪证券账户卡原件及复印件。若是代理人,还需与委托人同时临柜签署《授权委托书》并提供代理人的身份证原件和复印件。法人机构开户应提供法人营业执照及复印件、法定代表人证明书、证券账户卡原件及复印件、法人授权委托书和被授权人身份证原件及复印件、单位预留印鉴。B 股开户还需提供境外商业登记证书及董事证明文件。

投资者填写开户资料并与证券营业部签订《证券买卖委托合同》(或《证券委托交易协议书》),同时签订有关沪市的《指定交易协议》。

这些协议一般包括以下内容:①说明证券买卖风险;②证券营业部业务范围和权限;③指定交易有关事项;④委托人开户所需证件及其有效性的确认方式和程序;⑤委托、交割的方式、内容和要求;⑥委托人保证金及证券管理的有关事项;⑦交易费用及其他收费说明;⑧证券营业部对委托人委托事项的保密责任;⑨双方违约责任及证券营业部的免责条款;⑩争议解决办法;等等。

（3）选择交易方式

在开户的同时,交易者还需对以后采用的交易手段、资金存取方式进行选择,并与证券营业部签订相应的开通手续和协议。目前证券营业部提供的交易委托方式主要有当面委托、计算机自助委托、电话委托、网络委托等。

（4）开设资金账户

证券营业部为投资者开设资金账户。需开通证券营业部银证转账业务功能的投资者,还需熟悉证券营业部有关此类业务的功能。

（5）办理第三方存管

"第三方存管"是指证券公司客户证券交易结算资金交由银行存管,由存管银行按照法律、法规的要求,负责客户资金的存取与资金交收,证券交易操作保持不变。第三方存管模式下,证券公司不再向客户提供交易结算资金存取服务,只负责客户证券交易、股份管理和清算交收等。存管银行负责管理客户交易结算资金管理账户和客户交易结算资金汇总账户,向客户提供交易结算资金存取服务,并为证券公司完成与登记结算公司和场外交收主体之间的法人资金交收提供结算支持。该业务遵循"券商管证券,银行管资金"的原则,也就是券商管股票,银行管钱,将投资者的证券账户与证券保证金账户严格进行分离管理。

投资者需签署《客户交易结算资金第三方存管业务三方协议》和填写《客户交易结算资金第三方存管业务申请表》,在证券公司营业部柜台办理第三方存管预指定。

2.2.3.2　B股开户

B股是中国大陆公司发行的人民币特种股票,在国内证券交易所上市,以外币交易。B股市场于1992年建立,2001年2月19日前,仅限外国投资者买卖。2001年2月19日后,B股市场对国内投资者开放。投资者若需买卖沪深证券交易所B股,应事先开立B股账户。

B股开户需凭本人有效身份证明文件到其原外汇存款银行将其现汇存款和外币现钞划入证券公司在同城同行的B股保证金账户。银行向境内居民个人出具进账凭证单,向证券公司开具对账单。随后投资者凭本人有效身份证明文件和本人进账凭证单到证券营业部开立B股资金账户,最小金额为等值的1000美元;之后申请开立B股股票账户。

B股委托方式与A股基本相同。

2.2.3.3　委托方式

由于一般投资者不可以进入股票交易所直接参与买卖,只能由证券经纪商(公司)以接收委托的形式代其进行股票交易,所以必须将自己买卖股票的意图、种类、条件等告知经纪人(证券商),以达到自己的目的。委托的内容具体包括买卖股票的简称、数量及买进或卖出的价格。

目前投资交易主要的委托方式有:当面委托、计算机自助委托、电话委托、电传委托、传真委托和网络委托。常用的委托方式包括:营业部计算机自助委托、电话委托以及网络委托。

当面委托是指委托人亲自或由其代理人来到证券经营机构交易柜台前,根据委托程序和必需的证件采用书面方式表达委托意向,填写委托单,交由证券商的柜台工作人员下单。在实际操作中又有两种:一种是柜台散户按部就班式的书面委托;另一种是咨询室里大户的口头委托,但即使是口头委托也应及时补填书面委托单。

计算机自助委托是委托通过证券营业部设置的专用委托计算机终端,凭证券交易磁卡和交易密码进入计算机交易系统委托状态,自行将委托内容输入计算机交易系统,以完成证券交易的一种委托形式。

电话委托是投资者直接拨通证券商的电话委托热线,电话委托交易系统提示投资者通过电话机上的数字键输入密码、股票种类、数量、价格等,并自动复述投资者的委托情况,在投资者确认而且系统回答委托完毕后,委托生效。

网络委托是通过与证券公司柜台计算机系统联网的远程终端或互联网下达交易指令。

投资者需与证券公司签订网上交易合同,并下载安装该营业部的网上实时动态交易软件。

以上所有委托方式的有效期都限于当日。

我国股票市场的竞价交易原则是,当股票价格在涨跌停板范围内波动时,采用"时间相同,价格优先"的原则,所以在输入委托价格时,应参考最新的成交价,买进时适当填高一些,卖出时适当填低一些,这样可以大大提高委托的成功率,实际成交价格也不一定就是输入的委托价格。这就是股市中常说的"高买低成,低卖高成"。当股票价格处在涨跌停板的位置时,买卖成交都很困难,此时因采用"价格相同,时间优先"的原则,应尽早输入委托价格,以提高委托的成功率。

2.2.3.4　价格确定

在竞价市场上,买卖双方的委托经由经纪商直接呈交到交易市场,市场的交易中心按照一定的规则进行撮合,在买卖委托匹配后即可达成交易。与竞价市场不同,在做市商市场上,证券交易的价格由做市商给出,投资者接受做市商的报价后,即可与做市商进行买卖,完成交易。

所谓集合竞价就是在当天还没有成交价的时候,欲要入市的投资者可根据前一天的收盘价和对当日股市的预测来输入股票价格,而在这段时间里输入计算机主机的所有价格都是平等的,不需要按照时间优先和价格优先的原则交易,而是按最大成交量的原则来定出股票的价位,这个价位就被称为集合竞价的价位,而这个过程就被称为集合竞价。

2.2.3.5　清算交割与过户

清算交割实际上包含两种情况:其一为证券商与交易所之间清算交割。证券商一般都必须在证交所所属的清算公司或其委托银行处开设专门清算账户,由清算公司集中清算,并以内部划账、转账等方式交割净余额股票或价额;其二为委托人与证券商之间的清算交割,即买者支付现金而获得股票,卖者交付股票而取得现金。由于委托人已在证券商处开设证券账户与现金账户,故这种清算交割不必由当事人出面进行实物交割,而是由计算机自动完成就可以了。

按交割日期不同,交割又分为四种:一是当日交割,又称 T+0 交割。即买卖双方在成交当天完成付款交券手续,这种方式可以使买卖双方较快地得到股票或现金。在 T+0 交割方式下,投资者买进股票成交后,可以马上卖出;卖出股票成交后,可以马上买进;二是次日交割,也称 T+1 交割。即在成交后的下一个营业日才能办理成交的交割手续;三是例行交割,即买卖双方在成交之后,按照证券交易所的规定或惯例履行付款交券;四是选择交割,即买卖双方自主选择交割日期,这种交割方式通常在场外交易中使用。

我国目前实行 T+1 的交割制度,股民所查询到的账户上的资金余额及股票余额均为可用数,不包括因委托买入而冻结的现金余额、因委托卖出而冻结的股票数量和当日买入成交的股票数量。但股票卖出成交后的资金会及时存入资金所在的余额中,这部分资金可于当日使用。即当日买进不能当日卖出;当日卖出后资金当日到账,可于当日再次买进,从差价中获取利润。

过户是指投资者买进记名股票后,持所买股票到发行公司办理变更股东名册登记的手续。股票交易成交后,股票原持有者应在股票背面的背书栏内签名盖章,以证明该股票已成为可转让过户的股票。购入股票者在卖出者转让背书后,应持身份证、印鉴、证券交易所的成交单及其他有关转让证明向股票发行公司或委托的代理机构提出办理过户申请,并填写股票过户申请书,发行公司或委托的代理机构查验过户手续齐全后,即可注销原持有人的户头,为新股东重新立户。过户后,新股东即可享有发行公司的一切股东权益,记名股票的委托交易过程至此才算终结。但是,现在由于证券交易所实行证券集中保管和无纸化交易,股票的过户手续在交易成交的同时就已经由计算机自动完成,无须专门办理股票过户手续。

2.2.4 股票交易规则

2.2.4.1 交易方式

A股交易采用投资者通过证券营业部和交易席位申报委托、集中竞价、自动撮合成交的方式。

2.2.4.2 沪深股市交易时间

交易日:周一～周五(法定节日除外)。
9:15～9:25集合竞价。
9:30～11:30前市,连续竞价。
13:00～15:00后市,连续竞价。
(14:57～15:00深圳为收盘集合竞价)
大宗交易的交易时间为交易日的15:00～15:30,在上述时间内受理大宗交易申报。大宗交易用户可在交易日的14:30～15:00登录本所大宗交易电子系统,进行开始前的准备工作。大宗交易用户可在交易日的15:30～16:00通过本所大宗交易电子系统查询当天大宗交易情况或接收当天成交数据。

2.2.4.3 竞价成交

(1)竞价原则
价格优先、时间优先。价格较高的买进委托优先于价格较低的买进委托,价格较低的卖出委托优先于较高的卖出委托;同价位委托,则按时间顺序优先。

表 2-5　"价格优先"原则

买 入 申 报			配对成交情况	卖 出 申 报		
时间	价位	数量		时间	价位	数量
14:00	20.3 元	400 股	→ 400 股 20.3 元 ←	14:01	20.2 元	500 股
14:00	20.2 元	100 股	→ 100 股 20.2 元			

表 2-6　"时间优先"原则

买 入 申 报			配对成交情况	卖 出 申 报		
时间	价位	数量		时间	价位	数量
14:01	20.1 元	300 股	100 股 20.1 元 ←	14:00	20.1 元	100 股
14:02	20.1 元	200 股	200 股 20.1 元 ←	14:00	20.1 元	400 股
			200 股 20.1 元			

（2）竞价方式

上午 9:15～9:25 进行集合竞价（集中一次处理全部有效委托）；9:30～11:30 与 13:00～15:00 进行连续竞价（对有效委托逐笔处理）。

集合竞价是在每个交易日的规定时间段内（上午 9:15～9:25），由投资者按照自己所能接受的心理价格，在规定的涨跌幅范围内，自由地进行买卖申报，证券交易所计算机交易系统对全部有效委托进行一次集中撮合处理的过程称为集合竞价。

连续竞价，即是指对申报的每一笔买卖委托，由计算机交易系统按照以下两种情况产生成交价：最高买进申报与最低卖出申报相同，则该价格即为成交价格；买入申报高于卖出申报时，或卖出申报低于买入申报时，申报在先的价格即为成交价格。

（3）操作方法

每个交易日上午 9:15～9:25 计算机撮合系统对接受的全部有效委托进行集合竞价处理。①将买单和卖单分别排队，买单以价格从高到低排列，同价的，按进入系统的先后排列；卖单以价格从低到高排列，同价的，按进入系统的先后排列。②系统根据竞价规则自动确定集合竞价的成交价，所有成交均以此价格成交；集合竞价的成交价确定原则是，以此价格成交，能够得到最大成交量。③系统按顺序将排在前面的买单与卖单配对成交，即按"价格优先，同等价格下时间优先"的顺序依次成交，直到不能成交为止，未成交的委托排队等待成交。9:30 开盘之后，按连续竞价撮合成交。所有超过限价（即涨跌停限制范围）的买单和卖单均为无效委托。

集合竞价结束、交易时间开始时（上午 9:30～11:30；下午 13:00～15:00），即进入连续竞价，直至收市。连续竞价期间每一笔买卖委托进入计算机自动撮合系统后，当即判断并进行不同的处理,能成交者予以成交,不能成交者等待机会成交,部分成交者则让剩余部分继续等待。按照我国目前的有关规定,在无撤单的情况下,委托当日有效。若遇到股票停牌,停牌期间的委托无效,如图 2-2 所示。

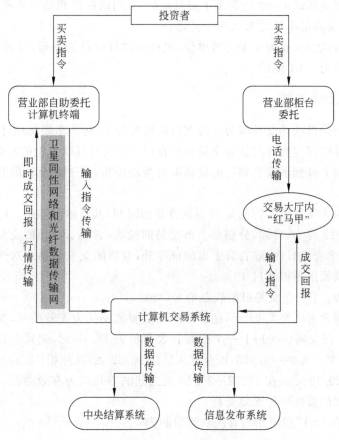

图 2-2　计算机交易系统成交撮合演示

2.2.4.4　交易与报价单位

A 股股票

以手为交易单位,1 手＝100 股,买入股票最低起点为 1 手即 100 股,超过 1 手则必须为 1 手的整数倍,即 200 股、800 股、1 000 股等,此外为无效委托,不予受理,例如:250 股、371 股等。配股买入时则不受此规定限制,可根据实际配股数进行申报,如买入 251 股配股。卖出股票也不受该规定限制,比如某投资者拥有四川长虹 1 000 股,可以分 358 股和 642 股两次卖出。

股票以"股"为报价单位。例：行情显示"深发展 A"30 元，即"深发展 A"股现价 30
元/股。股票价格波动以 0.01 元为基本变动单位。

B 股股票

上海证券交易所以 1 000 股为 1 个交易单位，采用的报价和结算币种为美元，计价单
位为 1 股，价格变动最小单位为 0.002 美元。

深圳交易所以 100 股为 1 个交易单位，报价和结算币种为港币，计价单位为 1 股，价
格变动最小单位为 0.01 港币。

2.2.4.5 涨跌幅限制

涨跌幅限制是指证券交易所为了抑制过度投机行为，防止市场出现过分的暴涨暴跌，
而在每天的交易中规定当日的证券交易价格在前一个交易日收盘价的基础上上下波动的
幅度。股票价格上升到该限制幅度的最高限价为涨停板，而下跌至该限制幅度的最低限
度为跌停板。

目前沪深两个交易所实行的是 10％的涨跌幅限制，其具体内容是：上海、深圳证券交
易所自 1996 年 12 月 16 日起，分别对上市交易的股票（含 A、B 股）的交易实行价格涨跌
幅限制，即在一个交易日内，除首日上市的证券外，股票的交易价格相对于上一个交易日
收盘价格的涨跌幅度不得超过 10％。

计算公式为：上一个交易日的收盘价×（1±10％）

计算结果四舍五入至 0.01 元，超过涨跌幅限制的委托为无效委托，交易所作自动撤
单处理。例如：深发展（0001）上一个交易日收盘价为 18.35 元，则其今日的涨跌幅限制
为：跌停板 18.35×0.9＝16.515，四舍五入后为 16.52 元；涨停板 18.35×1.1＝20.185，
四舍五入后为 20.19 元。在 16.52～20.19 元之间的委托均为有效委托，而低于 1652 元
和高于 20.19 元的委托则为无效委托。

须注意的是，"ST"股票交易日涨跌幅限制为 5％。

2.2.4.6 开盘与收盘

目前上证所 A 股股票的开盘价通过集合竞价方式产生。B 股的开盘价以连续竞价
的方式产生。

集合竞价未成交的部分自动进入连续竞价。

证券首日上市，一般以其上市前公开发行价作为前收盘价和计算涨跌幅度的基准，但
是不受价格涨跌幅限制。

2.2.4.7 委托撤单

如果投资者在当天要动用被锁定的资金（在委托买入时，想改变买入价格或不想买

入)或股票(在委托卖出时,想改变卖出价格或不想卖出),就必须先通过撤单撤销该委托,才能动用被锁定的资金或股票。如果投资者在完成撤单之前,原来的委托已经成交,就不能撤单。

2.2.4.8 交割制度

"T"表示交易当天,"T＋1"表示交易日当天的第二天。"T＋1"交易制度指投资者当天买入的证券不能在当天卖出,需待第二天进行自动交割过户后方可卖出。资金使用上,当天卖出股票的资金回到投资者账户上可以用来买入股票,但不能当天提取,必须到交收后才能提款。(A 股为 T＋1 交收,B 股为 T＋3 交收。)

2.2.4.9 新股申购

目前在深圳证券交易所和上海证券交易所发行新股的方式主要有两种:上网公开发行和向二级市场投资者配售。

(1) 网上公开发行

① 投资者认购新股前应充分了解招股说明书和发行公告。

② 申购前须在资金账户中存入足额资金用以申购。每个证券账户申购下限是 1 000 股,认购必须是 1 000 股或其整数倍。

③ 每个账户只能申购一次,每 1 000 股给一个配号。多次申购的只有第一次委托有效,其余委托申购无效,无效申购不给配号。

④ 委托合同号不是中签配号,只是投资者在证券部下单委托的计算机序列号。投资者可在申购日后的第三个工作日通过电话系统或自助系统查询新股配号。申购日后的第四个工作日可根据报纸公布的中签号与自己的申购配号核对是否中签。

⑤ 申购新股不收取手续费。申购未中签的资金在申购日后的第四个工作日自动返还到资金账户上。

⑥ 新股申购不能撤单。新股委托申购时间为 9:30~15:00;9:30 前下单委托无效。

(2) 向二级市场投资者配售

① 投资者必须在股票发行公告确定的登记日持有上市流通 A 股才有配售新股的权利;

② 持有深、沪两市流通 A 股市值的投资者可分别用深圳、上海证券账户同时参加在上海证券交易所发行的新股申购配售,同一新股申购配售,深、沪两交易所分别使用各自的申购代码;

③ 每持有 10 000 元上市流通 A 股市值可申购配售 1 000 股,申购数量必须为 1 000 股或其整数倍,市值不足 10 000 元的,不计入可申购市值;

④ 深市投资者同一证券账户在不同营业部托管的上市流通 A 股市值合并计算;

⑤ 申购配售新股时,投资者按申购上限委托买入,每个证券账户只能申购一次,超额申购和重复申购部分,均为无效申购,申购一经确认,不得撤销;

⑥ 投资者在申购配售后的第一个工作日(T+1 日),以有效方式查询配号,并于 T+2 日核对中签号码,如中签,须于 T+3 日 14:00 前存入足额中签股款。

2.2.4.10 分红派息及配股

(1) 分红派息

分红派息是指上市公司向其股东派发红利和股息。现时深圳证券交易所和上海证券交易所上市公司分红派息的方式有送红股、派现金息、转增红股。投资者应清楚了解上市公司在证监会指定报纸上刊登的分红派息公告书。投资者领取深沪上市公司红股、股息无须到证券部办理任何手续,只要股权登记日当日收市时仍持有该种股票,都享有分红派息的权利。送红股、转增红股和现金派息都会自动转入投资者的证券账户。所分红股在红股上市日到达投资者账户;所派股息需上市公司划款到账后方可自动转入投资者资金账户内。

(2) 配股缴款

投资者须清楚了解上市公司的配股说明书。投资者在配股股权登记日收市时持有该种股票,则自动享有配股权利,无须办理登记手续。但在配股缴款期间,投资者必须办理缴款手续,否则缴款期满后配股权自动作废。

投资者可通过电话、小键盘、热自助、网上交易等系统进行认购,委托方式与委托买卖股票相同,配股款从资金账户中扣除。

配股认购委托下单后一定要查询是否成交及资金是否扣除以确认缴款是否成功。配股股票须在配股流通上市日方自动划入证券账户。

(3) 除权除息

除权或除息,是指当日在市场买入除权(息)证券,已除去其含有的购买增发证券或领取股息红利或利息的权利。股权登记日是确定投资者享有某种股票分红派息及配股权利的日期。

投资者在股权登记日后的第一天购入的股票不再享有此次分红派息及配股的权利。但投资者在股权登记日当天购入股票,第二天抛出股票,仍然享有分红派息及配股的权利。

目前,上证所除权除息价格的计算公式为:

$$除权(息)价格 = \frac{[(前收盘价 - 现金红利) + 增发证券价格 \times 增发证券比例]}{1 + 增发证券比例 + 送红股比例}$$

在沪市行情显示中,某股票在除权当天在证券名称前记上"XR"表示该股除权;"XD"

表示除息；"DR"表示除权除息。

注意事项：深市配股缴款期间，配股权证不能转托管。

2.2.5　股票交易成本

投资者在进行股票交易时，需支付委托手续费、佣金、过户费和印花税等费用。不同的费用收取标准和收取方法是不一样的，见表 2-7。

表 2-7　个人投资者股票交易费用

收费项目	收费标的	收费标准		备　注
		深圳证券交易所	上海证券交易所	
佣金	A 股	不得高于成交金额的 3‰，也不得低于代收的证券交易监管费和证券交易经手费，起点 5 元	不超过成交金额的 3‰，起点 5 元	投资者交证券公司
	B 股	不得高于成交金额的 3‰，也不得低于代收的证券交易监管费和证券交易经手费，起点 5 港元	不超过成交金额的 3‰，起点 1 美元	
证券交易经手费	A 股	成交额的 0.069 6‰（双向）		包含在佣金之中
	B 股	成交额的 0.301‰（双向）	成交额的 0.26‰（双向）	
证券交易监管费	A 股	成交额的 0.02‰（双向）		代中国证监会收取，包含在佣金之中
	B 股			
证券交易印花税	A 股	对出让方按成交金额的 1‰征收，对受让方不再征税		代国家税务局扣缴
	B 股			
过户费	A 股		成交额的 1‰，起点 1 元	交给中国证券登记结算有限责任公司
结算费	B 股	成交金额的 0.5‰，最高 500 港元	成交额的 0.5‰	

委托手续费是证券公司经有关部门批准，在投资者办理委托买卖时，向投资者收取的，主要用于通信、设备、单证制作等方面的费用。由于券商之间的竞争日趋激烈，部分券商为吸引交易者，降低甚至免收交易者委托费。

（1）佣金

佣金是投资者在委托买卖证券成文后按成交金额的一定比例支付的费用，是证券公司为客户提供证券代理买卖服务收取的费用。一般来说，证券公司收取的佣金中包括上海证券交易所收取的证券交易经手费和中国证监会收取的证券交易监管费。

① 佣金的费率

A 股、B 股的交易佣金实行最高上限向下浮动制度,证券公司向客户收取的佣金不得高于证券交易金额的 3‰。A 股、证券投资基金每笔交易佣金不足 5 元的,按 5 元收取;B 股每笔交易佣金不足 1 美元或 5 港元的,按 1 美元或 5 港元收取。

② 佣金的计算

例如:投资者以 3.84 元/股的价格买入 200 股工商银行的股票,需要缴纳的佣金是多少? 如果买入 2 000 股工商银行的股票需要交纳的佣金是多少? 佣金比率按 2‰计算。

买入 200 股工商银行佣金＝3.84×200×0.2‰≈1.54(元),1.54 元小于 5 元,佣金按 5 元/笔收取。

买入 2000 股工商银行佣金＝3.84×2 000×0.2‰≈153.6 元,佣金按 153.6 元/笔收取。

(2) 印花税

印花税是根据国家税法规定,在 A 股和 B 股成交后投资者按照规定的税率征收的税金。按照我国目前税收制度规定,股票成交后,国家税务机关应向卖出方收取印花税。

① 印花税的税率

我国证券交易的印花税税率标准曾多次调整,现在执行印花税税率标准为 1‰,且为单边收取,即只对卖出方征收印花税,对买入方不征收印花税。印花税历次调整时间、调整幅度如下。

证券交易印花税自 1990 年首先在深圳开征,当时主要是为了稳定初创的股市及适度调节炒股收益,由卖出股票者按成交金额的 6‰缴纳。同年 11 月,深圳市对股票买方也开征 6‰的印花税,内地双边征收印花税的历史开始。

1991 年 10 月,深圳市将印花税税率调整到 3‰,上海也开始对股票买卖实行双向征收,税率为 3‰。

1992 年 6 月,国家税务总局和国家体改委联合发文,明确规定股票交易双方按 3‰缴纳印花税。

1997 年 5 月,证券交易印花税税率从 3‰提高到 5‰。

1998 年 6 月,证券交易印花税税率从 5‰下调至 4‰。

1999 年 6 月,B 股交易印花税税率降低为 3‰。

2001 年 11 月,财政部决定将 A、B 股交易印花税税率统一降至 2‰。

2005 年 1 月,财政部又将证券交易印花税税率由 2‰下调为 1‰。

2007 年 5 月 30 日起,财政部将证券交易印花税税率由 1‰调整为 3‰。

2008 年 4 月 24 日起,财政部将证券交易印花税税率由 3‰调整为 1‰。

2008 年 9 月 19 日起,调整证券(股票)交易印花税征收方式,将现行的对买卖、继承、赠与所书立的 A 股、B 股股权转让书据按 1‰的税率对双方当事人征收证券(股票)交易印花税,调整为单边征税,即对买卖、继承、赠与所书立的 A 股、B 股股权转让书据的出让按 1‰的税率征收证券(股票)交易印花税,对受让方不再征税。

② 印花税的计算

例如:某投资者以 3.9 元/股的价格卖出 2 000 股工商银行的股票,所需缴纳的印花税是多少?

$$印花税 = 3.9 \times 2\,000 \times 0.196 = 7.8(元)$$

即印花税为 7.8 元。

(3) 过户费

过户费是委托买卖的股票成交后,买卖双方为变更证券登记所支付的费用。证券交易的过户费由中国证券登记结算有限责任公司收取,B 股这项费用被称为交易结算费。目前上海的 A 股、B 股以入深圳 B 股收取该费用,深圳的 A 股免收该费用。

在上海证券交易所,A 股的过户费费率为成交面额的 1‰,起点为 1 元;沪深 B 股交易结算费费率为成交金额的 0.5‰;中国结算深圳分公司收取的交易结算费最高不超过 500 港元。

2.2.6　证券市场的风险

收益与风险就是一对"孪生兄弟",高收益必然伴随着高风险。在我们进入股市,准备享受投资收益的时候,有必要认真考虑风险因素。任何一个准备或已经参与在证券市场中的投资者,在具体的投资品种面前,在将做出操作选择之际,都应认清、正视收益与风险的辩证关系从而树立风险意识。

2.2.6.1　证券市场风险的内涵

狭义的证券市场风险,就是指由于经济变化的不确定性,或各种事先无法预料的因素的影响,造成有价证券价格的波动,从而使预期与实际收益发生偏差,给投资者带来资金损失的可能性。广义的证券市场风险还包括投资者对证券法规、交易制度、操作规则不了解所带来的资产损失的客观存在。这其中,涵盖了投资者对账户开立到证券交易中对于股票、基金、债券、权证、期货等不同金融产品的不同交易规则理解程度。对投资者进行风险教育,就是要告诫投资者,进入证券市场可能会遇到的风险,并针对相应风险,向投资者提出可以采取的规避和自我保护的措施建议。

2.2.6.2　证券市场风险的种类

投资者进入证券市场投资,买入股票、基金、债券等金融产品,一般的出发点是期待获得高过同期储蓄利息的投资收益回报,然而无论是成熟股市还是新兴市场,价格波动总是客观存在的,投资者有可能在盲目投资之下,出现高位买进股票而股价下跌市值受损的局面,收益率未必能如最初所愿。低买高卖是理想的投资操作,然而在经济形势变化、趋势转向、公司基本面变化之际,投资者信心受挫而出现高买低卖的现象也是屡见不鲜。同时,由于对市场规则的不了解、对交易制度未尽心,也可能出现证券交易过程中蒙受不白之损失的情况。为此,有必要对现存的风险有一定的认识和分类。从风险与收益的关系来看,证券投资风险可分为市场风险(又称系统性风险)和非市场风险(又称非系统风险)两种。

（1）系统性风险

成熟的股市是"国民经济的晴雨表"。宏观经济形势的好坏,财政政策和货币政策的调整、政局的变化、汇率的波动、资金供求关系的变动等,都会引起股票市场的波动。对于证券投资者来说,这种风险是无法消除的,投资者无法通过多样化的投资组合进行证券保值,这就是系统风险的原因所在。系统性风险其构成主要包括以下四类。

① 政策风险

政府的经济政策和管理措施可能会造成证券收益的损失,这在新兴股市表现得尤为突出。经济、产业政策的变化、税率的改变,可以影响到公司利润、债券收益的变化;证券交易政策的变化,可以直接影响到证券的价格。因此,每一项经济政策、法规出台或调整,对证券市场都会有一定的影响,从而引起市场整体的波动。

② 利率风险

一方面,上市公司经营运作的资金也有利率成本,利率变化意味着成本的变化,加息代表着企业利润的削减,相关证券的价值反映内在价值,必然会伴随着下跌;另一方面,流入证券市场的资金,在收益率方面往往有一定的标准和预期,一般而言,资金是有成本的,同期利率往往是参照标的,当利率提升时,在证券市场中寻求回报的资金要求获得高过利率的收益率水平,如果难以达到,资金将会流出市场转向收益率高的领域,这种反向变动的趋势在债券市场上尤为突出。

③ 购买力风险

在证券市场上,由于投资证券的回报是以货币的形式来支付的,在通货膨胀时期,货币的购买力下降,也就是投资的实际收益下降,将给投资者带来损失的可能。

④ 市场风险

市场风险指因股市价格、利率、汇率等的变动而导致价值未预料到的潜在损失的风险,是证券投资活动中最普遍、最常见的风险。当整个证券市场连续过度地上涨,股价已远离合理价值区域之后,股价上涨主要依靠资金简单流入堆砌,即所谓的"投机博傻",趋势投机代替了价值投资,但泡沫总有破灭的一天,当后继投资者不再认同没有价值支撑的股价,市场由高位回落便成为自然,这种转折趋势一旦形成,往往形成单边没有承接力的连续下跌,这在过去世界各国的股灾中已被证明,这也是市场参与者无法回避和必须接受的风险。

（2）非系统性风险

非系统性风险是指对某个行业或个别证券产生影响的风险,它通常由某一特殊的因素引起,与整个证券市场的价格不存在系统的全面联系,而只对个别或少数证券的收益产生影响。如单只股票价格同上市公司的经营业绩和重大事件密切相关,公司的经营管理、财务状况、市场销售、重大投资等因素的变化都会影响公司的股价走势。非系统性风险主要影响某一种证券,与市场的其他证券没有直接联系,投资者可以通过分散投资的方法,来抵消该种风险。这就是非系统风险,主要包括以下四类。

① 经营风险

证券市场交易股票的价格,从根本上说是反映上市公司内在价值的,其价值的大小由上市公司的经营业绩决定。然而,上市公司本身的经营是有风险的,经营上潜在着不景气,甚至失败、倒闭的风险,从而造成投资者收益本金的增加或损失。

② 财务风险

财务风险是指公司因筹措资金而产生的风险,即公司可能丧失偿债能力的风险。公司财务结构的不合理,往往会给公司造成财务风险。形成财务风险的因素主要有资本负债比率、资产与负债的期限、债务结构等因素。投资在投资股票时,应注意对公司报表的财务分析。

③ 信用风险

信用风险也称违约风险,指不能按时向证券持有人支付本息而使投资者造成损失的可能性。主要针对债券投资品种,对于股票只有在公司破产的情况下才会出现。

④ 道德风险

道德风险主要由上市公司管理者的道德引发。上市公司的股东和管理者是一种委托——代理关系,由于管理者和股东追求的目标不同,尤其在双方信息不对称的情况下,管理者的行为可能会造成对股东利益的损害。

（3）其他风险

① 交易过程风险

证券市场投资运作的复杂性,使投资者面临交易过程中的种种风险,包括由于自己不慎或券商失责而遭致股票被盗卖、资金被冒提、保证金被挪用,以及信用交易不受法律保护、买卖操作失误、接受不合规证券咨询导致损失等风险。必须提醒投资者注意交易过程中的有关事项,学会自我保护,尽可能地降低交易过程风险。

② 选择证券公司不当可能潜在的风险

证券公司及其营业部管理和服务质量的好坏直接关系到投资者交易的效率和安全性。如果投资者随意选择一家证券公司的营业部,或单纯就佣金的高低选择不合规范的委托代理机构,就有可能遇上风险。比如因证券公司经营不善招致倒闭的风险、因证券公司经营不规范造成保证金及利息被挪用,股息被拖欠的风险、因证券公司管理不善导致账户数据泄密、股票被盗卖、资金被冒提的风险。

③ 操作性风险

因结算运作过程中的计算机或人为的操作处理不当而导致的风险,大致可分成两类:一类是由于计算机自身软、硬件故障在市场火爆时仍可能导致行情数据、委托交易延误,从而使投资者错过时机,造成投资损失。这类风险分为不可抗风险和可以向券商追索赔偿两种,投资者可以根据是否不可抗力造成,通过法律途径申请自己的正当主张,以降低风险损害程度。另一类,则要从投资者自身的知识层面去寻找问题所在。目前市场中金融创新不断增多,不同交易品种交易方式存在着不同,比如债券的面值及如何正确报价、权证价格涨跌停幅度如何计算、新股上市以及股改实施后首日复牌价格涨跌幅限制等,相应的知识需要投资者积极主动地去学习,否则,证券市场中每每发生异常交易,不白的损失结果就有可能发生在你的身上。

④ 不合规的证券咨询风险

随着参与股市的投资者的增加,对咨询及咨讯的需求也在上升,证券投资咨询业务受到了空前的重视,证券咨询机构鱼龙混杂,既有正规券商研究机构对相应开户投资者的日常咨询,也存在着非法证券咨询机构利用投资者急于找到"牛"股的心态,以加入会员、缴纳会费、推荐个股的方式吸引投资者,由于法律责任的不明确,投资者可能在其误导下进行了误操作,从而导致不必要的损失和难以明确责任的纠纷。

2.2.6.3 正确应对证券市场风险的方法

首先,证券市场的风险客观存在,投资者有必要在入市之前做好准备,需多加学习相关证券投资知识,多了解、分析和研究宏观经济形势及上市公司经营状况,增强风险防范意识,掌握风险防范技巧,提高抵御风险的能力。

(1) 树立正确的投资观念

对于投资者来说,要充分地认识到这个市场的本质,从自身的理念上去回避助长风险积累的情况发生。

(2) 学习一些必需的投资分析知识

证券市场的本身是一门非常广泛而深奥的学问,若想成为一个稳健而成功的投资人就必须花些心血和时间去研究基本的证券知识,包括对公司的财务分析、包括预测分析市场波动的技术理论等。

(3) 认清投资环境,把握投资时机

股市与经济环境、政治环境息息相关,经济衰退、股市萎缩、股价下跌;反之,经济复苏、股市繁荣、股价上涨。政治环境亦复如此。这也就是说在投资前应先认清投资的环境,避免逆势买卖。

（4）确定合适的投资方式

股票投资采用何种方式，因投资人的性格与空闲时间而定，一般而言，不以赚取差价为主要目的，而是想获得公司红利或参加公司经营者多采用长期投资方式。本身有职业，没有太多时间关注股票市场，而又有相当积蓄及投资经验的，适合采用中期投资方式。时间较空闲，有丰富经验，市场感觉灵敏的投资者可采用短线交易的方式。

（5）制定周详的资金运作计划

投资者可以根据自身的偏好选择合适的投资品种，股票、基金、债券具有不同的收益和对应不同的风险水平，以投资组合的方式参与证券市场，而不要将所有资金集中于单个股票，树立正确的投资收益预期和止损标准，选股贵在精而不在多。

（6）上市公司的基本面是股价的基础

从本质上讲，股票仅仅是一种凭证，其作用是用来证明持有人的财产权利，当持有股票后，股东不但可参加股东大会，对股份公司的经营决策施加影响，且还能享受分红和派息的权利，获得相应的经济利益。上市公司的赢利能力，所对应的净资产大小，以及未来这种赢利能力和资产变化的趋势预期，反映了股票的内在价值。

股价不可能长期脱离内在价值，价格过度地超越价值必不会长久，也是风险积聚之源，需要投资者提前做出预判，对于经验不是很足的新入市投资者，火中取栗的操作行为还是应该尽量避免。投资者要用动态的眼光看待指数的高低，但股价走势如果已经大幅透支了上市公司未来业绩的增长，此时的风险就要引起警惕。

（7）用技术分析来预判趋势

系统性风险无法回避，如突发事件、政策、经济、军事变化带来投资者心理的波动无法提前预知，但有时证券市场过热后的系统性风险，可以通过确认一些重要信号提前有所警示。投资者对于技术指标的含义，有必要做一定了解和学习，指标分析并不是万能的，在一定阶段可能会失效，但技术分析可以帮投资者了解市场的买卖力量对比、风险收益的平衡，对于把握趋势有较强的帮助。技术分析三要素：历史会重演，但不会简单重复；走势反映了信息的变化；趋势是连续的。

其次，投资者还需学会以法律武器保护自己，选择规范的证券公司合规操作，选择具有一定公信力的咨询机构辅助指导自己的投资。

（1）选择一家信誉好的证券公司的营业部

投资者买卖股票必须通过证券公司下属营业部进行，因此，证券公司及其营业部管理和服务质量的好坏直接关系到投资者交易的效率和安全性。根据国家规定，证券公司及其证券营业部的设立要经过主管部门的批准。投资者在确定其合法性后，可再依据其他客观标准来选择令自己放心投资的证券营业部。这些标准主要包括：①公司规模；②信誉；③服务质量；④软硬件及配套设施；⑤内部管理状况。

（2）签订指定交易等有关协议

投资者选择了一家证券公司营业部作为股票交易代理人时，必须与其签订《证券买卖代理协议》和《指定交易协议》，形成委托代理的合同关系，双方依约享有协议所规定的权利和义务。

一般来说，"指定交易"这一概念是特别针对上海证券交易所的交易方式而言的。所谓指定交易，是指投资者可以指定某一证券营业部作为自己买卖证券的唯一的交易营业部。在与该证券营业部签订协议并完成一定的登记程序后，投资者便可以通过指定的证券营业部进行委托、交易、结算、查询以及享有其他市场服务。投资者一旦采用指定交易方式，便只能在指定的证券公司营业部办理有关的委托交易，而不能再在其他地方进行证券的买卖。当然，投资者也可以在原来的证券公司营业部撤销指定交易，并重新指定新的证券公司或营业部进行交易。

为保护自己的合法权益，投资者在与证券公司签订协议时要了解协议的内容，并需对以下条款予以足够注意：①证券公司营业部的业务范围和权限；②指定交易有关事项；③买卖股票和资金存取所需证件及其有效性的确认方式和程序；④委托、交割的方式、内容和要求；⑤委托人保证金和股票管理的有关事项；⑥证券营业部对委托人委托事项的保密责任；⑦双方违约责任和争议解决办法。

（3）切忌不受法律保护的信用交易

信用交易又称"保证金交易"，指投资者按照法律规定，在买卖证券时只向证券公司交付一定的保证金，由证券公司提供融资或融券进行交易。投资者采用这种方式进行交易时，必须在证券公司处开立保证金账户，并存入一定数量的保证金，其余应付证券或价款不足时，由证券公司代垫。信用交易分为融资买进（即买空）和融券卖出（即卖空）两类。

目前，我国的法规禁止信用交易。信用交易目前在我国属于透支交易，是一种违规活动，其行为不受法律保护。根据《中华人民共和国证券法》的明文规定，证券公司不得为客户进行融券、融资交易，因此，投资者与证券公司签订的"透支协议"及"抵押融资协议"不受法律保护。投资者在股票交易中必须注意：①任何情况下都不应向证券公司要求透支或接受透支；②保护好自己的股东账户和托管股票，不向任何人出借自己的股票账户和身份证件。

（4）认真核对交割单和对账单

目前 A 股市场采用"T＋1"交收制度，即当天买卖，次日交割。投资者应在交易日后一天在证券营业部打印交割单，以核对自己的买卖情况。如投资者发现资金账户里的资金与实有资金存在差异，应立即向证券营业部查询核对，进行交涉。投资者在需要时还可向证券营业部索取对账单，核对以往交易资料，如发现资料有误，投资者可向证券营业部进行查询核对。

（5）防止股票盗卖和资金冒提

投资者股票被第三人盗卖及保证金被冒提主要有两个原因：一是股民的相关证件和交易资料发生泄露，使违法者有机可乘；二是因证券公司管理不严等因素使违法者得以进行盗卖。

为保障投资者的资金安全，维护正常的市场交易秩序，证券公司应建立规范的风险管理体系和健全的内控制度，而投资者自己也不可掉以轻心，必须在日常投资实践中增强风险防范意识，尤其要注意以下事项：①在证券营业部开户时要预留三证（身份证、股东卡、资金卡）复印件和签名样本；②细心保管好自己的三证和资金存取单据、股票买卖交割单等所有的原始凭证，以防不慎被人利用；③经常查询资金余额和股票托管余额，发现问题及时处理，减少损失；④注意交易密码和提款密码的保密，如切忌在办公室大声唱念个人资料；必须与排队等候的客户保持一米的距离，防止自己的姓名、资金账号、账户余额、密码等内容被别人看到；⑤不定期修改密码；⑥逐步采用自助委托等方式，减少柜台委托。

2.3 实验内容

（1）查看证券交易所主要交易产品的行情

学生需熟练获取大盘和个股的价格和交易量等交易信息，相关基本面信息和排名等加工信息，以便为模拟交易奠定基础。

① 调出选择上海证券交易所或深圳证券交易所的股票、债券、基金等交易品种的行情列表，查看所有交易品种的行情。

② 查找你所关注的交易品种，敲击回车键或双击，进入该品种的分时走势界面，查看其走势情况。

③ 通过 F5 键或主菜单的功能键，切换到 K 线图界面。在 K 线图状态下，通过"↑""↓"键展开或压缩 K 线显示的数量，也可通过"→""←"键查看不同时段的 K 线图，通过 F8 键或者主菜单的功能键等变更 K 线周期，观察不同时段上的走势情况。

④ 通过 F10 键查看个股基本面资料。

⑤ 查看当日市场交易的综合情况：

输入数字 81、82、83、84、85、86、87，查看上证 A 股、上证 B 股、深证 A 股、深证 B 股、上证债券、深证债券、上证基金的综合排名。

输入数字 61、62、63、64 可分别调出上证 A 股、上证 B 股、深证 A 股、深证 B 股的当日涨跌幅排序。

（2）股票交易基本程序

① 在交易页面，进行委托下单操作，买入两只股票。在下单查询操作区，查询成交状况。对等待成交的委托单进行撤单操作。当交易状态页面显示有持股时，查询成交明细

和资金变动情况。

②　熟悉委托下单、持仓查询、交易查询、交易下单查询等基本操作后,结合钱龙系统提供的行情信息和技术分析图表,选择一只自己认为有投资价值的股票,择时下单买入。

③　查询当日收盘时自己的持股状态、资金变动和盈亏。

(3) 熟悉中国股市的上市规则、退市制度和股改进程

①　解释 ST、*ST、SST、S*ST 四个符号的含义。

②　查找当前上市公司股票代码中有 ST、*ST、SST、S*ST 的股票各两只,获取公司名称、股票代码、ST 或*ST 时间、当前每股收益、当前每股净资产、当前每股未分配利润、ST 或*ST 处理前股价以及股票前收盘价等信息。并查阅这些股票的公司公告,查询近 5 个交易日是否有临时停牌,若有,停牌原因是什么。

2.4　实 验 小 结

体验式的模拟交易是过渡到实盘交易的必经阶段。认真对待模拟交易,保持平稳的交易心态,按照正常交易程序,准确无误地进行委托交易,并根据盘面变化,及时调整交易计划,控制交易仓位与风险,为实盘交易奠定基础。

实验单元 3

上市公司投资价值分析与股票选择

3.1 实验要求

掌握各种宏观因素所包含的内容及其对证券市场产生的不同影响,能运用宏观因素的变化规律,对证券市场的未来走势进行分析和判断;

认识基本面分析对选股的重要性,掌握行业分析的基本方法,能够对各行业的投资价值进行判断并用以指导投资实践;

认识公司基本面是个股选择的重要影响因素,了解上市公司基本面的变动和公司业绩的变化对股价走势的影响;

能够根据公司基本面选取有投资价值的股票。

3.2 实验准备

3.2.1 常用术语

(1) 主板市场

主板市场也称为一板市场,指传统意义上的证券市场(通常指股票市场),是一个国家或地区证券发行、上市及交易的主要场所。主板市场先于创业板市场产生,二者既相互区别又相互联系,是多层次资本市场的重要组成部分。相对创业板市场而言,主板市场是资本市场中最重要的组成部分,很大程度上能够反映经济发展状况,有"国民经济晴雨表"之称。主板市场对发行人的营业期限、股本大小、赢利水平、最低市值等方面的要求标准较高,上市企业多为大型成熟企业,具有较大的资本规模以及稳定的赢利能力。

(2) 创业板市场

创业板市场也称二板市场,是上市标准较低、为中小创新公司融资的股票市场。

根据投资主体的不同,股权设置有三种形式:国家股、法人股、社会公众股。

(3) 蓝筹股与红筹股

蓝筹股指的是那些在行业景气和不景气时都能够有能力赚取利润,同时风险较小的公司的股票,蓝筹股的价格通常较高。红筹股的概念诞生于 20 世纪 90 年代初期的香港股票市场,一般把最大控股权(常常指 30％以上)直接或间接隶属于中国内地有关部门或企业,并在中国香港注册上市的公司所发行的股份,归类为红筹股。

(4) 绩优股和垃圾股

绩优股就是业绩优良的公司的股票,在我国,投资者衡量绩优股的主要指标是每股税后利润和净资产收益率。与绩优股相对应,垃圾股指的是业绩较差的公司的股票。

(5) 冷门股和热门股

冷门股是指交易量很少,交易周转率低,流通性小,甚至经常没有交易,股票价格变动幅度小或不正常的股票。热门股是指交易量与交易周转率高,股票流通性强,股票价格变动幅度大的股票。

(6) 除权与除息

除权报价的股票赋予出售者保留分享公司新发股票的权利。除息出售的股票赋予出售者保留即期红利的权利。

(7) 多头与多头市场

多头是指投资者对股市看好,预计股价将会看涨,于是趁低价时买进股票,待股票上涨至某一价位时再卖出,以获取差额收益。多头市场也称牛市,指股票市场上买入者多于卖出者,股市行情看涨,延续时间较长的大升市。多头市场股价变化的主要特征是一连串的大涨小跌。

(8) 空头与空头市场

空头是指股票成交中的卖方。而空头市场是指股价呈长期下降趋势的市场,空头市场中,股价的变动情况是大跌小涨,亦称熊市。

(9) 卖空与买空

卖空是指预计股价将下跌,而卖出股票,在发生实际交割前,将卖出股票如数补进,交割时,只结清差价的投机行为。

买空亦称"多头交易",与卖空相对应。投资者预测股价将会上涨,但自有资金有限不能购进大量股票于是先缴纳部分保证金,并通过经纪人向银行融资以买进股票,待股价上涨到某一价位时再卖,以获取差额收益。

(10) 开市价与收市价

开市价又称开盘价,是指某种证券在证券交易所每个交易日开市后的第一笔买卖成交价格。收市价又称收盘价,是指某种证券在证券交易所每个交易日里的最后一笔买卖成交价格。

(11) 最高价与最低价

最高价指某种证券在每个交易日从开市到收市的交易过程中所产生的最高价格。最低价指某种证券在每个交易日从开市到收市的交易过程中所产生的最低价格。

（12）市盈率

市盈率又称股份收益比率或本益比，是股票市价与其每股收益的比值，计算公式是：

$$市盈率 = \frac{当前每股市场价格}{每股税后利润}$$

（13）利好、利空与利空出尽

利好就是给股市带来好的因素的消息，能刺激股指上涨。如股票上市公司经营业绩好转、银行利率降低、社会资金充足、银行信贷资金放宽、市场繁荣等，以及其他政治、经济、军事、外交等方面对股价上涨有利的信息。利空就是给股市带来不好因素的消息，能刺激股指下跌。如股票上市公司经营业绩恶化、银行紧缩、银行利率调高、经济衰退、通货膨胀、天灾人祸等，以及其他政治、经济军事、外交等方面促使股价下跌的不利消息。

在证券市场上，证券价格因各种不利消息的影响而下跌，这种趋势持续一段时间，跌到一定的程度，空方的力量开始减弱，投资者不再被这些利空的因素所影响，证券价格开始反弹上升，这种现象就被称作利空出尽。

（14）量价背离

当前的量价关系与之前的量价关系发生了改变，一般量价背离会产生一种新的趋势，也可能只是上升中的调整或下跌中的反弹。

（15）开低、开高与开平

开低是指今日开盘价在昨日收盘价之下。开高是指今日开盘价在昨日收盘价之上。开平是指今日开盘价与昨日收盘价持平。

（16）跳空与补缺口

跳空指受强烈利好或利空消息刺激，股价开始大幅度跳动，跳空通常在股价大变动的开始或结束前出现。经过一段时间，将回到跳空前的价位补空即为补缺口。

（17）空翻多与多翻空

空翻多是指原本打算卖出股票的一方，看法改变，变为买方。多翻空是指本看好行情的多头，看法改变，不但卖出手中的股票，还借股票卖出，这种行为称为翻空或多翻空。

（18）反弹与反转

反弹是指在股市上股价呈不断下跌趋势，终因股价下跌速度过快而反转回升到某一价位的调整现象称为反弹。一般来说，股票的反弹幅度要比下跌幅度小，通常是反弹到前一次下跌幅度的三分之一左右时，又恢复原来的下跌趋势。

反转是指股价朝原来趋势的相反方向移动，分为向上反转和向下反转。

（19）委买手数、委卖手数与委比

委买手数是指已经输入证交所主机计算机欲买进某股票的委托手数。营业部的终端计算机通常显示前五档委买手数。

委卖手数是指现在所有个股委托证券交易所计算机主机卖出下五档的股票总数量。

委比指标指的是在报价系统之上的所有买、卖单之比,用以衡量一段时间内买、卖盘相对力量的强弱。当委比值为正值并且委比数大,说明市场买盘强劲;当委比值为负值并且负值大,说明市场抛盘较强。委比值从-100%至+100%,说明买盘逐渐增强,卖盘逐渐减弱的一个过程,相反亦然。

$$委比 = \frac{委买手数 - 委卖手数}{委买手数 + 委卖手数} \times 100\%$$

(20) 内盘与外盘

内盘就是股票在买入价成交,成交价为申买价,说明抛盘比较踊跃。当成交价在买入价时,将现手数量加入内盘累计数量中,当内盘累计数量比外盘累计数量大很多,而股价下跌时表示很多人在强抛卖出股票。

外盘就是股票在卖出价成交,成交价为申卖价,说明买盘比较积极。当成交价在卖出价时,将现手数量加入外盘累计数量中,当外盘累计数量比内盘累计数量大很多,而股价上涨时表示很多人在抢盘买入股票。

内盘和外盘这两个数据大体可以用来判断买卖力量的强弱。若外盘数量大于内盘,则表现买方力量较强,若内盘数量大于外盘则说明卖方力量较强。

(21) 超买与超卖

超买是指资产的价格升至基本面因素无法支持的水平,通常发生在价格短时间内急涨之后。超买意味着价格很容易出现向下修正。超卖是指就基本面因素而言,资产价格已跌至不合理的水平,通常发生在价格短期内急跌之后。超卖意味着价格很容易出现向上调整。

(22) 打压、买压和卖压

打压是指用大量股票将股票价格大幅度压低,以便低成本大量买进。买压是指买股票的人很多,而卖股票的人很少。卖压是指在股市大量抛出股票,使股票价格迅速下跌。

(23) 换手率

换手率也称周转率,指在一定时间内市场中股票转手买卖的频率,也是反映股票流通性强弱的指标之一,其计算公式为:

$$周转率(换手率) = \frac{某一时期内的成交量}{发行总股数} \times 100\%$$

(24) 盘档、整理、震荡和盘整

盘档是指投资者不积极买卖,多采取观望态度,使当天股票价格的变动幅度很小,这种情况称为盘档。整理是指股票价格经过一段急剧上涨或下跌后,开始小幅度波动,进入稳定变动阶段,这种现象称为整理,整理是下一次大变动的准备阶段。震荡是指股票价格一天之内忽高忽低地大幅度变化。盘整是指当天股票价格波动幅度很小,最高价与最低价之间不超过2%,或者行情进入整理,上下波动幅度也不大,持续时间在半个月以上。

（25）多头陷阱和空头陷阱

多头陷阱通常发生在指数或股票价格屡创新高，并迅速地突破原来的指数区且达到新高点，随后迅速滑落跌破以前的支撑位，结果使在高位买进的投资者严重被套。空头陷阱通常出现在指数或股票价格从高位区以高成交量跌至一个新的低点区，并造成向下突破的假象，使恐慌抛盘涌出后迅速回升至原先的密集成交区，并向上突破原阻力线，使在低点卖出者踏空。

（26）K 线与 K 线类技术分析方法

K 线也称为日本线，起源于日本。K 线是一条柱状的线条，由影线和实体组成。线在实体上方的部分叫上影线，下方的部分叫下影线。实体分阳线和阴线两种，又称红（阳）线和黑（阴）线。一条 K 线的记录就是某一种股票一天的价格变动情况。

K 线类的研究手法是侧重若干天的 K 线组合情况，推测证券市场多空双方力量的对比，进而判断证券市场多空双方谁占优势，是暂时的，还是决定性的。其中 K 线图是进行各种技术分析的最重要的图表。

（27）基本面分析与技术分析

股票价值的基本面分析要素涉及所分析企业的销售、收益和资产。行业和公司的基本面分析要素包括销售、资产、收益、产品或服务、市场和管理。对于宏观经济的基本面研究，则包括国民生产总值、利率、失业、存货、储蓄等内容。

技术分析（或图表分析）指针对市场价格行为的行情预测分析。技术分析主要研究市场（或股票）的供求关系。技术分析师通过对价格的运动规律、成交量、变化模式等的研究，并以图线的形式反映这些指标的运动特征，来试图估计当前市场行为的可能效果或者某证券的未来供求状况。

3.2.2　上市公司投资价值分析

从长期来看，一家上市公司的投资价值归根结底是由其基本面所决定的。影响投资价值的因素既包括公司净资产、赢利水平等内部因素，也包括宏观经济、行业发展、市场情况等各种外部因素。在分析一家上市公司的投资价值时，应该从宏观经济、行业状况和公司情况三个方面着手，才能对上市公司有一个全面的认识。

3.2.2.1　宏观经济运行分析

证券市场历来被看作"国民经济的晴雨表"，是宏观经济的先行指标；宏观经济的走向决定了证券市场的长期趋势。只有把握好宏观经济发展的大方向，才能较为准确地把握证券市场的总体变动趋势、判断整个证券市场的投资价值。宏观经济状况良好，大部分的上市公司经营业绩表现会比较优良，股价也相应有上涨的动力。

　　为了把握国内宏观经济的发展趋势,投资者有必要对一些重要的宏观经济运行变量给予关注。

　　(1) 国内生产总值 GDP

　　国内生产总值是一国(或地区)经济总体状况的综合反映,是衡量宏观经济发展状况的主要指标。通常而言,持续、稳定、快速的 GDP 增长表明经济总体发展良好,上市公司也有更多的机会获得优良的经营业绩;如果 GDP 增长缓慢甚至负增长,宏观经济处于低迷状态,大多数上市公司的赢利状况也难以有好的表现。我国经济稳定快速增长,2011 年 GDP 同比增长 9.2%;2012 年上半年 GDP 同比增长率达到了 7.8%。上市公司业绩的快速增长常得益于宏观经济的持续向好、工业企业效益整体的提升等,中国经济的快速增长为上市公司创造了良好的外部环境。

　　(2) 通货膨胀

　　通货膨胀是指商品和劳务的货币价格持续普遍上涨。通常,CPI(即居民消费价格指数)被用作衡量通货膨胀水平的重要指标。温和的、稳定的通货膨胀对上市公司的股价影响较小;如果通货膨胀在一定的可容忍范围内持续,且经济处于景气阶段,产量和就业都持续增长,那么股价也将持续上升;严重的通货膨胀则很危险,经济将被严重扭曲,货币加速贬值,企业经营将受到严重打击。除了经济影响,通货膨胀还可能影响投资者的心理和预期,对证券市场产生影响。CPI 也往往作为政府动用货币政策工具的重要观测指标,2011 年 8 月到 2012 年 7 月期间我国 CPI 呈回落趋势,因此在每月 CPI 数据公布前后,市场也普遍预期政府将会采取调整法定存款准备金率等措施来防范通货紧缩,引发了股市波动。

　　(3) 利率

　　利率对于上市公司的影响主要表现在两个方面:第一,利率是资金借贷成本的反映,利率变动会影响到整个社会的投资水平和消费水平,间接地也影响到上市公司的经营业绩。利率上升,公司的借贷成本增加,对经营业绩通常会有负面影响。第二,在评估上市公司价值时,经常使用的一种方法是采用利率作为折现因子对其未来现金流进行折现,利率发生变动,未来现金流的现值会受到比较大的影响。利率上升,未来现金流现值下降,股票价格也会发生下跌。

　　(4) 汇率

　　通常,汇率变动会影响一国进出口产品的价格。当本币贬值时,出口商品和服务在国际市场上以外币表示的价格就会降低,有利于促进本国商品和服务的出口,因此本币贬值时出口导向型的公司经营趋势向好;进口商品以本币表示的价格将会上升,本国进口趋于减少,成本对汇率敏感的企业将会受到负面影响。当本币升值,出口商品和服务以外币表示的价格上升,国际竞争力相应降低,一国的出口会受到负面影响;进口商品相对便宜,较多采用进口原材料进行生产的企业成本降低,赢利水平提升。

目前,人民币正处于渐进的升值进程中,出口导向型公司特别是议价能力弱的公司赢利前景趋于暗淡,亟待产业升级,提高利润率和产品的国际竞争力;需要进口原材料或者部分生产部件的企业,因其生产成本会有一定程度的下降而受益;国内的投资品行业能够享受升值收益也会受到资金的追捧。人民币小幅升值,房地产、金融、航空等行业将直接受益,而对纺织服装、家电、化工等传统出口导向型行业而言则带来负面影响。

3.2.2.2　宏观经济政策分析

在市场经济条件下,国家用以调控经济的财政政策和货币政策将会影响到经济增长的速度和企业经济效益,进而对证券市场产生影响。

(1) 财政政策

财政政策的手段主要包括国家预算、税收、国债、财政补贴、财政管理体制和转移支付制度等。其种类包括扩张性财政政策、紧缩性财政政策和中性财政政策。

具体而言,实施积极财政政策对于上市公司的影响主要有以下几个方面:

① 减少税收,降低税率,扩大减免税范围。这将会直接增加微观经济主体的收入,促进消费和投资需求,从而促进国内经济的发展,改善公司的经营业绩,进而推动股价的上涨。

② 扩大财政支出,加大财政赤字。这将会直接扩大对商品和劳务的总需求,刺激企业增加投资,提高产出水平,改善经营业绩;同时还可以增加居民收入,使其投资和消费能力增强,进一步促进国内经济发展,此时上市公司的股价也趋于上涨。

③ 减少国债发行(或回购部分短期国债)。国债发行规模缩减,使市场供给量减少,将导致更多的资金转向股票,推动上市公司股价的上涨。

④ 增加财政补贴。财政补贴往往使财政支出扩大,扩大社会总需求、刺激供给增加,从而改善企业经营业绩,推动股价上扬。

实施扩张性财政政策有利于扩大社会的总需求,将刺激经济发展,而实施紧缩性财政政策则在于调控经济过热,对上市公司及其股价的影响与扩张性财政政策所产生的效果相反。

(2) 货币政策

货币政策是政府为实现一定的宏观经济目标所制定的关于货币供应和货币流通组织管理的基本方针和基本准则。其调控作用主要表现在:通过调控货币供应总量保持社会总供给与总需求的平衡;通过调控利率和货币总量控制通货膨胀;调节国民收入中消费与储蓄的比例;引导储蓄向投资的转化并实现资源的合理配置。

货币政策的工具可以分为一般性政策工具(包括法定存款准备金率、再贴现政策、公开市场业务)和选择性政策工具(包括直接信用控制、间接信用指导等)。如果市场物价上涨、需求过度、经济过度繁荣,被认为是社会总需求大于总供给,中央银行就会采取紧缩货币的政策以减小需求。反之,央行将采用宽松的货币政策手段以增加需求。

①　法定存款准备金政策。央行通过调整商业银行上缴的存款准备金率,改变货币乘数,控制商业银行的信用创造能力,最终影响市场的货币供应量。如果央行提高存款准备金率,将使货币供应量减少,市场利率上升,投资和消费需求减少,对公司经营产生负面影响,公司股价将趋于下跌。

②　再贴现政策。再贴现政策指央行对商业银行用持有的未到期票据向央行融资所作的政策规定,一般包括再贴现率的确定和再贴现的资格条件。当经济过热时,中央银行倾向于提高再贴现率或对再贴现资格加以严格审查,导致商业银行资金成本增加,市场贴现利率上升,社会信用收缩,市场货币供应量相应减少,证券市场上市公司的股价走势趋于下跌。

③　公开市场业务政策。当政府倾向于实施较为宽松的货币政策时,央行将会大量购进有价证券,使货币供应量增加,推动利率下调,资金成本降低,从而刺激企业和个人的投资和消费需求,使得生产扩张,公司利润增加,进而推动证券市场公司股价上涨。

近年来,我国一直坚持实施稳健的财政政策和货币政策,维持经济持续稳定发展,防止出现"大起大落"。近期召开的国务院常务会议提出,当前要继续坚持实施稳健的财政政策和货币政策,货币政策要稳中适度从紧。流动性过剩问题已经成为当前我国经济运行中的突出矛盾,"稳中适度从紧"货币政策的提出在于要努力缓解流动性过剩矛盾。

3.2.2.3　行业分析

我国证监会于 2001 年 4 月 4 日公布了《上市公司行业分类指引》(以下简称《指引》)。《指引》将上市公司分成 13 个门类(农、林、牧、渔业;采掘业;制造业;电力、煤气及水的生产和供应业;建筑业;交通运输、仓储业;信息技术业;批发和零售贸易;金融、保险业;房地产业;社会服务业;传播与文化产业;综合类),以及 90 个大类和 288 个中类。

由于所处行业不同,上市公司的投资价值会存在较大的差异。进行行业分析,我们需要关注的是:行业本身所处发展阶段及其在国民经济中的地位;影响行业发展的各种因素及其对行业影响的力度;行业未来发展趋势;行业的投资价值及投资风险。以下是行业的一般特征分析。

(1) 行业的市场结构分析

根据行业中拥有的企业数量、产品性质、企业控制价格的能力、新企业进入壁垒等因素,将行业的市场结构分为四种,即完全竞争市场、垄断竞争(或不完全竞争)市场、寡头垄断市场和完全垄断市场。不同行业的市场结构决定了其发展前景和赢利潜力的大小。

① 完全竞争市场

完全竞争型市场是指竞争不受任何阻碍和干扰的市场。在现实经济中,完全竞争的市场类型是少见的,初级产品(如农产品)的市场类型类似于完全竞争市场。

② 垄断竞争市场

垄断竞争市场是指既有垄断又有竞争的市场。在垄断竞争市场上,每个企业都具有一定的垄断力,但它们之间又存在着激烈的竞争。在国民经济各行业中垄断竞争市场较多,如制成品(纺织、服装等轻工业产品)市场就属于垄断竞争市场。

③ 寡头垄断市场

寡头垄断市场是指相对少量的生产者在某种产品的生产中占据很大市场份额,垄断了该行业的供给市场。在寡头垄断市场上,通常存在着一个起领导作用的企业,即龙头企业,其他企业跟随该企业定价与经营方式的变化而相应地进行某些调整。资本密集型、技术密集型产品,如钢铁、汽车等重工业的市场多用这种类型。生产这些产品所必需的巨额投资、复杂的技术等因素限制了新企业进入该市场。

④ 完全垄断市场

完全垄断市场是指一家企业生产某种特质产品的情形,即整个行业的市场完全处于一家企业所控制的市场结构。特质产品是指那些没有或缺少相近的替代品的产品。完全垄断可分为两种类型:政府完全垄断和私人完全垄断。政府完全垄断通常在公用事业(如国营铁路、邮电等部门)中居多。私人完全垄断主要有:根据政府授予的特许专营、根据专利生产的独家经营以及由于资本雄厚、技术先进而建立的排他性的私人垄断经营。

当前的现实生活中没有真正的完全垄断型市场,每个行业都或多或少地引进了竞争。公用事业(如发电厂、煤气公司、自来水公司以及邮电通信等)和某些资本、技术高度密集型或稀有金属矿藏的开采等行业比较接近完全垄断市场。

(2) 经济周期与行业分析

各行业变动时,往往呈现出明显的、可测的增长或衰退的趋势。这些变动与国民经济周期的变动是有联系的,但联系的紧密程度又不一样。据此,可以将行业分为以下几类。

① 增长型行业

增长型行业的发展与经济周期并无紧密相关。这类行业收入增长的速度并不会总是随着经济周期的变动而出现同步变动,因为它们主要依靠技术进步、新产品开发以及更优质的服务,从而使其经常呈现出增长形态。

我国现阶段,生物制药、移动通信、网络工程及航空业等行业属于增长型行业。投资者通常会对增长型行业感兴趣,主要是因为这些行业相对于经济周期性波动而言,提供了一种财富"套期保值"的手段。在经济高涨时,增长型行业的发展速度通常高于其余行业的平均水平;在经济衰退时,其受经济周期的影响较小甚至仍能保持一定的增长。然而,这种行业增长的形态却使得投资者难以准确把握购买时机,这是因为,这些行业的股票价格不会随着经济周期的变化而变化。

② 周期型行业

周期型行业最显著的特征是其行业的发展通常与经济周期紧密相关。经济处于上升时期,这些行业会紧随其扩张,该行业的股价也会相应上涨;当经济处于衰退时期,这些行业也相应衰落,行业股价相应下跌。而且,周期型行业收益的变化幅度往往会在一定程度上夸大经济的周期的影响效果。产生这种现象的原因是,当经济上升时,对这些行业相关产品的购买相应增加;当经济衰退时,这些行业相关产品的购买被延迟到经济改善之后。例如消费品业、耐用品制造业及其他需求的收入弹性较高的行业,就属于典型的周期型行业。

③ 防守型行业

防守型行业(也称为防御型行业)的经营状况在经济周期的上升和下降阶段都很稳定,这是因为防守型行业的产品需求相对稳定,需求弹性小,即使经济处于衰退期对这种行业的影响也较小或者无影响,甚至有些防守型行业在经济衰退时期还会有一定的实际增长。

该类型行业的产品往往是生活必需品或是必要的公共服务,公众对其产品有相对稳定的需求,因而行业中有代表他的公司赢利水平相对较稳定。例如,食品业和公用事业就属于防守型行业。

(3) 行业生命周期分析

一般来说,行业的生命周期可分为幼稚期、成长期、成熟期和衰退期,如表 3-1 所示。

表 3-1　行业生命周期各阶段情况比较

项　　目	幼稚期	成长期	成熟期	衰退期
厂商数量	少	增加	减少	少
利润	亏损	增加	高	减少→亏损
风险	高	高	较低	低
工作重点	开发	宣传	质量、服务	新产品研制

按行业所处生命周期的阶段不同,也可以将行业分为朝阳行业、平缓增长行业和夕阳行业三类。朝阳行业处于幼稚期或成长期,平缓增长行业处于成熟期,而夕阳行业则处于衰退期,各自显现出快速增长、缓慢增长、衰退的行业特征。

① 幼稚期

在这一时期,由于新行业刚刚出现,行业内的企业数量较少。初生期的主要表现为资源配置单一、结构不合理、生产能力有限、各种契约关系简单、企业缺少市场知名度、销售额小、资金紧缺。在财务上主要表现为各种生产要素投入对资金的需求,其决策重点主要是融资。处于幼稚期的企业生产经营上的任何差错,都可能直接威胁到企业的生存,直接使企业进入衰退期。较高的成本和较小的市场份额等因素通常使得这些企业面临较大的投资风险,但是在初生期后期,随着技术的提高,生产成本的降低和市场的扩大,这类企业会面临较好的发展机遇,因此比较适合投机者。

② 成长期

进入成长期,随着市场认可度的提升,市场需求也开始增加。由于看好该行业的前景,大量厂商的进入使得产品逐步出现多样化的局面,厂商之间的竞争加剧。这一时期,厂商的利润增长很快,但面临的竞争风险也很大,到了成长期后期,出于优胜劣汰。厂商数量逐渐趋于稳定,销售和利润都保持平稳,受不确定因素的影响较少,行业的波动也较小,此时,投资者投资损失的可能性大大降低,分享行业增长带来的收益的可能性大大提高,因此,这个阶段是进行投资的最佳时期。

③ 成熟期

在这一时期,企业资源投入保持相对稳定水平,人力资源以及特种无形资源在企业的资源配置中占有相当的份额,企业资源结构趋于科学合理,企业的主要业务已经稳定下来、市场份额相对稳定,企业的目标是赢利与成长的平衡。而厂商之间的竞争手段也从价格手段转向非价格手段,而且由于进入壁垒较高,新厂商很难进入。但是行业的增长已经停滞,只有依靠技术的创新来实现新的增长。当行业进入成熟期后期时,投资者应考虑及时收回投资。

④ 衰退期

在这一时期,由于新产品及大量替代品的出现,市场需求减少,产品销量下降,某些厂商开始向其他行业转移资金,整个行业进入衰退阶段。厂商数目减少,市场萎缩,利润率停滞或下降,当正常利润无法维持现有的投资时,整个行业便逐渐解体。

在进行投资决策时,投资者应充分考虑公司所处的行业生命周期,以选择适合自己的资金和投资期限的行业,进而在该行业中选定目标公司。

此外,一个行业的兴衰还会受到技术进步、产业政策、产业组织创新、社会习惯的改变和经济全球化等因素的影响。行业内部的竞争结构也决定了竞争的激烈程度,行业内现有的竞争、潜在进入者的威胁、替代品的威胁、买方讨价还价的能力和供应方讨价还价的能力这五种基本竞争力量决定了行业竞争的激烈度以及收益率水平。

3.2.2.4　公司分析

对于上市公司投资价值的把握,具体还是要落实到公司自身的经营状况与发展前景。投资者需要了解公司在行业中的地位、所占市场份额、财务状况、未来成长性等方面以做出自己的投资决策。

(1) 公司基本面分析

① 公司行业地位分析

在行业中的综合排序以及产品的市场占有率决定了公司在行业中的竞争地位。行业中的优势企业由于处于领导地位,对产品价格有很强的影响力,从而拥有高于行业平均水平的赢利能力。

② 公司经济区位分析

经济区位内的自然和基础条件包括矿业资源、水资源、能源、交通等等,如果上市公司所从事的行业与当地的自然和基础条件相符合,更利于促进其发展。区位内政府的产业政策对于上市公司的发展也至关重要,当地政府根据经济发展战略规划,会对区位内优先发展和扶植的产业给予相应的财政、信贷及税收等方面的优惠措施,相关产业内的上市公司得到政策支持的力度较其他产业大,有利于公司进一步的发展。

③ 公司产品分析

提供的产品或服务是公司赢利的来源。产品竞争能力、市场份额、品牌战略等的不同,通常对其赢利能力产生比较大的影响。一般而言,公司的产品在成本、技术、质量方面具有相对优势,更有可能获取高于行业平均赢利水平的超额利润;产品市场占有率越高,公司的实力越强,其赢利水平也越稳定;品牌已成为产品质量、性能、可靠性等方面的综合体现,拥有品牌优势的公司产品往往能获取相应的品牌溢价,赢利能力也高于那些品牌优势不突出的产品。分析预测公司主要产品的市场前景和赢利水平趋势,也能够帮助投资者更好的预测公司未来的成长性和赢利能力。

④ 公司经营战略与管理

公司的经营战略是对公司经营范围、成长方向、速度以及竞争对策等的长期规划,直接关系着公司未来的发展和成长。

一个公司经营管理能力主要表现为能否最充分地利用各种生产要素,它直接关系到公司的生存和发展。公司的经营管理能力分析主要包括公司各层管理人员的素质及能力分析和公司的管理组织分析两个层面。公司的各层管理人员从上到下依次包括决策层、高级管理层、部门负责层和执行层。其中决策层和高级管理层应是分析的重点。一般地,衡量公司管理人员的常用指标有以下几个:第一,是否具有保持高效率生产的能力和合理安排财务的能力;第二,是否能够顺利地解决劳动纠纷并促进业务的发展;第三,是否会应用现代科学管理方法以及能否吸收并培养新的优秀员工;第四,在对外宣传、推销、谈判和处理法律事务等方面是否具备卓越的才能。公司的管理组织也对公司的管理水平有着重要的影响。公司的生产经营实际上是一个非常复杂的系统,必须有科学、高效的管理组织体系,这个系统才能顺利运行。因此,管理组织是公司的重心,它的优劣可以影响公司在行业中的竞争地位。我国的上市公司均建立起了以股份制为核心的法人治理结构。其目的是董事会、经理层和监事会三者相互制衡,但普遍存在着公司治理结构不完善的问题,最典型表现是上市公司股权结构不合理,这个问题是造成我国上市公司经营绩效低下的一个重要原因。

投资者要寻找的优秀公司,必然拥有可长期持续的竞争优势,具有良好的长期发展前景。这也正是最著名的投资家巴菲特所确定的选股原则。以巴菲特投资可口可乐公司股票为例,他所看重的是软饮料产业发展的美好前景、可口可乐的品牌价值、长期稳定并能够持续增长的业务、产品的高赢利能力以及领导公司的天才经理人。1988 年至 2004 年十七年间,可口可乐公司股票为巴菲特带来 541% 的投资收益率。

(2) 公司财务分析

公司财务分析是公司分析中最为重要的一环,一家公司的财务报表是其一段时间生产经营活动的一个缩影,是投资者了解公司经营状况和对未来发展趋势进行预测的重要依据。

上市公司公布的财务报表主要包括资产负债表、利润表和现金流量表。资产负债表是反映企业在某一特定日期财务状况的会计报表,它表明权益在某一特定日期所拥有或控制的经济资源、所承担的现有义务和所有者对净资产的要求权。我国资产负债表按账户式反映,资产=负债+净资产(资本、股东权益),即资产各项目的合计等于负债和所有者权益各项目的合计。同时,资产负债表还提供期初数和期末数的比较资料。利润及利润分配表是反映公司在一定时期内收益与亏损情况的动态报表,它的主要内容包括营业收入、营业成本及各项费用、营业利润、营业外收入与支出、利润总额、应付税金、税后利润及提取公积金、分配股利、未分配利润等。因此它综合反映了收入、成本与利润分配的情况,是证券投资者考察公司经营业绩的重要资料。现金流量表反映企业一定期间现金的流入和流出情况,表明企业获得现金及现金等价物的能力。现金流量表主要包括经营活动、投资活动和筹资活动产生的现金流量。通过单独反映经营活动产生的现金流量,可以了解企业在不动用从企业外部筹得的资金的情况下,凭借经营活动产生的现金流量是否足以偿还负债、支付股利和对外投资。现金流量表中的投资活动的范围比通常所指的短期投资和长期投资要广。通过单独反映筹资活动的现金流量,可以帮助投资者和债权人预计对企业未来现金流量的要求权,以及获得前期现金流入须付出的代价。

财务报表分析的方法有比较分析法和因素分析法两大类。财务报表的比较分析是指对两个或两个以上有关的可比数据进行对比,揭示财务指标的差异相变动关系,是财务报表分析中最基本的方法;财务报表的因素分析则是依据分析指标和影响因素的关系,从数量上确定各因素对财务指标的影响程度。其中最常用的比较分析方法有单个年度的财务比率分析、不同时期的财务报表比较分析、与同行业其他公司之间的财务指标比较分析三种。单个年度的财务比率分析是指对本公司一个财务年度内的财务报表各项目之间进行比较,计算比率,判断年度内偿债能力、资产管理效率、经营效率、赢利能力等情况。对一个公司不同时期的财务报表进行比较分析,可以从较长的时期对公司持续经营能力、财务状况变动趋势以及赢利能力做出动态的分析。与同行业其他公司进行比较分析可以全面了解公司各种指标的优劣,对公司在行业中进行合理的定位。使用此方法时常选用行业平均水平或行业标准水平,通过比较得出公司在行业中的地位,认清优势与不足,真正确定公司的价值。

财务比率是指同一张财务报表的不同项目之间、不同类别之间,或同一年度内不同财务报表的有关项目之间,各会计要素的相互关系。比率分析涉及公司管理的各个方面,比率指标大致可归为以下几大类:变现能力分析、营运能力分析、长期偿债能力分析、赢利能力分析、投资收益分析、现金流量分析。我们通常采用财务比率分析,用公司财务报表列示的项目之间的关系揭示公司目前的经营状况。

① 偿债能力分析

• 流动比率

流动比率是流动资产除以流动负债的比值,计算公式为:

$$流动比率 = \frac{流动资产}{流动负债}$$

流动比率是反映短期偿债能力最常用的指标之一。流动资产越多,短期债务越少,则偿债能力越强。流动比率剔除了公司规模因素的影响,更适合不同的公司之间以及同一个公司不同历史时期之间的短期偿债能力的比较;一般认为生产型公司合理的最低流动比率是2。

计算出来的流动比率,只有和同行业平均流动比率、公司历史上的流动比率进行比较,才能知道这个比率是高还是低。但要分析该比率过高或过低的原因必须从流动资产和流动负债各自所包含的内容入手。一般情况下,营业周期、流动资产中的应收账款数额和存货的周转速度是影响流动比率的主要因素。

• 速动比率

速动比率,也称为酸性测试比率,是从流动资产中扣除存货部分,再除以流动负债的比值,也是衡量企业短期偿债能力的更精确的指标,其计算公式为:

$$速动比率 = \frac{流动资产 - 存货}{流动负债}$$

计算速动比率时,剔除存货的主要原因主要有以下三点:第一,在所有的流动资产中,存货的变现能力最差;第二,部分存货可能已经损失报废,尚未作处理;第三,部分存货已抵押给某债权人;第四,存货估价还存在着成本与当前市价相差悬殊的问题。通常认为正常的速动比率为1,低于1的速动比率被认为短期偿债能力偏低。速动比率受到行业的影响,不同的行业之间差别较大,因此并无统一标准的速动比率。

• 资产负债率

资产负债率是负债总额与资产总额的比值。它可以反映公司的股权结构,即反映在总资产中债务融资的比例,也可以衡量公司在清算时保护债权人利益的程度。其计算公式为:

$$资产负债率 = \frac{负债总额}{资产总额} \times 100\%$$

资产负债率具有以下两方面的含义:第一,从债权人的角度看,他们最关心的是借贷给公司款项的安全程度,即能否按期收回本息。如果资产负债比率较高,则公司的风险将主要由债权人负担,这对债权人是不利的。因此,对于债权人而言,该比率越低越好,公司的偿债能力有保证,贷款按期收回不会有太大的风险。第二,从股东的角度看,由于公司通过举债筹措的资金与股东提供的资金在经营中发挥同样的作用,所以,股东所关心的是全部资本利润率是否超过借入款项的利率,即借入资本的代价的高低。在公司全部资本利润率超过因借款而支付的利息率时,股东所得到的利润就会加大;相反,如果运用全部资本所得的利润率低于借款利息率,则对股东不利,因为借入资本的多余利息要用股东所得的利润份额来弥补。因此,从股东的立场看,在全部资本利润率高于借款利息率时,负债比例越大越好,反之则相反。

- 利息保障倍数

利息保障倍数是公司息税前利润与利息费用的比值,用以衡量公司偿付借款利息的能力。其计算公式为:

$$利息保障倍数 = \frac{息税前利润}{利息费用}$$

公式中的"息税前利润"是指利润表中未扣除利息费用和所得税之前的利润。"利息费用"是指本期发生的全部应付利息,不仅包括财务费用中的利息费用,还应包括计入固定资产成本的资本化利息。资本化利息虽然不在利润表中扣除,但仍然是要偿还的。利息保障倍数反映公司经营利润为所需支付的债务利息的多少倍。只要利息保障倍数足够大,公司就有充足的能力偿付利息,否则相反。合理评价公司的利息保障倍数,需要与其他公司,特别是本行业平均水平进行比较,还要分析、比较本公司连续几年的利息保障倍数水平,并选择最低指标年度的数据作为标准。

② 营运能力分析

- 存货周转率

存货周转率是主营业务成本被平均存货所除得到的比率,也叫存货的周转次数。它是反映公司销售能力强弱以及存货是否周转正常的指标。用时间表示的存货周转率就是存货周转天数。其计算公式为:

$$存货周转率 = \frac{主营业务成本}{平均存货}$$

其中,

$$平均存货 = \frac{初期存货 + 末期存货}{2}$$

存货在流动资产中所占比重比较大,其流动性对公司的流动比率有很大的影响。存货周转率用于衡量存货的变现能力强弱。一般而言,存货周转率越大,存货周转速度越快,存货的占用水平越低,变现能力越强。不同行业的存货周转率会有不同的表现,在运用此指标时也应该同行业平均水平、公司历史水平进行比较。

- 应收账款周转率

应收账款周转率是主营业务收入被平均应收账款所除得到的比值。它反映年度内应收账款转为现金的平均次数,反映应收账款流动的速度。应收账款周转天数也称应收账款回收期或平均收现期。它表示公司从取得应收账款的权利到收回款项转换为现金所需要的时间,是用时间表示的应收账款周转速度。及时收回应收账款,不仅可以增强公司的短期偿债能力,也反映出公司管理应收账款方面的效率。应收账款周转率和应收账款周转天数的计算公式分别为:

$$应收账款周转率 = \frac{主营业务收入}{平均应收账款}$$

其中,

$$平均应收账款 = \frac{期初应收账款 + 期末应收账款}{2}$$

一般来说,应收账款周转率越高,平均收账期越短,说明应收账款的收回越快;否则,公司的营运资金会过多地滞留在应收账款上,影响正常的资金周转。影响该指标正确计算的因素有:季节性经营、大量使用分期付款结算方式;大量使用现金结算的销售;年末销售额的大幅度增加或下降。

- 总资产周转率

总资产周转率是主营业务收入与平均资产总额的比值,计算公式为:

$$资产周转率 = \frac{主营业务收入}{平均资产总额}$$

其中,

$$平均资产总额 = \frac{初期资产总额 + 末期资产总额}{2}$$

资产周转率反映公司资产总额的周转速度,周转越快,公司销售能力越强。公司如果采用薄利多销的策略,资产周转率会比较高;如果公司主要依靠单位产品的边际利润来创造收益,资产周转率相对就较低。

③ 赢利能力分析

- 主营业务毛利率

主营业务毛利率是毛利与主营业务收入的比值,其中毛利是主营业务收入与主营业务成本的差值。计算公式为:

$$主营业务毛利率 = \frac{主营业务收入 - 主营业务成本}{主营业务收入} \times 100\%$$

主营业务毛利率表示每一元的主营业务收入扣除主营业务成本后所带来的利润额。主营业务毛利率是公司主营业务净利率的基础,没有足够大的毛利率便不能赢利。可以通过与行业平均毛利率的比较,一定程度揭示公司的成本控制及定价策略。

- 主营业务净利率

主营业务净利率是净利润与主营业务收入的比值,其计算公式为

$$主营业务净利率 = \frac{净利润}{主营业务收入} \times 100\%$$

主营业务净利率反映每一元主营业务收入所带来的净利润,表示主营业务收入的收益水平。公司在增加主营业务收入额的同时,必须相应获得更多的净利润,才能使主营业务净利率保持不变或有所提高。通过分析主营业务净利率的升降变动,可以促使公司在扩大主营业务的同时,注意改进经营管理,提高赢利水平。

- 资产收益率(ROA)

$$资产收益率 = \frac{净利润}{平均资产总额} \times 100\%$$

其中:

$$平均资产总额 = \frac{期初资产总额 + 期末资产总额}{2}$$

资产收益率反映公司资产的综合利用效率,比率越高,表明公司资产的利用效率越高,利用资产获利的能力越强。

- 净资产收益率(ROE)

净资产收益率是净利润与年末净资产的比值,也称净值报酬率或权益报酬率。其计算公式为:

$$净资产收益率 = \frac{净利润}{年末净资产} \times 100\%$$

净资产收益率反映公司所有者权益的投资报酬率,是在考虑了负债经营因素后的资本回报率。

④ 投资收益分析

- 每股收益

每股收益是指本年净利润与发行在外的年末普通股总数的比值。其计算公式一般为:

$$每股收益 = \frac{净利润}{发行在外的年末普通股总数}$$

当普通股发生增减变化时,该公式的分母应使用按月计算的"加权平均发行在外的年末普通股总数":

$$加权平均发行在外的年末普通股总数 = \sum \frac{发行在外的普通股总数 \times 发行在外的月份数}{12}$$

其中,"发行在外月份数"指发行已满 1 个月的月份数,即发行当月不计入"发行在外月份数"。

当公司发行了不可转换优先股时,计算时要扣除优先股股数及其分享的股利,即:

$$每股收益 = \frac{净利润 - 优先股股利}{在外发行的年末普通股总数}$$

每股收益是衡量上市公司赢利能力最重要的财务指标之一,它反映普通股的获利水平。在分析时,可以将公司在不同时期的赢利能力进行比较,掌握公司赢利能力的变化趋势。使用每股收益指标分析投资收益时要注意以下问题:第一,每股收益指标并不包括股票所含有的风险;第二,不同公司间的每股收益难以进行直接比较,这是由于换取每股收益的投入量不同,限制了公司间每股收益的比较;第三,每股收益与分红之间并无明确的因果关系,即每股收益多,不一定意味着多分红,还要看公司的股利分配政策。

- 市盈率

市盈率是每股市价与每股收益的比值,亦称本益比。其计算公式为:

$$市盈率 = \frac{每股市价}{每股赢利}$$

其中每股市价指的是流通在外的普通股的每股市价。市盈率是衡量上市公司赢利能力的重要指标,反映投资者获取单位净利润所愿意支付的价格,可以用来估计公司股票的投资报酬和风险,是市场对公司的赢利的一致预期指标。一般来说,市盈率越高,表明市场对公司的未来越看好。在市价确定的情况下,每股收益越高,市盈率越小,投资风险越小。在每股收益确定的情况下,市价越高,市盈率越高,风险越大。市盈率指标在使用时应注意以下问题:第一,该指标不适用于不同行业的公司之间的比较,这是因为成长性好的新兴行业市盈率普遍较高,而传统行业的市盈率普遍较低,这并不说明前者的股票一定比后者更具有投资价值;第二,在每股收益很小或亏损时,由于市价不至于降为零,公司的市盈率会很高,这种情形下的高市盈率并不能说明股票具有投资价值;第三,短期市盈率会受到市价的影响,产生较大的波动,因此不利于投资者分析公司的投资价值,因此观察市盈率的长期趋势很重要。由于投资的预期报酬率一般为 5%～20%,因此通常认为正常的市盈率为 5～20 倍。但与流动比率和速动比率的理想值一样,考虑到行业特征差异等因素,市盈率的理想值并无统一的行业标准。

- 股利支付率

股利支付率是普通股每股股利与每股收益的百分比。其计算公式为:

$$股利支付率 = \frac{每股股利}{每股收益} \times 100\%$$

股利支付率反映的是公司股利分配政策和支付股利的能力。

- 每股净资产

每股净资产是年末净资产(即年末股东权益)与发行在外的年末普通股总数的比值,也称为每股账面价值。其计算公式为:

$$每股净资产 = \frac{年末净资产}{发行在外的年末普通股股数} \times 100\%$$

这里的"年末股东权益"指扣除优先股权益后的余额。

每股净资产反映发行在外的每股普通股所代表的净资产，即账面权益。在投资分析只能有限度地使用这个指标，因为年末净资产是用历史成本计量的，所以不能真实的反映净资产的市价和产出能力。每股净资产在理论上提供了股票的最低价值。

- 市净率

市净率是每股市价与每股净资产的比值。其计算公式为：

$$市净率 = \frac{每股市价}{每股净资产}$$

市净率表明股价以每股净资产的若干倍在流通转让，评价股价相对于每股净资产而言是否被高估。市净率越小，说明股票的投资价值越高，股价的支撑越有保证；反之，则投资价值越低。这一指标同样是证券分析师判断某股票投资价值的重要指标。

通过财务分析，不仅可以帮助投资者更好地了解上市公司的经营状况，还有助于发现上市公司经营中存在的问题或者识别虚假会计信息。

（3）公司估值方法

进行公司估值的逻辑在于"价值决定价格"。上市公司估值方法通常分为两类：一类是相对估值方法（如市盈率估值法、市净率估值法、EV/EBITDA 估值法等）；另一类是绝对估值方法（如股利折现模型估值、自由现金流折现模型估值等）。

① 相对估值方法

相对估值法简单易懂，也是最为投资者广泛使用的估值方法。在相对估值方法中，常用的指标有市盈率（PE）、市净率（PB）、EV/EBITDA 倍数等。其中，EV/EBITDA＝企业价值/息税、折旧、摊销前利润。（企业价值为公司股票总市值与有息债务价值之和减去现金及短期投资）

运用相对估值方法所得出的倍数，用于比较不同行业之间、行业内部公司之间的相对估值水平；不同行业公司的指标值并不能做直接比较，其差异可能会很大。相对估值法反映的是，公司股票目前的价格是处于相对较高还是相对较低的水平。通过行业内不同公司的比较，可以找出在市场上相对低估的公司。但这也并不绝对，如市场赋予公司较高的市盈率说明市场对公司的增长前景较为看好，愿意给予行业内的优势公司一定的溢价。因此采用相对估值指标对公司价值进行分析时，需要结合宏观经济、行业发展与公司基本面的情况，具体公司具体分析。

与绝对估值法相比，相对估值法的优点在于比较简单，易于被普通投资者掌握，同时也揭示了市场对于公司价值的评价。但是，在市场出现较大波动时，市盈率、市净率的变动幅度也比较大，有可能对公司的价值评估产生误导。

② 绝对估值方法

股利折现模型和自由现金流折现模型采用了收入的资本化定价方法,通过预测公司未来的股利或者未来的自由现金流,然后将其折现得到公司股票的内在价值。

股利折现模型最一般的形式如下:

$$V = \frac{D_1}{(1+k)^1} + \frac{D_2}{(1+k)^2} + \frac{D_3}{(1+k)^3} + 11 = \sum_{t=1}^{1} \frac{D_t}{(1+k)^t}$$

其中,V 代表股票的内在价值,D_1 代表第一年年末可获得的股利,D_2 代表第二年年末可获得的股利,以此类推……,k 代表资本回报率/贴现率。

如果将 D_t 定义为代表自由现金流,股利折现模型就变成了自由现金流折现模型。自由现金流是指公司税后经营现金流扣除当年追加的投资金额后所剩余的资金。

与相对估值法相比,绝对估值法的优点在于能够较为精确地揭示公司股票的内在价值,但是如何正确地选择参数则比较困难。未来股利、现金流的预测偏差、贴现率的选择偏差,都有可能影响到估值的精确性。

(4)新情况带来的新问题

自 2006 年以来,上市公司的业绩出现快速增长,证券市场也随之走强。上市公司业绩高增长的原因,主要是上市公司分享中国经济高速增长的成果,在产业升级、消费升级、出口增长的拉动下,企业效益、管理水平等方面都有了明显的提高。但一些非可持续性因素也对上市公司业绩产生了推动作用,如新会计准则的实施导致上市公司会计核算方式发生变化,造成会计利润的波动,在当前经济环境下对其业绩产生正面影响;投资收益的大幅增加助推上市公司业绩高增长。

① 新会计准则的影响

在新会计准则的影响方面,对于金融资产和投资性房地产的划分核算最为证券市场所关注。以上市公司持有的法人股为例,在股权分置改革前主要以账面价值(历史成本法)计量,限售期结束后获准上市流通的法人股将以公允价值——二级市场价格计量。目前相关股份的二级市场价格普遍高于其账面价值,会计准则的调整将使持有法人股股权的上市公司所有者权益大幅增加,且在未来出售相关股份时还将给公司带来当期收益的大幅增加。

按照新会计准则,投资性房地产的计量可以采用成本模式或公允价值模式两种模式中的一种,一旦确定不得随意更改。从原有成本模式转为公允价值模式的,公允价值与原账面价值的差额调整留存收益;采用公允价值计量的,不计提折旧或摊销,以资产负债表日其公允价值调整账面价值,公允价值与原账面价值之间的差额计入当期损益。若采用公允价值模式计量,拥有较多投资性房地产的上市公司业绩将更多地受到房地产市场价格的波动影响。

新会计准则的采用并不会从本质上改变一个公司的价值,在市盈率、市净率等相对估值法盛行的情况下,由于会计准则的调整可能会带来公司每股收益、每股净资产等指标的波动,从而影响我们对其价值的判断,但是这种会计处理上的变化并不会影响公司的现金流,若采用绝对估值法评估,则公司的价值并不会发生改变。

②　投资收益的影响

目前,在利润表各构成部分中,部分上市公司的投资收益大幅增加,也直接推动了上市公司净利润的增幅超越主营业务收入的增幅。投资收益的增长主要源于以下几个方面:第一,实体经济的投资收益上升——经济持续增长背景下的企业效益提升给上市公司带来实体经济投资的收益不断增加;第二,股权投资的虚拟资产增值——资本市场行情火爆,上市公司投资股票、基金的投资收益大幅提高以及上市公司交叉持股带来的投资收益大增;第三,会计核算的计量增长——如实施新会计准则后,允许上市公司对原持有的法人股在禁售期后按照公允价值计量,根据以公允价值计量且其变动计入当期损益的金融资产或可供出售金融资产的划分,在当期或出售时将公允价值与账面价值的差额计入损益。

投资者在进行上市公司投资价值分析时,需要结合宏观、行业和上市公司财务状况、市场估值水平等各类信息,同时区别影响上市公司股价的主要因素与次要因素、可持续因素和不可持续因素,对上市公司做出客观、理性的价值评估。

3.3　实　验　内　容

(1) 宏观基本面分析

要求学生利用经济相关的数据库,收集并整理有关宏观经济指标数据,据此分析宏观经济的总体运行情况,选择投资对象与投资时机,提出可行的投资策略。

①　登录国家统计局、中国货币网、中国人民银行等网站或图书馆的经济相关的数据库,收集近年的宏观经济指标数据,如 GDP、失业率、通货膨胀率、货币供应量、利率、汇率、财政赤字等指标。对上述数据进行整理、分析和基本变量反映的经济含义及其变动趋势,评价宏观经济形势的变动趋势。

②　查阅 GDP 和上证综指自 1992 年以后的历年数据,计算上证综指的变动和 GDP 的年增长率,并据此绘制图表,观察两者间的关联关系,进而使用统计软件分析两者的相关性。说明经济周期和股市变化是否有关联关系。

③　分析经济周期变动对证券市场的影响,通过分析经济周期指标如领先指标、同步指标和滞后指标等判断经济周期对证券市场短期、长期的影响。

④　分析宏观经济政策对证券市场的影响。如货币政策中的法定存款准备金率、再贴现率、公开市场业务、信用控制等,又或财政政策中的税收、国债、国家预算、转移支付等,对证券市场的影响。

⑤ 辨别中国股市历次大的价格波动周期,梳理当时的国家宏观环境的变化,试着解释股市发生大变动的主要原因,检验宏观因素对股市的影响。

并将以上分析结果应用于投资实践。

思考:① 试着揭示股票市场的走势与宏观经济走势不完全吻合的原因。

② 央行货币政策的调整是否会较快体现在股价变动上? 以利率变动为例,进行解释。

(2)行业分析

利用证券行情分析软件中的研究分析报告、行业新闻及行情信息,从上市公司行业分类中选择两类行业作为研究对象。

① 收集上述目标行业的信息,通过分析整理,判断目标行业特征、行业市场类型和行业生命周期等,以及行业竞争力。

② 考察目标行业对经济周期的敏感度、使用行业销售量。经营杠杆系数和风险系数来分析行业与经济周期变动的相关性,判断其所属行业类型。预测两种行业的发展和产业政策趋势,比较判断两个行业的优劣。

(3)公司分析

① 调用你所关注股票的上市公司背景资料,收集该目标公司的基本信息,从目标公司的主要会计报表及上市公司年报中收集相关财务数据。

② 获取该上市公司的上市日期、流通股本、每股收益、每股净资产、净资产收益率、最近分红派息方案等内容,从公司财务分析的角度,深化对该股票投资前景的研究。

③ 使用流动比率、资产负债率、股东权益报酬率、市盈率等一系列财务指标全面描述企业的资产流动性、负债管理能力、资产使用效率、赢利能力、市场表现。

④ 选取目标公司的近年数据,分析其基本素质,比如目标公司的行业竞争地位、区位分析、产品分析、公司经营管理能力分析、成长性分析等。

⑤ 通过近年的财务指标,对比行业平均数和行业先进企业,综合判断企业的经营业绩、所存在的问题和财务健康状况。

⑥ 查阅运用目标公司近一年的收盘价和相关市场指数的数据,分析其股价波动和市场整体价格波动的关系。注:若股票在上海证券交易所挂牌交易,则市场指数选用上证综指;若股票在深圳证券交易所挂牌交易,则市场指数选用深证成指。

⑦ 选取同行业的两家上市公司进行分析,详细对比它们的财务状况、赢利能力、竞争状况、并购状况和分红扩股状况,权衡其优劣,判断哪家上市公司的股票更具有投资价值。

3.4 实 验 小 结

通过对影响宏观经济变动的主要因素进行系统分析和综合判断,可对证券市场行情的中长期态势进行研判,为投资者把握投资机会提供依据。

　　行业的发展态势与宏观经济的周期变动密切相关,不同行业在国民经济发展不同时期的表现也不尽相同,政府政策也是行业发展的不可忽视的因素。

　　公司分析主要包括公司基本素质分析和财务分析,阅读公司财务报告,建立相关财务指标,可合理预测公司未来的收益前景并估算股票的内在价值,有助于投资者合理决策。

　　完整的基本分析需从宏观、中观和微观三个层面进行,既可采用自上而下的方法,也可采用自下而上的策略。基本分析建立在大量信息的基础之上,其主要功能体现在帮助投资者选择投资对象。

实验单元 4

技术分析与选股

4.1　实　验　要　求

掌握技术分析中形态分析方法的基本原理和运用技巧,熟练使用证券行情系统中的图表分析功能;

掌握K线、移动平均线的含义和使用方法;

熟悉各种形态的形成原理,并能运用各种不同的技术形态研判后市走势;

熟悉常用技术指标分析原理,并能利用常用技术分析指标研判价格走势,辅助选股。

4.2　实　验　准　备

4.2.1　技术分析概述

4.2.1.1　技术分析的概念

所谓技术分析,是指通过分析证券市场的市场行为,对证券未来的价格变化趋势进行预测的研究行为。其特点是:通过对证券市场过去和现在行为的特征,应用数学和逻辑的方法,归纳和总结出证券价格运行的一些典型规律,并据此预测证券市场未来的价格变化趋势。技术分析一般不探究证券价格变化的质因,只分析价格变化的表象。技术分析者也认为证券价格是由供求关系所决定,其基本观点是:所有证券的实际供需量及其背后起引导作用的种种因素,包括证券市场上每个人对未来的希望、担心、恐惧等,都集中反映在证券的价格和交易量上。通过研究和判断证券价格与交易量,就可以对证券价格的未来走势进行预测,从而实现理性投资。

4.2.1.2　技术分析的理论基础

技术分析是进行证券价格预测的行为,它的分析依据是证券市场过去和现在的市场行为,通过对过去和现在的市场行为结果来进行未来证券价格趋势预测。其采用的方法主要融合统计学、逻辑学等相关的知识,用总结、归纳、推理等手段,对已有的数据进行处理后,做出预测。它的分析结论要求有效可靠,必须满足三个最基本的前提条件,因为技术分析是建立在这三个命题的基础上进行的。

(1) 市场行为包含了一切信息

这个假设是技术分析的前提和基础。没有这个前提,技术分析的结果可能完全不可信。这里的市场行为是指证券市场上的各种证券交易的信息,包括交易价格、交易量和交易时间等。这个假设认为,影响证券价格的因素无论是内在的还是外来的,都会体现在证券的市场行为的变化上,也就是说,证券价格的变化总是市场各种各类信息的总汇。作为证券投资者,没有必要过度关注具体影响证券价格的因素,只要分析这些市场行为,即证券价格或交易量的变化,就可能掌握所有的信息。

(2) 价格沿趋势移动,并保持趋势

这一假设是我们进行技术分析最根本和最核心的因素。该假设认为,证券价格的变动是按一定规律进行的,证券价格有保持原来方向的惯性。正是由于这一条,技术分析者们才花费大量心血试图找出证券价格的变动规律。该假设是建立在投资者都是趋势论者的基础上的,即技术分析者都相信证券的价格运动都是按照一定的规则趋势来运行的。只有认可了证券价格有规律可循,进行技术分析才是有意义的。

(3) 历史会重演

历史会重演这一假设是我们进行技术分析的重要前提。市场运动在图表上留下的运动轨迹,常常有惊人的相似之处,可以说,技术分析的理论就是人们对过去股票价格的变动规律进行归纳总结的结果。这个假设更多的是从心理因素方面来考虑的,毕竟最终在市场上操作的投资者会受到心理学中某些理论的制约。投资者在过去的交易结果会在他心中留下深刻记忆,留在头脑中的阴影与快乐会永远影响着这个投资者。一旦遇到与过去某一时期相同或相似的情况,就应该与过去的结果进行比较。过去的结果是已知的,这个已知的结果应该是现在对未来进行预测的参考。

4.2.1.3　技术分析的方法

证券市场中,技术分析的基本要素主要有价格、成交量、时间和空间,技术分析的核心内容就是对这些要素及它们之间的相互关系进行分析。

技术分析的方法有很多,一般来讲,主要可分为指标类、切线类、形态类、K 线类和波浪类五大类。

(1) 指标类

技术指标法主要通过考察市场行为的各个方面,通过建立数学模型并进行求解,得到反映证券市场的某些特性或实质的数值,这个数值叫指标值。指标值以及指标值之间的相互关系可以直接反映证券市场的状态,为我们的操作行为提供指导方向。指标值是对现有的行情数据进行建模整理和分析得到的,因此大多是无法从行情报表中直接看到的。目前,证券市场上的各种技术指标不胜枚举。常用的技术指标有：相对强弱指标(RSI)、随机指标(KD)、趋向指标(DMI)、平滑异同移动平均线(MACD)、能量潮(OBV)、心理线(PSY)、乖离率(BIAS)等。

(2) 切线类

切线法是按一定方法和原则在由股票价格等数据所绘制的图表中画出一些直线,然后根据这些直线的情况推测股票价格的未来趋势,这些直线就叫切线。切线的作用主要是起支撑和压力的作用。支撑线和压力线的往后延伸位置对价格趋势起一定的制约作用。一般来说,股票价格在从下向上提升的过程中,在压力线附件就会反转向下。同样,股价从上向下跌的过程中,在支撑线附近就会反转向上。如果触及切线后并未发生转向,而是继续保持原来的趋势,这就叫突破。突破之后,这条切线仍然会发挥实际作用,只是名称和作用变了。原来的支撑线变成压力线,原来的压力线变成支撑线。切线类分析主要是就是依据切线的上述特性进行未来的价格变动方向预测。切线法在实际执行过程中最重要的步骤是切线的作图,切线位置的确定将直接影响预测的效果。目前比较流行的切线的做法有很多种,主要有趋势线、通道线等,此外还有黄金分割线、甘氏线、角度线等。

(3) 形态类

形态法是根据价格图表中过去一段时间形成的轨迹形态来预测股票价格未来趋势的方法。技术分析第一条假设认为市场行为包括一切信息,而价格在过去形成的形态是市场行为的重要部分,因此用价格图的轨迹或者说形态来推测未来的股票价格是有道理的。从价格过去运行的轨迹或形态分析中,我们可以推测出证券市场所处的大环境或大气象,因此对于我们未来一段时间的短期投资具有一定的指导价值。常用的形态类指标有 M 头、W 底、头肩顶、头肩底等十几种。

(4) K 线类

K 线最初由日本人在德川幕府时期,用以记录米市交易行情而发明的,并在东亚地区广为流行,许多股票投资者进行技术分析时往往首先接触的是 K 线图。

K 线分析法是通过制图手段,将证券市场行为具体体现在一系列的图表上,其研究手法是通过侧重分析若干天的 K 线组合来推测证券市场多空双方力量的对比,进而判断证券市场未来的走势。K 线图是进行各种技术分析的最重要的图表。单独一天的 K 线形态有十几种,若干天的 K 线组合种类就不难以计数了。人们通过不断地从实战中总结经验,发现若干种对股票投资非常具有指导意义的组合,同时新的研究成果也在不断地被发现和被利用。

(5) 波浪类

波浪理论是美国人查尔斯·J. 柯林斯(Charles J Collins)在 1978 年发表的专著《波浪理论》首次提出这一概念的,但最早将波浪理论的思想运用于股票投资实践的是艾略特

(Raiph Nelson Elliot),他在 20 世纪 30 年代就有了波浪理论的雏形。

波浪理论是较为典型的股价循环周期理论的具体化,它把股价的上下变动和不同时期的持续上涨、下跌看成是波浪的上下起伏。波浪理论认为波浪的起伏遵循自然界的规律,股票的价格运动也就遵循波浪起伏的规律。简单地说,上升是 5 浪,下跌是 3 浪。梳理清楚各个波浪所处的位置就能准确地预测到牛市或熊市是否来临。相较其他的技术分析流派,波浪理论最大的优势在于该理论能提前很长的时间预测出行情的底和顶,而其他流派往往要等到新的趋势已经确立之后才能做出预测。但是波浪理论又是公认的较难掌握的技术分析方法。

以上五类技术分析流派从不同的视角来分析股票市场,有的注重长线,有的注重短线;有的注重价格的相对位置,有的注重绝对位置;有的注重时间,有的注重价格。上述五种技术分析流派在适用时各有千秋,各有利弊,因此我们在技术分析时具体选用哪种方法要视具体的股市价格的行情数据和走势来定夺。

4.2.1.4　运用技术分析方法应注意的问题

(1) 技术分析必须与基本面的分析结合起来使用

从一般意义上讲,基本面是决定股票价格高低的最根本因素。如果一国的经济发展势头良好,企业的赢利自然就会增加,企业股票的价格也会相应上涨。技术分析只是利用证券价格行情数据对以往走势的一种规律性的总结,并借以判断未来的行情趋势,因此技术分析注重的只是证券市场的表象分析,而基本面分析才是实质。因此,在进行证券投资时,我们更应该注重本质层面,以基本面分析为主,将技术分析与基本面的分析结合起来使用才能取得对证券市场价格走势的准确预测。

(2) 多种技术分析方法的综合使用

尽管上述各种技术分析方法的目的相同,但它们是从不同的角度、不同的位置、不同的时间对证券市场进行描述,单独使用一种技术分析方法,就会存在很大的局限性和片面性。投资者必须将各种分析方法综合运用,力争得到一个对多空双方力量对比的合理描述,正确地指导自己的投资活动。

4.2.2　道氏理论

4.2.2.1　道氏理论基本内容

道氏理论是最古老和最著名的技术分析理论。它最早是由技术分析的鼻祖《华尔街日报》编辑查尔斯·道于 19 世纪末提出,并由记者萨缪尔森·纳尔逊和编辑威廉·汉密尔顿等人将道氏的方法搜集并整理,逐步形成了广为熟知的道氏理论。

道氏理论认为股市虽然千变万化,但像宏观经济运行存在经济周期一样,股市的运行也一定存在着客观规律,这一规律使得股市的运行经过一段时间的整理后可形成一定的趋势,这一趋势可以从股价平均数变动中予以识别。

（1）基本趋势

基本趋势,又称主要趋势、长期趋势,即市场股价广泛、全面的上升或下降的变动状况。这种波动持续的时间通常为一年或一年以上,股价的波动幅度超过 20%。基本趋势持续上升形成多头市场即牛市,持续下跌形成空头市场即熊市。

道氏理论侧重分析基本趋势,并认为无论是多头市场还是空头市场,基本趋势都由三个阶段组成。

① 多头市场的道氏理论

多头市场通常可以分为三个阶段:

第一阶段。出现在空头市场第三阶段的末端,在股市长期低迷之中,敏感的投资者感到市场将有变化,开始逐步进货,但大多数投资者仍在观望,因此,股价渐有回升,但交投并不活跃。

第二阶段。经济开始回暖,公司经营状况与财务状况开始好转,投资者信心增强,交易放量,股价持续上升并可维持较长时间。

第三阶段。利好消息广为传播,社会公众大量入市,交易量骤增,股价陡升,投机泛滥。

② 空头市场的道氏理论

空头市场同样也可分为三个阶段:

第一阶段。多头市场的尾声,敏感的投资者意识到股价已到顶点,开始逐步出货,股价已经开始下跌,但大多数投资者仍处于非理性的亢奋之中,不断入市,促使股价反弹,因此,交易量仍维持较高水平。

第二阶段。多数投资者认识到熊市的到来,竞相抛售股票,卖多买少,交易量骤减,股价急剧下跌,随之股市进入牛皮市。

第三阶段。股价过低,已无暴跌现象,市场利空消息弥漫,绩优股也因投资者信心丧失而纷纷下跌,投机股的跌幅则更深,由于购买者极少,交易量不大,此时空头市场即将结束。

（2）次级趋势

次级趋势,又称中期趋势、修正趋势,它发生在基本趋势的过程中,并与基本趋势运动方向相反,对基本趋势产生一定的牵制作用,即在上涨的基本趋势中会出现中期回档下跌;在下跌的基本趋势中会出现中期反弹回升。但是,次级趋势并不会改变基本趋势的发展方向。当次级趋势上升时,其波峰一波比一波低,表示基本趋势仍在下跌;当次级趋势下跌时,其谷低一波比一波高,表示基本趋势仍在上升。次级趋势持续的时间从三周至数月不等,股价的变动幅度一般为股价基本趋势的三分之一至三分之二,大多为 50%。通常一个基本趋势过程中会出现若干个次级趋势。因此,当股市出现回档下跌或反弹回升时,如何及时正确区分是次级趋势变动还是基本趋势就显得尤为重要。

（3）短期趋势

短期趋势,又称日常波动,它反映了股价在数日内的变动趋势。通常三个或三个以上的短期趋势可以组成次级趋势。

在上述三种趋势中,长期投资者最关注的是股价的基本趋势,他们希望尽可能在多头市场形成之出建仓,而在空头市场来临之前能够及时准确预测并抛售股票。短期投资者对次级趋势更感兴趣,目的是从股价的短时期波动中获利。短期趋势因其易受人操纵,因而不便作为趋势分析的对象。

道氏理论开创了技术分析之先河,奠定了技术分析的良好基石,为后来的技术分析提供有价值的借鉴。首先,道氏理论具有严密的逻辑,通过分析股市周期与经济周期的变动联系,在一定程度上能对股市的未来变动趋势作出预测与判断。其次,根据道氏理论编制的股价平均数与股价指数是反映经济周期变动的"晴雨表",通常也被认为是判断经济变动的领先指标。道氏理论对于实际操作中的经济和金融行情的预测能够提供有价值的指导,道氏理论自创立以来多次成功的在股市长期趋势的拐点发出及时准确的信号,其中最著名的预测是 1929 年 10 月对于美国及世界股市的空头市场来临的准确预测。

但是,道氏理论的实用性与可靠性也受到不少批评和责难。批评主要集中在以下几个方面:第一,道氏理论具有较大的局限性,对于股市的长期趋势能够有较准确的预测,但是对于短期趋势的预测结果令人质疑;第二,道氏理论的预测具有滞后性,其对基本趋势反转的判断,通常要到进入反转并持续一段时间后才能确定,使得投资失去了部分时机;第三,道氏理论过于偏重股价平均数,而没有给投资者指出具体的投资对象。其实,任何一种分析均有一定的使用范围,超越该理论的使用范围和条件,硬要赋予过多的功效,结果只会适得其反。道氏理论主要是用于预测股市的基本趋势,有助于长期投资决策的一种分析方法。

4.2.2.2　应用道氏理论应注意的问题

道氏理论的主要作用是它作为一种重要的技术分析工具,能够预测股票市场变化的长期趋势的转折点,从而使投资者在该趋势结束之前采取相应的措施,以获得一定的利润。

道氏理论是一种股市行情理论,使用时应注意以下问题:首先,道氏理论有助于预测长期趋势的反转,对于日常发生的细小高频波动的反转预测无能为力;其次,道氏理论在实际操作中具有一定的局限性,它只是对股票市场存在着的趋势类型进行了论述,缺乏对判断趋势方法的实务操作的研究,因此在实际操作中使用道氏理论进行技术分析时,应结合其他的技术分析方法取长补短,才能获得较好的分析结果。

4.2.3　K线理论

4.2.3.1　K线图的绘制

K线指标又称K线图。相传是从日本米市商人在交易时用于记录米市行情详细资料采用的一种简单有效的方法。因绘制方法简单易懂,实用有效,逐渐为世界各国证券市场加以引进和借鉴,经过百余年的实践,用K线图来表示证券行情的完整记录,现已成为投资者进行日常技术分析必不可少的重要指标。

K线图的绘制要求将每个交易日某个证券的开盘价、收盘价、最高价、最低价四个关键数据的所有变动情况全部记录下来,然后按一定的要求绘成图表。K线图中既包括开盘、收盘等时间信息,也包括最高、最低等方向信息,因此它必须通过而为平面坐标才能表示既有时间,也有方向,它必须在平面坐标上才能显示其真实含义。坐标轴的纵轴表示价格信息,如某个股的股价或者股价指数点位等,坐标轴的横轴表示时间,通常以一个交易日为基本单位,也可以是周、月、季、年作为基本单位。K线图由一个长方形和上下两条影线所组成。竖立的长方形表示交易的实体部分,其上下两端分别表示开盘价以及收盘价。如交易低开高走,收盘价高于开盘价,此长方形用红色或空心表示,也称阳线实体;如交易高开低走,收盘价低于开盘价,则用黑色或实心表示,或者采用阴影线表示,也称阴线实体。收盘价等于开盘价但又不和最高价或最低价相同,称为十字星线。收盘价、开盘价和最高价三个价格相等,称为T字线。收盘价、开盘价和最低价三个价格相等,称为倒T字线。四价合一就是一字线。上影线顶端表示在整个交易日中曾经到达过的最高价;反之,下影线顶端表示在交易日中曾经到达过的最低价。股市行情千变万化,因此反映出来的K线图表也形态万千,但是所有图形都是在上述标准的K线图形基础上加以变化的,见图4-1。

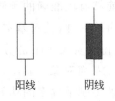

阳线　　　　阴线

图 4-1　标准的K线图

4.2.3.2　K线图的分析

图形形态分析是技术分析中最重要的分析方法,而K线分析是图形形态分析的基础。K线的形状变化繁多,"阴线"与"阳线"里包含着许多大小不同的变化,下面就主要的K线形态进行讨论。

(1) 光头大阳线

此种图形没有上下影线,最高价与收盘价相同,最低价与开盘价相同,实体相对于同一图形中的其他 K 线明显长许多,如图 4-2 所示。开盘后,买方就积极进攻,使价格一直上升,中间也可能出现买卖双方的对峙,卖方可能在盘中一度短暂占优,但买方最终占优势,直至收盘。这种 K 线表示强烈的涨势,买方大量买进股票,并已绝对的优势压倒卖方。握有股票者,因看到买气的旺盛,不愿抛售,出现供不应求的状况,特别是在涨跌停制度的情况下,这种 K 线出现机会较多。股市中一旦出现光头大阳线时,预示涨势强烈,后市仍有可观的涨幅。股市在突破时出现光头大阳线的机会较多,如图 4-4 所示。

图 4-2　光头大阳线

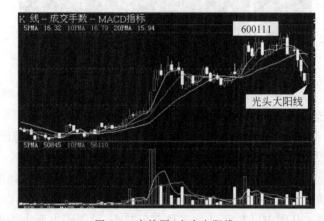

图 4-4　实战图(光头大阳线)

图 4-3　光头大阴线

(2) 光头大阴线

此种图形没有上下影线,最高价与开盘价相同,最低价与收盘价相同,实体相对于同一图形中的其他 K 线明显长许多,如图 4-3 所示。开盘后,空方就占优势,价格一直下跌,中间也可能出现买卖双方的对峙,买方可能在盘中一度短暂占优,但空方最终占优势,直至收盘。这种 K 线表示强烈的跌势,握有股票者大量疯狂的抛售股票,出现供过于求的状况,特别是在涨跌停制度的情况下,这种 K 线出现机会较多。股市中一旦出现光头大阴线时,预示强烈的跌势,后市仍有客观的跌幅。股市在突破时出现光头大阳线的机会较多,如图 4-4 所示。

(3) 收盘光头阳线

这是一种带下影线的阳线,最高价与收盘价相同,整个 K 线形态较邻近的 K 线大,如图 4-6 所示。在该交易日内,空方一度发力,股价下跌,低于开盘价,但在低价位上得到买方的支撑,卖方受挫,最终行情逆转,买方占据优势,股价一直上涨,直至以最高价收盘。总体来讲,出现收盘光头阳线,说明买方力量较强,预示后市股价仍有一定的上升空间。但买卖双方力量的对比与实体部分和下影线的长短有一定的关系,下面分为三种情况讨论:

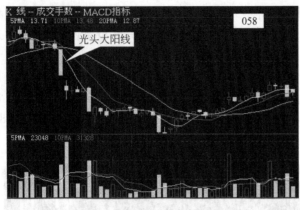

图 4-5　实战图(光头大阴线)

图 4-6　收盘光头阳线

① 实体部分比下影线长。价位下跌幅度不大,即受到买方的强支撑,将价格上推至超过开盘价之后,还大幅度推进,说明买方实力较强。

② 实体部分与下影线相等,买卖双方实力相当,争持激烈,大体上,买方略占优势,后市股价的走势并不明朗。

③ 实体部分比下影线短。说明该日价格一度发生大幅度下挫的情形,买卖双方在较低价位上发生激战。买方经过艰苦支撑将股价逐步上推,最终以稍高于开盘价的当日最高价收盘。从图中可发现,上面实体部分较小,说明买方所占据的优势不太大。如果这种 K 线出现在高价区,且伴随着较大的成交量,说明主力可能出逃,后市股价虽然还可能升高,但下跌的可能性更大。但如果这种 K 线出现在低价区,且伴随着巨大的成交量,意味着股票在低价区经过较充分的换手,股价发生反转可能较大,以后股价将会走出较大的上扬行情。

(4) 开盘光头阴线

这是一种带下影线的阴线,开盘价是最高价,整个 K 线形态较邻近的 K 线大,如

图 4-7　开盘光
头阴线

图 4-7 所示。开盘股价在卖方的抛压下一路下跌,但在较低价位上遇到买方的反击而获支撑。实体部分与下影线的长短不同也可分为三种情况:

① 实体部分比下影线长。股价一度大幅度下跌,在较低价位遇到买方顽强抵抗,下影线部分较短说明买方力量较弱,只能将价位上推不多,从总体上看,卖压较大,卖方占据绝对优势,后市股价持续下跌的可能性较大。

② 实体部分与下影线长度相等。表示买方的力量较前者情形有所加强,买卖双方力量接近,但卖方仍占优势,后市股价可能持续下跌。

③ 实体部分比下影线短。股价经过大幅度下跌后,在低价位上,受到买方猛烈反击,逐渐把价位推高,虽然最终收盘价仍低于开盘价,但已经非常接近开盘价,说明买卖双方

力量非常接近,卖方只是略占优势,总的来说,后市比较乐观。但如果这种 K 线出现在低价区,且伴随着巨大的成交量,意味着股票在低价区经过较充分的换手,股价发生反转可能较大,以后股价可能会出现上涨。

(5) 开盘光头阳线

这是一种带上影线的阳线,整个 K 线形态较邻近的 K 线大,如图 4-8 所示。开盘价也是最低价。开盘后由于卖方力量强大,价格一路上扬,但上涨至高位时遭到卖方抛压,股价回落下跌。实体部分与上影线的长短不同也可分为三种情况:

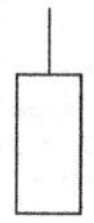

① 实体比上影线长,表示买方把价位推高后上升受阻,只是部分多头获利回吐,抛压并不很大,买方仍处于强势,后市股价继续上涨的可能性较大。

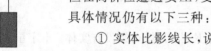

图 4-8　开盘光
头阳线

② 实体与上影线长度相等,表示买方把价位推高后上升受阻,在高价位遇到较大卖压,买卖双方交战的结果是卖方将价位从最高价拉回一半。这种 K 线图表示买方虽占优势,但显然不如第一种情形中买方的优势强大。

③ 实体比上影线短。表示买方把价位推高后,在高价位受到卖方猛烈反击,股价在卖方强大抛盘压力下逐步回落,买卖双方力量逐步发生反转,买方渐渐处于守势,当日只是以稍高于开盘价的价格收盘。这种 K 线如果出现在高价区,说明买方拉高出货的可能性较大,后市股价下跌的可能性较大。

(6) 收盘光头阴线

这是一种带上影线的阴线,收盘价也是最低价,如图 4-9 所示。当日股价一度上升,但在高价位遭遇卖压,受阻回落,最后在最低价收盘,卖方占优势。具体情况仍有以下三种:

图 4-9　收盘盘光
头阴线

① 实体比影线长,说明买方将价位推高的幅度不大,即遇到卖方强有力的反击,将价位拉回至开盘价后,进一步将价位下推,表明买方力量特别强大,占据绝对优势,后市持续走弱的概率较高。

② 实体与影线长度相等,表示买方将价位上推至一定高度后,即遇到卖方大量的抛盘,卖方力量更强,占据主动地位将股价打落至相当的深度,后市不容乐观。

③ 实体比影线短,表示买方一度发力,使股价一度大幅上涨,但在高价位引来了卖方的打压,将股价重新打回至开盘价之下,以最低价收盘,只是比开盘价略低,表明卖方虽将价格下压,但优势较少。如果该图形出现在低价区,且伴随着较大的成交量,后市有可能反弹。

股价中出现以上图形,总的来说,买方仍处于弱势,后市股价走低的可能性较大,特别是如果这种 K 线出现在高价位,且伴随着巨大的成交量,往往意味着庄家出货,应该密切留意,伺机出局。

（7）带上下影线的阳线

表示股价一度跌至开盘价之下，在低价位获买方支撑，买方力量逐渐增强，将价格一

图 4-10 带上下影
线的阳线

路上推至较高水平，但在高价位出现获利回吐压力，买方力量不济，股价回落，在最高价之下收盘，如图 4-10 所示。这里上下影线及实体的不同又可分为多种情况：

① 上影线长于下影线。若上影线长于实体部分，表示买方欲振乏力，买方虽然略占优势，但卖方的力量也很强大，后市股价的走势并不明朗；若实体部分长于上影线，表示买方虽受挫折，但仍占优势，后市股价上升的可能性仍然较大。

② 下影线长于上影线。若实体部分比上影线长，表示股价虽然曾出现较大的跌幅，但买方的力量更强，在买盘的推动下，不仅收复失地，而且还有较大的升幅，尾市股价虽然有所回落，看起来就像买方的暂时休整，后市继续走高的可能性较大；若上影线比实体部分长，表示股价经历较大幅度的上升后，回落的幅度也相当可观，买方尚须接受考验。

这种 K 线是在大涨之后出现，表示股价在作高档震荡，如成交量同时也大幅度增加，表示多空双方对后市看法的分歧较大，后市可能会下跌。如果这种 K 线在低价区出现，表明后市股价出现反弹的可能性较大。

（8）带上下影线的阴线

表示买方一度发力，推动股价冲高，但在强大的卖压下，买方难以招架，节节败退，股价发生逆转，并大幅度下挫，尾市买方稍有振作，也是以相当低的价格收盘，如图 4-11 所示。这种 K 线一般表示买方处于守势，后市看跌。如大涨之后出现，后市下跌的可能性较大；如在大跌之后出现，表示低档承接力增强，行情可能反弹。

（9）十字星形线

当收盘价与开盘价相同时，就会出现这种 K 线，其特点是没有实体。十字星形表示在交易中，股价出现高于或低于开盘价成交，但收盘价与开盘价相等，买方与卖方几乎势均力敌，如图 4-12 所示。在这种 K 线图中，上影线越长，表示卖压越重；下影线越长，表示买方越强大；上下影线看似等长的十字线，可称为转机线，在高价位或低价位，意味着出现反转。

图 4-11 带上下影线的阴线

图 4-12 十字星形、T 形和倒 T 形

（10）T 字形和倒 T 字形

T 字形和倒 T 字形在十字星形的基础上，如果再加上光头和光脚的条件，就会出现

这两种 K 线(见图 4-12)。它们没有实体,没有上影线或者没有下影线,因其形状像英文字母 T 而得名 。这种 K 线图中,开盘价与收盘价相同,当日交易以开盘价以下之价位成交,又以当日最高价(即开盘价)收盘。卖压虽强,但买方实力更胜一筹,局势对买方有利,如在低价区出现此图形表示行情将会回升。

在倒 T 字形中,开盘价与收盘价相同,当日交易都在开盘价以上之价位成交,并以当日最低价(即开盘价)收盘,表示相较买方而言,卖方实力更强,买方已无力再支撑。总体来看卖方稍占优势,如在高价区,行情可能会下跌。

(11)"—"图形

这是一种非常特别的形状,它的四个关键价格均相等。这种情况实际交易上难以出现,只是理论上存在。在发行一个事先定好价格的股票时,会遇到这种情况。同十字星形、T 字形和 K 线一样,没有实体。没有实体就无法区别是阴线还是阳线。此类情形只出现于交易非常冷清的股票的 K 线图中,全日交易只有一档价位成交。冷门股此类情形较易发生。

4.2.3.3　K 线组合应用分析

任何证券的交易中都会形成一系列完整的 K 线图,该图可以作为投资者的重要的决策参考。情况往往比较复杂,仅仅根据某日 K 线图无法正确地做出判断,因为多空双方很可能处于搏杀的相持阶段,也就是所谓牛市盘整时期。这时就需要将连续若干天的 K 线图联系结合起来分析,从中做出某种判断。这种 K 线图的组合分析是十分有效和较为科学的,它可以使投资者更加全面和正确预测股价未来的走势。以下就介绍几种主要的 K 线图组合。

(1)图 4-13 中这两根 K 线,一阳一阴。第一天低开高走,第二天的光头光脚大阴线切入第一天的三分之二处,称之为切入线,它表示第二天的开盘价比第一天的收盘价低,说明前一日多方已筋疲力尽,尽管收盘收在最高点,但缺乏成交量的配合,第二天股价即刻反转下行,预示着后市股价下行的可能性较大。

(2)图 4-14 中这两根 K 线,也是一阳一阴。第二天的大阴线完全吞掉了第一天的阳线,给投资者一个强烈的信号,表示股市反转行情极有又能来临,这种图形被称为包入线;反之,如果第二天的大阳线完全吞掉第一天的阴线,也是股市反转的信号。

图 4-13　主要 K 线组合图(一)　　　　　图 4-14　主要 K 线组合图(二)

（3）图 4-15 中这两根 K 线，一阳一阴，第一天大阳线后，第二天便是大阴线，并且虽然第二天开盘价高于第一天收盘价，但开盘后即刻掉头下行，收盘价低于第一天收盘价，表示上涨受阻，大阳线已被空方攻占了一部分，有明显的回档下跌的趋势，称之为迫入线。

（4）图 4-16 中这两根 K 线，一阴一阳，表示第一天的大阴线遇到了第二天大阳线的支撑，第二天开盘价虽然低于第一天的收盘价，但是股价反转信号较为明显，这也是迫入线的一种。

图 4-15　主要 K 线组合图（三）　　　　　图 4-16　主要 K 线组合图（四）

（5）图 4-17 中这两根 K 线，一阳一阴，表示第一天大阳线后，在第二天空方迫切利用获利解套的心理去打压行情，价位开盘后冲高即刻回落，直至收盘，如果第三天股价不再上升，则极有可能大幅下跌；反之，图 4-18 在第一天出现大阴线的基础上，第二天继续低开，并一度下跌至全日最低点后遇买盘强力支撑，拉出一条较长下影线，属下跌抵抗型，反映市场对于后市还是具有信心。

（6）图 4-19 中这三根 K 线，属于较典型的步步高图形，三天走势是一浪高过一浪，多方呈绝对优势，一般可放心入市，但这也并非无风险，应观察图形所处区域。如果位于高价位区，则要警惕获利回吐的卖压；反之，如果位于低迷时的低价位区，则可买入持有。如果这三天的 K 线都各自带有长短不一的上下影线，则表示价位在低处有人接盘，而在高处又有人抛压。如果这种图形在上涨行情持续一段时间后出现，应视为卖出信号；反之，若出现在持续下跌一段行情后，则视为买入信号。

图 4-17　主要 K 线组　　　图 4-18　主要 K 线组　　　图 4-19　主要 K 线组
　　　合图（五）　　　　　　　　合图（六）　　　　　　　　合图（七）

（7）图 4-20 中这三根 K 线,表示在第一天上涨行情的基础上,第二天股价有所回落,但开盘价比第一天高,且第二天收盘价与开盘价较为接近,表示有部分多头获利回吐,而第三天出现光头光脚的大阳线,表示有主力介入,股价还有进一步看涨的理由。

（8）图 4-21 中这三根 K 线,表示连续两天的上涨势头在第三天突然被大阴线吞没,多方的力量受到抑制,将前两日的涨幅一笔勾销,股价进一步下跌至第三天的收盘价低于前两日开盘价。这种 K 线图可以大致判断该股行情已经由阳反转为阴,后市可能会持续下跌一段时间。

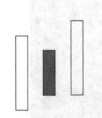 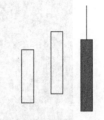

图 4-20 主要 K 线组合图（八）　　　　图 4-21 主要 K 线组合图（九）

两日、三日的 K 线组合已经变化万千了,更不必提四日或者五日 K 线图的组合变化了,对于同一个 K 线图组合,投资者分析视角不同,得出的结论会大相径庭。所谓看好后市,仅仅是一种概率预测,估计者未必就对后市有较大把握,并非指后市股价一定上升,这是说明后市股价上涨的可能性大于下跌的可能性而已;反之,看淡后市,也同样只能是一种概率预测而已,并非一定下跌,也仅是说明后市股价下跌的可能性较大而已。一般来说,结合数根 K 线综合分析的准确性要比仅凭一两根 K 线来得大。但是必须指出,人们谈论行情的涨跌与 K 线图的阳线、阴线并非完全一致。如说某个股涨或跌,是将现在的行情与该股前一交易日的收盘价相比得出的结论,而 K 线图中的阳线仅仅表示当日交易收盘价高于开盘价而已,这是当日自身行情的比较,而不是与前一交易日相比;阴线也同样如此表示。K 线图较为直观和形象,投资者对买卖双方力量对比一目了然,对市场趋势以及要采取的措施对策也胸有成竹,从长期来看,比如半年或一年及以上,投资者可发现 K 线图蕴涵着某种规律性的趋势,找出这种规律,对证券市场走势的判断可以更为准确,这也是 K 线图越来越受到广大投资者欢迎的原因,如能结合基本面分析,其效果将会更好。

4.2.4　股价趋势分析

趋势线、支撑线、阻力线原则是道氏理论的又一重要贡献,是股价趋势分析的重要内容。

4.2.4.1　趋势线

趋势线是在图形上每一波浪顶部最明显高点间,或每一谷底最明显低点间的直切线。

趋势线按其移动方向划分,有上升趋势线、下降趋势线与水平趋势线,如图 4-22 所示。决定上升趋势时需要两个反转低点,即当股价下跌至某一价位,旋即回升,然而再下跌,但未跌破前一个低点,再度回升,将这两个低点连接成直线就是上升趋势线;决定下跌趋势时同样需要两个反转高点,即股价上升至某一价位开始下跌,然后再回升,但未能突破前一个高点,再度下跌,将这两个高点连接成直线就是下降趋势线;连接股价横向波动中低点的直线,即为水平趋势线。除直线趋势线外还有曲线趋势线。

图 4-22　实战图(趋势线)

趋势线按其移动时间划分,有基本趋势、次级趋势与短期趋势。若干个同方向的短期趋势可形成一个次级趋势,若干个同方向的次级趋势又可形成一个基本趋势。当影响基本趋势的因素作用发挥殆尽,基本趋势不能再延续,就会朝相反方向反转而变成另一性质的基本趋势。

(1) 趋势线的可靠性与有效性

趋势线反映着股价未来的变动方向,其可靠性与有效性主要通过以下几个方面验证:

趋势线被触及的次数。一般来说,趋势线被触及的次数越多,其发挥的支撑和阻力作用越强,趋势线的可靠性与有效性越高,一旦被突破后市场反应也越强烈。

趋势线的倾斜度。趋势线的倾斜度越大,趋势线的支撑和阻力功能越弱,其可靠性与有效性越低,往往容易被突破与修正。适当角度(大约为 $30°\sim45°$)的趋势线的技术分析的意义较大,这是因为如果趋势线过于陡峭,通常表示价格上升或下降过快,因而难以持久;同样,趋势线过于平缓,则说明趋势过于衰弱,可靠程度也低。

趋势线的时间跨度。趋势线跨越的时间越长,支撑与阻力功能越强,有效性与可靠性越高。

(2) 趋势线有效突破的确认

经过一段时间股价运动,趋势线终究会被突破。确定趋势线是否为有效突破主要从以下四个方面进行分析：

第一，突破的程度。一般认为，收盘价格穿越趋势线的幅度至少达到 3% 方为有效突破。

第二，突破的时间。一般认为，收盘价格穿越趋势线的时间达到 3 天以上方为有效突破。

第三，突破时的成交量的变化。股价从下降趋势转为上升趋势，必须要成交量配合；股价从上升趋势转为下降趋势则不一定需要成交量配合。

第四，突破时的股价形态。趋势线一旦与股价形态同时突破会产生叠加效应，突破后股价的走势会增强，往往表现为有效突破。

4.2.4.2 支撑线与阻力线

趋势线在性质上又可分为"支撑线"和"阻力线"。支撑线是图形上每一波浪谷底最低点的直切线，也即投资者在股价下跌至此线附近时有相当的买进意愿；阻力线则是图形上每一波浪顶部最高点的直切线，也即投资者在股价上升至此线附近时有相当的卖出意愿，如图 4-23 所示。

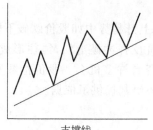
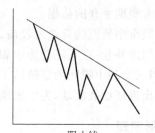

支撑线　　　　　　　　　　　阻力线

图 4-23 支撑线和阻力线

在上升趋势中，每个相继的低点（支撑水平）就必须高于前一个低点，每个相继的上冲高点（阻力水平）必须低于前一个高点；如果新的一轮调整一直下降到前一个低点的水平，将是上升趋势即将结束，或将转变成横向整理趋势的预警讯号；如果这个支撑水平被突破，可能意味着趋势将由上升转为下降。

支撑线或阻力线被有效突破后仍然有效，仍然能继续发挥作用，只不过它们便会变成自己的反面。即支撑线被市场突破到一定程度之后就转化为阻力线，而阻力线被突破之后便会转为下一段行情的支撑线。

支撑或阻力区域形成的主要依据是：该区域的形成时间。一般而言，价格在某个支撑或阻力区域逗留的时间越长，该区域的支撑或阻力力度就越大；在此过程中伴随着成交量的放大，此区域的阻力或支撑就更强；如果此过程发生的时间距当前越近，此区域的支撑或阻力产生影响的潜力越大。

需要指出的是,投资者往往会在一些心理价位与整数价位上下进行投资运作,所以这些价位也往往成为阻力线或支撑线。

市场价格运动有时会在一个下有支撑上有阻力的空间中运行。在两条平行的支撑线和阻力线之间形成的区间称之为"通道",按股价运动方向,可将通道分为上升通道、下降通道和平行通道,如图 4-24 所示。

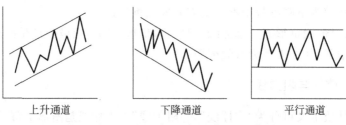

图 4-24　上升通道、下降通道和平行通道

与趋势线一样,轨道线被触及的次数越多,时间跨度越长,倾斜的角度较适当,那么轨道线的支撑与阻力的作用越显著。因此,在股市上,基本的上升趋势线是做多的依据,而轨道线则可作为短期平仓的依据。

在当前中国股市中轨道线有效度较高。在上升趋势中如股价跌破下轨,往往形成"空头陷阱",可以大胆地补仓;在下降趋势中如股价反弹冲破上轨,往往形成"多头陷阱",可以大胆地清仓;当天交易中瞬间的穿越给予投资者许多机会。股价指数所形成的轨道线也常规性地提示出近期指数波动,为中短期走势研判提供了依据。

4.2.4.3　扇形原理

趋势线可以反映价格行情的变化与发展趋势。但在实际分析中,一段相同的行情趋势,用一条趋势线往往不能准确反映,必须引进调整趋势线。所谓调整趋势线,是相对于已经存在的趋势线而言(称为主要趋势线),它表明行情发展的大趋势或方向,与主要趋势线相同,但趋势线的上升或下降的斜率相异。在图 4-25 中,AB 是主要下降趋势线,AB′是调整下降趋势线,DE 是主要上升趋线、DE′是调整上升趋势线。

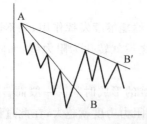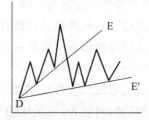

图 4-25　主要趋势线和调整趋势线

　　无论股价上涨或下跌,如果原有趋势线突破后,行情即刻发生反转,则调整趋势线不会出现,只有在原有趋势线被突破之后,行情出现回调整理,才有可能出现调整趋势线。一般来说,主要趋势线越倾斜,越有可能会出现调整趋势线。这是因为主要趋势线越倾斜和越陡峭,表示股市行情非常之好或非常之差,一般难以在短时间内反转,必须要经过一段时间的整理,这个整理过程就有可能会出现调整趋势线。如果行情把第一条调整趋势线突破后,仍然没有产生反转行情的话,有可能进入另一盘整期,即产生新的一条调整趋势线(第二条调整趋势线),如图 4-26 所示。

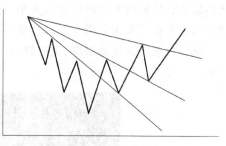

图 4-26　趋势线

　　由图 4-26 可知,行情发生反转,趋势经过调整后得到三条起点重合,而倾斜度越来越小的趋势线。它们的形状如同一把散开的扇子,故称这种趋势也被称为为扇形走势。对扇形走势的技术研判理论称为扇形原理。

　　扇形原理认为,在扇形走势中,第三条趋势线(即第二条调整趋势线)作用极重要,一旦此趋势线被有效突破后,中长期反转行情即将来临。这是因为第三条趋势线的形成时间较长,斜率较小,它所代表的支撑力或阻力特别强。根据扇形原理,在上升的扇形走势中,如股价跌破第三条趋势线,表示多头行情的结束,此时为最佳卖点。反之,在下跌的扇形走势中,如股价冲破第三条趋势线,表示空头行情的结束,此时为最佳买入点。

　　对于扇形走势,除了要特别重视第三条趋势线的突破信号以外,还要注意每条趋势线的角色互换,即趋势线性质的相互转换。即阻力线被有效突破后,会变成以后一段行情的支撑线,该线将对后面一段时期的股价具有支撑作用。反之,支撑线被有效突破后,会变成以后一段行情的阻力线,该线将对后面一段时期的股价具有阻力作用。投资者可以根据扇形走势的这一性质,找出技术上的支撑位与阻力位,为在扇形走势形成期间的投资操作提供分析依据,以便制定正确的投资策略。

4.2.4.4 缺口

　　缺口是指股价在快速大幅度变动中有一段价格没有任何交易,显示在股价趋势图上是一个真空区域。

　　在平常的走势中,第二天的开盘价往往是衔接第一天的收盘价;当行情处于一个持续上涨的情况时,第二天开盘价承接前一天的收盘价,仍将持续上涨;而行情处于一个持续下跌的情况时,今日开盘价承接昨天的收盘价,仍摆脱不了下跌的局面,而节节下降。然而,因为某一突发事件的发生,导致市场供需极度不平衡的状况,即行情一时之间势如破竹,开盘价可能远远的开在昨日的最高价或最低价之外,此种情况就会在图表上表现出缺口的图形。缺口一般都会被未来股价的变动封闭,称之为填补缺口。

缺口的出现是多空双方力量对比悬殊的表现;缺口的封闭则是多空双方力量对比转化的结果。从缺口发生的位置与大小,可以预测走势的强弱,判断股价变动的趋势。因此缺口形态分析是技术分析方法的重要组成部分。

缺口一般分为普通缺口、突破缺口、持续性缺口与消耗性缺口等,如图 4-27～图 4-29所示。

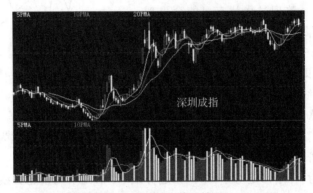

图 4-27　实战图(普通缺口)

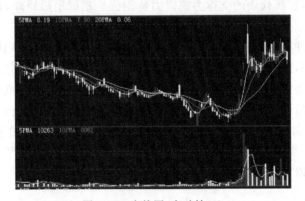

图 4-28　实战图(突破缺口)

(1) 普通缺口

普通缺口通常出现在股价走势的横向整理形态中或发生在成交量极小的市场行情中。由于投资者认为未来的走势尚不明确,交易清淡,相对较小的交易量便会导致价格跳空。这种缺口一般在其后的几个交易日内便会完全填补。

(2) 突破缺口

突破缺口通常出现在股价走势发生转折的初期。当某一突发事件的发生,股价以一个很大的跳空缺口远离原有形态时,表示真正的突破已经形成。突破缺口的出现意味着

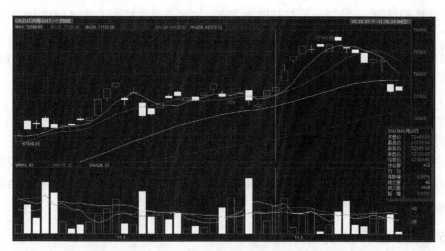

图 4-29 沪铜 1211 的持续性缺口和消耗性缺口

股价会出现强劲的走势。突破缺口在突破阻力线或支撑线后,通常会出现强劲的升势或急骤的跌势。

突破缺口具有如下特点:

① 突破缺口打破了原有的平衡格局,使行情产生明显的走势。

② 突破缺口处的股价变动剧烈,成交量明显增大。

③ 突破缺口出现后一般都会紧跟着出现持续性缺口和消耗性缺口。

④ 突破缺口一旦形成,一般在较长时间内不会被封闭。

(3) 持续性缺口

在新的市场走势形成的中间极端,价格再度跳跃前进,形成一个跳空缺口或一系列跳空缺口称之为持续性缺口。此类跳空缺口反映市场正以适度的成交量顺利发展。若在上升趋势中,此缺口在以后的调整中成为支撑区域;若在下降趋势中,此缺口在以后的调整中形成阻力区域。这类缺口通常出现在整个趋势的中部,量度的方法是从突破点开始,到持续性缺口始点的垂直距离,就是股价未来上升或下跌将会达到的幅度,因此这类缺口也称为量度性缺口。持续性缺口具有下述特点:

① 持续性缺口可以预测证券价格未来的变动方向和变动幅度。

② 持续性缺口的形成有较大的成交量配合,因此该形态在短期内一般不会被封闭。

③ 持续性缺口具有较强的支撑或阻力作用。

(4) 消耗性缺口

消耗性缺口,也成为竭尽缺口,多发生在上升或下跌趋势的终点,它表示行情的尾声,即在急速的上升或下跌中股价的波动在奄奄一息中回光返照,出现"最后一跃"或"最后一跌"。在这种缺口出现之前,往往至少出现一个持续性缺口,或一系列持续性缺口。消耗性缺口的出现,往往表示股价的趋势即将结束：如果出现在股价上升过程中,暗示行情将会反转为跌；如果出现在下跌阶段,则意味着将会止跌。消耗性缺口的出现,显示市场买方或卖方的力量已被消耗殆尽,股价将很快回落或回升,因此,消耗性缺口将很快被填补。它具有下述特点：

① 消耗性缺口的产生一般需要较大的成交量配合。

② 消耗性缺口在短期内将会很快被封闭。

③ 消耗性缺口是一种表明市场行情即将反转的缺口形态。

由于期货合约的日 K 线图中的缺口形成的周期较短,并且出现频率较高,较易截取完整图形,因此以沪铜 1211 合约的 K 线图为例,在 2011 年 1 月附近出现明显的消耗性缺口,而在 2011 年 2 月附近出现一段持续性上升的持续性缺口。

4.2.5　股价图形分析

4.2.5.1　反转形态

反转形态指股价趋势反转所形成的图形,即股价跌势转为涨势,或由涨势转为跌势的信号。

反转构造通常适用于长期趋势的分析,因为只有长期趋势的反转才具有重要意义。常见的反转构造主要有五种,分别是头肩形、双顶和双底形、三顶和三底形、圆顶和圆底形,尖底和尖顶型等。上述这些构造具有以下一些共同点：

第一,具有明显的先前趋势。这是因为价格必须先具有明显的趋势,才能够讨论趋势的反转,只有这样形成的预测和测量才有依据。

第二,突破重要趋势线常是趋势反转的首要信号。

第三,反转构造越大,后继运动就越剧烈。所谓的大,可以从高度和宽度两个方面来度量。高度反映其易变性；宽度反映构造的完成时间。

第四,顶部构造比底部构造时间上较短,其易变性也较强。

第五,反转形态的构造需要大成交量的配合。

（1）头肩顶

① 形态分析

头肩顶形态是最常见、可靠的一种转向形态,如图 4-30 所示。

头肩顶构造的主要特征是,有三个完整的波峰,居中的波峰较高,三个波峰从左到右分别称为左肩、头部和右肩,交易量从左到右逐渐降低。以下是此构造形成的一些要点：

第一,左肩——持续一段上升的时间,成交量很大,过去在任何时间买进的人都有利可图,于是开始获利回吐,股价出现短期的下跌,成交量较左肩顶部有明显的减少。

第二,头部——股价经过短暂的回落后,又有一次强力的回升,成交量也随之增加,并

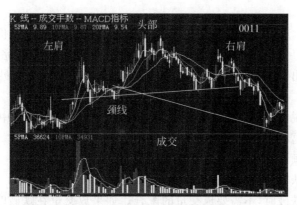

图 4-30　实战图(头肩顶)

可能因充分换手而创纪录,但价位过高使持股者产生恐慌心理。不过,成交量的最高点较之于左肩部分,可能会明显减退。股价升破上次的高点后再一次回落。成交量在这回落期间亦同样减少。

第三,右肩——股价下跌到接近上次的回落低点又再获得支持回升,但市场投资者的情绪显著减弱,成交量较左肩和头部明显减少,股价未到达头部的高点便回落,形成右肩部分。

第四,突破——从右肩顶下跌穿破由左肩底和头部底所连接的底部颈线,其突破颈线的幅度要超过市价的 3% 以上。

总的来说,头肩顶的形成需要三个明显的波峰,其中位于中间的一个波峰较其他两个高峰略高,且成交量从左至右依次递减。

② 市场含义

头肩顶是一个非常重要且稳定的技术性走势,该形态反映出买卖双方的激烈争夺过程。初期买方强大的势头不断推动股价上升,市场投资情绪高涨,出现大量成交,经过一次短期的回调后,那些错过上轮涨势的投资者在调整期间买进,股价继续上升,而且越过上次的高点,表面看来市场仍然健康和乐观,但成交量已大不如前,反映出买方的力量在减弱中。那些对前景没有信心和错过了上次高点获利回吐的投资者,或是在回落低点买进行短线投机的投资者纷纷抛出,于是股价再次回落。第三次的上升,为那些后知后觉错过了前面两次上升机会的投资者提供了机会,但股价无力升越上次的高点,而成交量进一步萎缩时,差不多可以肯定过去看好的乐观情绪已完全扭转过来,未来的市场将被看淡,可能会出现较大幅度的下跌。

头肩顶形态是一个长期性趋势的反转形态,通常会在牛市的尽头出现。当最近的高点的成交量较前一个高点低时,就预示了出现头肩顶形态的可能性;当股价第三次回升却难以越过上次的高点,且伴随成交量持续下降时,有经验的投资者就会把握机会抛出持有股票。

当颈线跌破后，我们可根据这形态的最少跌幅量度方法预测股价会跌至哪一水平。该量度的方法是——从头部的最高点画一条垂直线到颈线，然后在完成右肩突破颈线的一点开始，向下量出同样的长度，由此量出的价格就是该股将下跌的最小幅度。

③ 要点提示

第一，一般来说左肩和右肩的高度基本相等，也有些头肩顶形态中右肩比左肩低。但如果右肩比头部还要高，头肩顶形态便不能成立。

第二，如果其颈线向下倾斜，显示市场非常疲软无力。

第三，成交量从左至右依次递减。

第四，当颈线跌破时，不需要成交量的配合。如果成交量在跌破时激增，显示市场的抛售力量较强，股价会在成交量增加的情形下加速下跌。

第五，在跌破颈线后股价可能会出现暂时性的回升，这情形通常会在低成交量的跌破时出现，一般来说回升的幅度也不会超过颈线水平。

第六，头肩顶形成后反转的下跌趋势杀伤力非常强，通常其跌幅大于量度出来的最少跌幅。

第七，假如股价最后在颈线水平回升，而且高于头部，又或是股价于跌破颈线后回升高于颈线，这并不是典型的头肩顶形态，因此不能用头肩顶的性质加以判断如图 4-31。

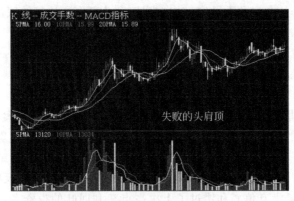

图 4-31　失败的头肩顶

（2）头肩底

① 形态分析

和头肩顶的形状相似，只不过是将整个形态倒转过来而已，因此也又称"倒转头肩式"如图 4-32。

形成左肩时，股价下跌，成交量相对增加，接着为一次成交量较小的次级上升。接着股价又再下跌且跌破上次的最低点，成交量再次随着下跌而增加，形成头部；从头部最低

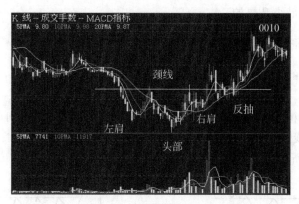

图 4-32 实战图（头肩底）

点回升时，成交量有可能增加。整个头部的成交量来说，较左肩为多。

当股价回升到上次的反弹高点时，出现第三次的回落，这时的成交量很明显少于左肩和头部，股价在跌至左肩的水平，跌势便稳定下来，形成右肩。

最后，股价正式策动一次升势，且伴随成交大量增加，当其颈线阻力冲破时，成交更显著上升，整个形态形成。

② 市场含义

头肩底的市场含义分析和头肩顶基本类似。它预示着过去的长期性趋势已经反转，股价持续的下跌，第二次的低点（头部）显然较先前的一个低点（左肩）为低，但很快地掉头弹升，接下来的一次下跌股价未跌到上次的低点水平已获得底部支撑而回升，反映出看好的力量正逐步改变市场过去向淡的形势。当两次反弹的高点阻力线（颈线）被打破后，显示多方已完全控制空方，市场未来行情看好。

③ 要点提示

第一，头肩顶和头肩底的形状类此，只不过将形态倒转而已，其主要的区别在于成交量方面。

第二，当头肩底颈线有效突破时，并伴有成交量激增时，即为买入信号。虽然股价和最低点比较，已上升一段幅度，但升势只是刚刚开始，前一阶段尚未买入的投资者应该继续追入。其最少升幅的量度方法与头肩顶方法类似，即从头部的最低点画一条垂直线相交于颈线，然后在右肩突破颈线的一点开始，向上量度出同样的高度，所量出的价格就是该股将会上升的最小幅度。

第三，一般来说，头肩底形态较头肩顶形态平坦，因此需要较长的时间形成。

第四，在升破颈线后可能会出现短暂性的回落，但回落点应高于颈线，否则便不是典型的头肩底形态。

第五，头肩底是预测能力较强和稳定的形态之一，一旦确认为头肩底形态，未来预计的升幅多会大于其最小升幅的。

4.2.5.2 整理形态

持续整理形态的具体种类很多,以下是较典型的几种:

（1）矩形整理

矩形整理也称箱型整理。其形态特征是,股价在两条平行、横向的直线之间上下波动,上行到上端直线位置就回落,下降到下端直线位置就回升,如同在一个箱体内运动（如图 4-33 和图 4-34 所示）。

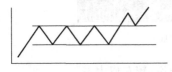

图 4-33　矩形整理的第一种形态

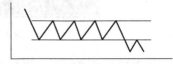

图 4-34　矩形整理的第二种形态

矩形整理一般发生在某种趋势运行的形成过程中,即它通常是在经历了一段较强有力的上涨或下跌行情之后出现的,具有中途盘整和蓄势的特征。在上升过程中,多方将股价拉升到一定位置,其进攻能量会有所下降,就不能不暂时休整,但由于多方并无退出之意,因此也不会让股价大幅回落;与此同时,空方尚无力改变由多方控制的上升趋势,结果就会形成这种股价来回震荡的局面。利用这种箱形整理,多方既可蓄势待发,也可以逐步消化在前期上涨中积累的获利盘,在沉闷的走势中将浮躁、不坚定的跟风者清理出局,为下一步的再度发力创造条件。反之,情形相反。因此,在矩形整理结束后,股价一般会按原趋势方向进行突破,再度上行或下落。在图 4-33 和图 4-34 中,我们看到的就是这种演进过程。

掌握矩形整理的这种规律,对于投资者的实际操作是很有帮助的。对于中长线投资者来说,如果在上升趋势没有改变迹象时出现矩形整理,一般可以放心持股,而在下降趋势没有改变迹象出现时,也不必急于介入,可以耐心等待将来出现的更低点。对于短线投资者来说,如果能够确认股价正在进行矩形整理,则可以利用股价波动的规律性,选择在箱体底部买入,而一旦股价到达箱体顶部就卖出。经过反复快速的进出,也可以获取可观的收益。

（2）三角形整理

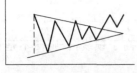

图 4-35　对称三角形

三角形整理是常见的持续整理形态。它又可分为对称三角形、上升三角形和下降三角形整理等具体类别。

① 对称三角形整理

对称三角形整理（如图 4-35 所示）是保持原趋势不变,波动幅度逐渐缩小,波动高点渐次下降,低点渐次上抬的整理形态,其整理图形像一个对称三角形。

对称三角形整理通常不会改变原有趋势,相反,它是原有趋势的中途盘整过程,整理结束后,股价还会按原趋势继续运行。对称三角形整理一般至少会出现四个以上的转折点。整理通常应在对称三角形一半或三分之二处结束。对称三角形整理的时间越短,保持原运行趋势的能力越强;反之,整理时间越长,保持原趋势的能力越弱。对称三角形被突破后,其进一步上升或下降的幅度一般会高于对称三角形的底部边长。

② 上升三角形整理

上升三角形整理是一种以上升为趋势的整理形态(如图 4-36 所示)。

上升三角形整理的图形是一个横置的直角三角形。与对称三角形整理不同,其上端阻力线基本上是一条水平直线,而下端的支撑线则是向右上方倾斜的直线,这表示股价的波幅越来越小,高点位置相对固定,但底部逐渐抬高,且下跌幅度越来越小,该形态最终被突破时未来的上升走势是可以预见的。上升三角形整理是多方发起猛攻之前的蓄势过程。

③ 下降三角形整理

下降三角形整理在形态和意义上正好与上升三角形相反,它是一种下降趋势的整理。其整理结束后的走向通常是下跌,如图 4-37 所示。对于下降三角形,可根据上升三角形的相反意义理解。

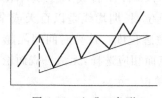 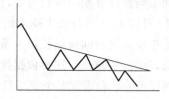

图 4-36　上升三角形　　　　　　　　　　图 4-37　下降三角形

4.2.6　移动平均线分析

4.2.6.1　移动平均线的种类

移动平均线是技术分析的重要工具之一,虽然当今计算机技术的发展已经使投资者不必亲自动手绘制移动平均线,投资者还是要理解移动平均线的基本原理,才能进行科学准确的价格判断和预测。移动平均线的种类较多,这里我们介绍比较常用的两类,分别是移动平均线(MA)和平滑异同移动平均线(MACD)

(1) 移动平均线(MA)

① 移动平均线的概念与基本绘制原理

移动平均线又称移动均线或均线,和 K 线图一样都是技术分析中非常重要的概念,在实际投资中广泛使用。移动平均线最早由美国投资专家葛兰威尔提出。他利用数理统计中平均数的计算原理将每个交易日的收盘价进行如下处理：将若干交易日的股票收盘价加以算术平均，并等时间窗进行滚动计算，然后将所有数据的时间序列连接成一条起伏不定的趋势线，用于观察分析股价走势，这种方法可剔除交易中出现的偶然性因素，使连线尽可能地平缓，有助于分析人员对股价中长期预测作出正确的判断。移动平均线不仅可以反映整个股价的动态过程，也能够从移动平均线的走势图中标注出买卖的关键拐点，对于投资者进行理性投资有较大帮助。

移动平均线的计算方法较简单，先设定计算收盘价的时间窗，如 n 天，计算出时间窗内第 1 个交易日到第 n 个交易日收盘价的算术平均数，然后将时间窗口向前滚动 1 个交易日，即计算第二个交易日到第 $n+1$ 个交易日的收盘价的算术平均数，以此类推，不断循环，每天不断增加新的资料数据，剔除旧的资料数据，滚动前进，始终保持 n 个交易日的稳定数据资料，得出每日以 n 为基期的均值。

移动平均线的绘制方法如下：首先确定一个平面直角坐标上以横轴为时间，和以纵轴为证券价格；其次再将计算得出的移动平均数逐日绘制在坐标轴中相应的点位上；最后再将各点用平滑的曲线连接成一条起伏不定、蜿蜒曲折并不断延伸的移动平均线。移动平均线易懂简单，为人们分析判辨行情提供帮助，是一种广为使用的重要技术分析辅助工具，其他许多技术指标都是在移动均线的基础上变化延伸和发展的。

移动平均数计算期间可长可短，短期均线是以 3 日、5 日、7 日或 10 日为单位，中期均线是以 10 日以上、1 个月或 1 季度的交易日为计算单位，长期均线是以百天或全年交易日为计算单位。其时间间隔长短关系到市场价格的敏感程度。计算时间间隔越长，敏感度就越低；反之，就越高。这要依据投资者分析的重点而相应选择，无法一概而论。

举例说明：某股连续 5 个交易日收盘价分别为（单位：元）：

8.10、8.08、8.20、8.40、8.65

以 3 日移动平均线的制作方法为例：

$$\mathrm{MA}_n = (C_1 + C_2 + C_3 + \cdots + C_n)/n$$

式中，MA_n 表示为以 n 天为基期的移动均线；C 表示收盘价；n 为天数。

第 3 天均值 $=(8.10+8.08+8.20)/3=8.13$

第 4 天均值 $=(8.08+8.20+8.40)/3=8.23$

第 5 天均值 $=(8.20+8.40+8.65)/3=8.42$

将计算结果在图表中标识出，并相连成线，就形成了以 3 天为基期的均线。

均值数据计算要求资料完整准确，如有数据缺损或错误，则移动平均线会失去连贯性和准确性，其参考价值会大打折扣。移动均线通过平滑技术可以部分消除价格的异常波动和市场白噪声，使得处理后的数据更能捕捉证券市场价格变动的实际规律，同时移动均线的计算和分析中一般不考虑企业的经营财务状况。

② 移动平均线的特点

移动平均线的最基本的思想是消除偶然因素的影响,它具有以下几个特点。

第一,追踪趋势。移动平均线能够反映股价的变动方向和变动趋势,并且能够较好地追随这一趋势。如果从股价的图形中能够找出上升或下降趋势线,那么,移动平均线的曲线将保持与趋势线方向一致,并且能够很好地消除股价在这个过程中出现的起伏,对上升或下降趋势线进行平滑。

第二,滞后性。在股价原有趋势发生反转时,由于移动平均线的追踪趋势的特性,移动平均线的反应往往有一定的滞后性,即反转的速度落后于上升或下降趋势线。一般等移动平均线发出反转信号时,股价反转的幅度已经很大了。这是移动平均线的一个重要不足。

第三,稳定性。从移动平均线的计算方法可知道,单纯依靠一天价格的波动要比较大幅度地改变移动平均线的数值,无论是向上波动还是向下波动,都比较困难。这是因为移动平均线的变动反映的是股价几天变动的均值,而不是单纯的一天的变动。即在计算移动平均线时,一天的变动已经被若干天的时间窗口稀释,因此变动就会变得较小,移动平均线的变动幅度就不会很大。除非某日的价格波动幅度极大可能会使得移动均值的结果变动较为显著。这种稳定性有优点,也有缺点,在应用时应多加注意,掌握好分寸。

第四,助涨助跌性。当股价突破了移动平均线时,无论是向上突破还是向下突破,股价都有延续突破方向继续发展的愿望,这就是移动平均线的助涨助跌性。

第五,支撑线和压力线的特性。由于移动平均线的上述四个特性,使得它在股价走势中起支撑线和压力线的作用。移动平均线的被突破,实际上是支撑线和压力线的被突破,从这个意义上就很容易理解后面将介绍的葛氏法则。

移动平均线的参数的选择可以加强移动平均线上述几方面的特性。参数选择得越大,上述的特性就越大。比如,突破 5 日线和突破 10 日线的助涨助跌的力度完全不同,10 日线比 5 日线的力度大,改过来较难一些。

使用移动平均线通常是对不同的参数同时使用,而不是仅用一个。各人的不同参数的选择上有些差别,但都包括长期、中期和短期三类移动平均线。长、中、短是相对的,可以自己确定。

(2) 平滑异同移动平均线(MACD)

平滑异同移动平均线由正负差(DIF)和异同平均数(DEA)两部分组成,当然,正负差是核心,异同平均数是辅助。下面先介绍正负差的计算方法。

正负差是快速平滑移动平均线与慢速平滑移动平均线的差。快速和慢速是按照指数平滑时采用的参数的大小不同进行区分的,一般快速是短期的,慢速是长期的。我们分别选定快速平缓参数为 12,慢速平滑参数 26,对正负差的计算过程进行介绍。

快速平滑移动平均线(EMA)的计算公式:

$$今日\ \text{EMA}(12) = 今日收盘价 \times \frac{2}{12+1} + 昨日\ \text{EMA}(12) \times \frac{11}{12+1}$$

慢速平滑移动平均线（EMA）的计算公式为：

$$今日\ \text{EMA}(26) = 今日收盘价 \times \frac{2}{26+1} + 昨日\ \text{EMA}(26) \times \frac{25}{26+1}$$

以上两个公式是指数平滑的公式，平滑因子分别为 $\frac{2}{13}$ 和 $\frac{2}{27}$。也有其他的移动平均指数选定其他的平滑因子，但是基本原理与此类似。

$$\text{DIF} = \text{EMA}(12) - \text{EMA}(26)$$

其实单独的正负差也能进行行情预测，但为了使信号更可靠，我们引入了另一个指标异同平均数。异同平均数是正负差的移动平均，也就是连续数日的正负差的算术平均。这样，异同平均数自己又有了个参数，那就是作为算术平均的正负差的个数，即天数。对正负差作移动平均就像对收盘价移动平均一样，是为了消除偶然因素的影响，使结论更可靠。

上例也可以采用简化公式：

$$\text{MA}_n(m) = \text{MA}_n(m-1) + \frac{C_m - \text{MA}_n(m-1)}{n}$$

式中，$\text{MA}_n(m)$ 表示第 m 天的以 n 个交易日为基期的移动平均值；$\text{MA}_n(m-1)$ 表示第 $m-1$ 天的以 n 个交易日为基期的移动平均值；C_m 表示第 m 天的收盘价。

投资者一般采用 10 天均线数值，即两周交易资料，均线的曲线也较光滑，又有一定的灵敏度，偏差度较小，可较好地表现中、长期行情走势，把握大方向。

4.2.6.2　移动平均线的应用

（1）MA 的应用法则——葛兰威尔法则

葛兰威尔法则是关于移动平均线使用的最经典的法则，其主要内容是：

买入信号：平均线从下降开始走平，股价从下上穿均线；股价连续上升远离平均线，突然下跌，但在平均线附近再度上升；股价跌破平均线，并连续暴跌，远离平均线。

卖出信号：平均线从上升开始走平，股价从上下穿平均线；股价连续下降远离平均线，突然上升，但在平均线附近再度下降；股价上穿平均线，并连续暴涨，远离平均线。

需要说明的是，每天的股价实际上是 1 日的移动平均线。股价相对于移动平均线实际上是短期移动平均线相对于长期移动平均线。从这个意义上说，如果只面对两个不同参数的移动平均线，则可以将相对短期的移动平均线当成股价，将较长期的移动平均线当成移动平均线，这样，上述法则中股价相对于移动平均线的所有叙述，都可以换成短期股价相对于长期的移动平均线。换句话说，5 日线与 10 日线的关系，可以看成是股价与 10 日线的关系。

股市中常说的死亡交叉和黄金交叉,实际上就是向上向下突破压力或支撑的问题。

对葛氏法则的记忆,只要掌握了支撑和压力的思想就不难记住。最后谈一下移动平均线的盲点。在盘整阶段或趋势形成后中途休整阶段或局部反弹和回落,移动平均线极易发出错误的信号,这是使用移动平均线最应该注意的。另外,移动平均线只是作为支撑线和压力线,站在某均线之上,当然有利于上涨,但并不是说一定会涨,压力线、支撑线有被突破的时候。

(2) MACD 的应用法则

利用平滑异同移动平均线进行行情预测,主要是从两个方面进行。

① 从正负差和异同平均数的取值以及两者之间的相对取值对行情进行预测。其应用法则如下:①正负差和异同平均数均为正值时,属多头市场。正负差向上突破异同平均数是买入信号;正负差向下跌破异同平均数只能认为是回落,作获利了结。②正负差和异同平均数均为负值时,属空头市场。正负差向下突破异同平均数是卖出信号;正负差向上穿破异同平均数只能认为是反弹,作暂时补空。

我们知道,正负差是正值,说明短期的比长期的平滑移动平均线高,这类似于 5 日线在 10 日线之上,所以是多头市场。正负差与异同平均数的关系就如同股价与移动平均线的关系一样,正负差的上升和下降,进一步又是股价的上升和下降信号。上述的操作原则是从这方面考虑的。

② 利用正负差的曲线形状,利用形态进行行情分析。主要是采用指标背离原则。这个原则是技术指标中经常使用的,具体的叙述是:如果正负差的走向与股价走向相背离,则此时是采取行动的信号。至于是卖出还是买入要依正负差的上升和下降而定。

平滑异同移动平均数的优点是除掉了移动平均线产生的频繁出现的买入卖出信号,使发出信号的要求加大和限制增加,避免假信号的出现,且比移动平均线更有把握。

平滑异同移动平均数的缺点同移动平均线一样,在股市没有明显趋势而进入盘整时,失误的时候极多。另外,对未来股价的上升和下降的深度不能进行有效的建议。

4.2.7 价格指标分析与应用

4.2.7.1 指数平滑异同移动平均线(MACD)

(1) 指标说明

指数平滑异同移动平均线(MACD)利用两条长、短期的平滑平均线(EMA),计算二者的差值(DIF),作为判断行情的依据。可以说,MACD 指标是移动平均线 MA 的再次移动平均,是主要用于研究证券市场中长期发展趋势的重要技术指标。

(2) 计算公式

我们首先给出当日的成交均价 DI 的计算公式如下:

$$DI = \frac{H + L + 2C}{4}$$

式中，H 代表当日的最高价；L 代表当日的最低价；C 代表当日的收盘价。

EMA 的计算公式：

$$今日\ EMA(N) = \frac{2}{N+1} \times DI + \frac{N-1}{N+1} \times 昨日\ EMA(N)$$

通常情况下，短期 EMA 的 N 取 12，而长期 EMA 的 N 为 26。

$$DIF = EMA(短期) - EMA(长期)$$

接着计算 DIF 的移动平均值，即异同平均数（MACD）。

（3）应用法则

① 当 DIF 和 MACD 均大于 0，并伴随行情上涨，一般表示处于多头行情中，可以买入或持有；当 DIF 和 MACD 均小于 0，并伴随行情下跌，一般表示处于空头行情中，可以卖出或观望。

② 当 DIF 和 MACD 均大于 0 但伴随行情下跌，一般表示为行情处于回落阶段，股票将下跌，可以卖出和观望；当 DIF 和 MACD 均小于 0 但伴随行情上涨，一般表示为行情即将启动，可以买进或持股待涨。

③ DIF 和 MACD 在远离 0 轴以下区域，同时向下运行了很长一段时间，当 DIF 开始横向运行并逐渐向上靠近 MACD 时，如果 DIF 接着向上突破 MACD 线，这是 MACD 指标的第一种"黄金交叉"。它表示股价经过很长一段时间的下跌，并在低位整理后，将开始反弹向上，是短线买入信号。对于这一种"黄金交叉"，只是预示着可能出现反弹行情，并不表示该股的下跌趋势已经结束，股价还有可能出现反弹行情很快结束、股价重新下跌的情况，因此，应谨慎对待，在设置好止损位的前提下，少量买入做短线反弹行情。

④ 当 DIF 和 MACD 都运行在 0 轴以上区域时，如果 DIF 由下向上突破 MACD 线，这是 MACD 指标的第二种"黄金交叉"。它表示股价经过一段时间的高位整理后，新一轮涨势的开始，是第二个买入信号。此时，激进型投资者可以短线加码买入股票；稳健型投资者则可以继续持股待涨。

⑤ 股价或指数创出新低，而 MACD 并未出现新的低点，视作底背离，可考虑买入；股价或指数创出新高，而 MACD 却没有同时创出新高，可视为顶背离，应考虑卖出。

⑥ DIF 与 MACD 在 0 轴以上出现连续 2 次金叉，可视为行情的启动，追涨；DIF 与 MACD 在 0 轴以下出现连续 2 次死叉，则认为即将大幅下跌，须及时离场。

⑦ DIF 与 MACD 在 0 轴附近停留的时间越长，日后形成的突破的杀伤力越大。

值得注意的是 MACD 主要用于中长期趋势的研判，对于处于盘整期的行情适用性不强。

4.2.7.2 乖离率(BIAS)和心理线(PSR)指标

（1）乖离率

① 指标说明

乖离率(BIAS)是在移动平均线基础上演变的,是衡量股价偏离移动平均线的量化指标。正的乖离率表明股价向上偏离移动平均线;反之,负的乖离率说明股价向下偏离移动平均线。

② 计算公式

$$\mathrm{BIAS}(N) = \frac{C - \mathrm{MA}(N)}{\mathrm{MA}(N)} \times 100\%$$

其中,N 为计算的时间窗口。一般来说,参数 N 选的越大,则允许股价偏离均线的程度就越大。同时,正的乖离率表示股价向上偏离移动平均线,而负的乖离率则说明股票价位位于移动平均线的下方。当正的乖离率较大时,表明股价短期内涨幅较大,有获利回吐的压力;相反,当负乖离率值较大时,表明股价短期跌幅过猛,有反弹的要求。

③ 应用法则

当乖离率为正数时,说明股价受到移动平均线的支撑,可继续持有;而乖离率为负值时,则说明股价受到均线压制,仍维持弱市。

当乖离率由负转正时,如果移动均线配合上移,此为转强信号,可持有做多;若均线仍向下移动,表明行情还有向淡可能,转强信号不可靠。

当乖离率由正转负时,如果移动均线配合下移,为转弱信号,应及时退出观望;若均线在向上移动的话,可继续持有观望。

在涨势中,如果乖离率接近或高于历史高点,为反转信号,表明多方力量已消耗殆尽,行情随时会掉头向下,投资者不应再盲目做多,应考虑及时获利了结。

在跌势中,如果乖离率接近或低于历史低点,为反转信号,表明空方打压动能已不充分,行情随时会向上,可逢低吸纳。

（2）心理线（PSY）

① 指标说明

心理线（PSY）是研究一定周期内投资者买卖趋向的心理,来考察多空双方的力量对比。

② 计算公式

$$\mathrm{PSY}(N) = \frac{A}{N} \times 100\%$$

式中,N 为考察所涉及的天数;A 为在这 N 天里上涨的天数。

从公式中,可以看出,心理线是指一段时间内,上涨天数所占的比例,也同时反映出在一段时期内多空双方力量的对比状况。一般来说,股价上涨说明多方占优,而股价下跌则说明空方占优,因此,PSY 值在 50 以上是多头市场,而在 50 以下则是空头市场。

③ 应用法则

心理线大于 75,市场出现超买,此时价位会跌的机会增加,因此应准备卖出;心理线小于 25,市场出现超卖,此时价位回升的机会增加,应准备买进。

一段上升行情开始前,通常会出现两次及以上的超卖点;同样,一段下跌行情开始前,也会出现两次及以上的超买点,在第二次出现超买或超卖点时,一般是买进或卖出的时机。

当心理线降至 10 或 10 以下时,是真正的超卖,此时是一个短期抢反弹的机会,应立即买进。

心理线主要反映市场心理的超买或超卖,因此,当其值在常态区域内上下移动时,一般应持观望态度。

超卖点密集出现两次为卖出信号,同理,超买点密集出现两次为买进信号。

4.2.7.3 相对强弱指标(RSI)

相对强弱指数(RSI)最早被用于美国期货交易。后来,人们发现在众多的图表技术分析中,相对强弱指数的理论和实践极其适合于股票市场的短线投资,于是将其用于股票升跌的测量和分析中。

相对强弱指数是研究买卖双方的力量对比的量化指标,如果买方力量较强,则价格自然上升;反之,如果卖方力量较强,则价格自然下跌。

(1) 相对强弱指数的计算方法

相对强弱指数的计算公式为:

$$RSI(N) = \frac{N \text{ 日内收盘上涨总幅度之和}}{N \text{ 日内收盘上涨和下跌总幅度之和}} \times 100\%$$

N 值一般取 5 天、10 天或 20 天,如果价格变动幅度较大且涨跌变动较为频繁,则 N 的取值应小一点;反之,则 N 的取值应该大一些。N 值取值太小,则 RSI 反应过于敏感;若 N 取值太大,则 RSI 反应又较迟钝,因此选择合适的 N 值对于技术分析者显得较为重要。

(2) 相对强弱指数的应用法则

应用相对强弱指数分析价位的一般原则如下。

RSI 大于 80,表明已经出现超买点,价格随时会因买方力量减弱而回跌,此时应该卖出。

RSI 小于 20,表明已经出现超卖点,价格已近探底,随时会因为买方力量的增强而回升,此时应该买进。

RSI 大于 50,表示市场买方力量强于卖方力量,后市看强;RSI 小于 50,表示市场卖方力量强于买方力量,后市看弱。

RSI 连续在 50 附近上下波动,表示市场买卖双方力量均衡,市场表现为盘整,未来的走势尚不明朗。

上述原则为一般原则,在实际应用时,应根据实际情况灵活运用。

如果市场属强势(或个股属强势股),则 RSI 一般大于 50,因此,RSI 接近 50 为买进时机;如果市场表现为极强势(或个股表现为极强势个股),则 RSI 大于 80 时也不一定是卖出时机。如深圳股市 1992 年 3 月开始一轮多头强势,曾多次出现 RSI 大于 80 而不是卖出时机。

如果市场属弱势(或个股属弱势股),则 RSI 一般小于 50,因此,RSI 接近或超过 50 为卖出时机;如果市场表接近或超过现为极弱,则 RSI 小于 20 也不一定是买进时机。

价位创新低,RSI 也创新低,表明后市继续看弱;如果价位创新低,RSI 并不创新低,提前显示一底比一底高的态势,则价位极有可能反转。这种现象称为"底背驰",也有称为"底背离"的。

4.2.7.4　随机指标(KDJ)

(1) 指标说明

随机指标(KDJ)是美国投资专家 Geoge Lane 博士提出的。它是运用最近两个交易日的最高价、最低价和收盘价的真实波幅来反映价格走势的强弱和超买超卖现象,在价格尚未上升或下降之前发出买卖信号的一种技术工具。

(2) 计算公式

在计算 KD 值之前,须先计算尚未平滑的随机值 RSV(raw stochastic value),计算公式为:

$$RSV = \frac{C-L}{H-L} \times 100\%$$

式中,H 表示最高价;L 表示最低价;C 表示收盘价。

从公式中看,分母表示全天价格波动的范围,分子表示收盘价和最低价的偏差,即当日多方的力量,RSV 表示多空双方在当天交易中的力量对比,RSV 值越大,表明多方越占优势。

对 RSV 进行指数平滑,就得到 K 值:

$$今日 K 值 = \frac{2}{3} \times 昨日 K 值 + \frac{1}{3} \times 今日 RSV$$

对 K 值进行指数平滑,就得到 D 值:

$$今日 D 值 = \frac{2}{3} \times 昨日 D 值 + \frac{1}{3} \times 今日 K 值$$

另外,在应用 KD 时,还往往同时附带 J 指标,计算公式为:

$$J = 3D - 2K$$

可见 J 值是在 D 值的基础上加上一个修正值,但在实际应用中,一般很少用到 J 值。

随机指标(KDJ)有 K 值、D 值和 J 值组成的三条曲线构成。由于 J 值的计算相对复杂,一般在实际分析时较少利用,我们下面重点讨论 KD 值的应用问题。使用 KD 值时主要考虑以下几个方面:KD 指标数值信号;KD 指标曲线形态信号;KD 指标的交叉信号;KD 指标背离信号;J 指标取值范围。

(3)应用法则

① KD 指标的取值范围是 0~100。KD 值大于 80,市场处于超卖状态,行情即将见底,可以买入;KD 值小于 20,市场处于超卖状态,行情即将见顶,可以卖出。KD 值在 50 左右徘徊或交叉,并无实际意义。

② K 上穿 D 是金叉,为买入信号,但是出现了金叉是否应该买入,还要看别的条件:金叉产生的位置应该比较低,最好是在超卖区的位置,越低越好。

K 与 D 相交的次数越多越好,起码要 2 次以上。

K 是在 D 已经向上时才同 D 相交,比 D 还在下降时与之相交要可靠得多。

③ 当 KD 处在高位,并形成 M 头,而此时股价还在上涨,这就是顶背离,是卖出的信号;与之相反,KD 处在低位,并形成 W 底,而股价还在继续下跌,这构成底背离,是买入信号。

④ KDJ 指标在极强或极弱的市场中,易出现高位钝化或低位钝化现象。当市场处于连续下跌中,KDJ 指标在低位发生钝化时,并不能根据法则 1 进行买入,因为 KDJ 指标可能会再钝化。

⑤ 在进行短线操作时,一般选择 30 分钟和 60 分钟的 KD,并结合 RSI 指标一起使用。如 KDJ 和 RSI 均小于 20,则表明短线可能会有反弹;而 KDJ 和 RSI 如果均处于高位,则可考虑卖出。

⑥ KD 指标的参数值不宜设置较大,这样该指标的敏感度就差。实际操作中可以将 KD 指标的走势结合波浪理论来进行分析,作为判断中长期趋势的依据。

⑦ KDJ 指标与 RSI 指标的操作策略基本相似,两者的区别在于,K、D 是互为联动两根图线,而 RSI 是根据 2 个不同周期参数得到的图线,但就每个周期参数所形成的图线而言,都可单独应用。

4.2.7.5 趋向指标(DMI)

(1)指标说明

趋向指标(DMI)是用来判断行情运行趋势的一个辅助指标,可以帮助投资者选择合适的买入以及卖出的时机。

（2）计算公式

DMI 指标的计算公式相对比较复杂，计算如下：

$$TR_n = \sum_{i=1}^{n} MAX(C_i - L_i, H_i - C_{i-1}, L_i - C_{i-1})$$

$$+DM_n = \sum_{i=1}^{n} (H_i - H_{i-1}) (+DM_n \text{ 出现负值或 0 时，记为 0})$$

$$-DM_n = \sum_{i=1}^{n} (L_{i-1} - L_i) (-DM_n \text{ 出现负值或 0 时，记为 0})$$

$$+DI_n = +DM/TR_n$$

$$-DI_n = -DM/TR_n$$

$$DX = \frac{+DI_n - (-DI_n)}{+DI_n + (-DI_n)} \times 100\%$$

$$\text{今日 ADX} = \frac{n-1}{n} \times \text{昨日 ADX} + \frac{1}{n} \times \text{今日 DX}$$

（3）应用法则

① ＋DI 向上突破－DI，形成金叉时，是中短线买入信号；相反，＋DI 向下突破－DI 时，形成死叉，则是卖出信号。

② ADX 在 50 以上发生向下转折时，表明行情将改变原来的运行趋势，若市场行情上涨，则将出现下跌；若市场行情下跌，则将出现回升。

③ 若 ADX 不断增加，则维持原来的趋势的能力越强，即原有的行情趋势不会轻易改变。

④ DMI 指标最好结合其他的技术指标共同使用，研判市场走势的效果才叫好。这是因为 DMI 指标单独使用时，得到的结论并不十分可靠。

4.2.7.6　腾落指标（ADL）

（1）指标说明

腾落指标（ADL）通过计算每天股票涨跌的累计情况，与大盘指数相互对照，来反映股价现时的变动情形与未来的运行趋势。但是由于计算公式的特殊性，该指标只能用于大盘，而不能应用在具体股票上。

（2）计算公式

$$\text{今日 ADL} = \text{昨日 ADL} + \text{今日上涨家数} - \text{今日下跌家数}$$

这个公式表明，ADL 指标是个累计数，要求数据必须完整和准确，否则影响结果的可信度。若股票在计算日股价并未发生变化，则不计算在 ADL 指标内，因此一般来说，ADL 指标中统计的股票数量应小于证券市场交易的股票数量。

（3）应用法则

① ADL 指标要与大盘指数对比使用才有意义，单独的 ADL 指标并没有实际的应用价值。

② 在多头市场里，上涨的股票数量应多于下跌的股票数量，因此 ADL 值应不断增大；相反，在空头市场中，ADL 值不断递减。当 ADL 值与大盘指数同步上升的话，表明市场行情还有可能会继续上涨；同样，当 ADL 值与大盘指数一起下跌，则表明市场行情继续下跌的可能性较大。

③ 如果大盘下跌过程中，指数仍在创新低，而 ADL 值却不减反增，说明出现底背离，表明尽管指数仍在下跌，但大多数股票已经企稳，指数的下跌很有可能是市场主力打压少数权重股所引起的，后市转为多头行情的可能性较大。

④ 如果在大盘上升过程中，指数屡创新高，但 ADL 值不增反降，说明出现顶背离，表明大盘表面的繁荣是主力机构通过拉抬少数权重股在进行诱多，大盘也即将步入调整。

通过上述分析，可以看出 ADL 指标主要用于观察大盘指数和 ADL 指标是否同步或发生背离，并据此来判断大盘未来运行趋势。

4.2.8 量价指标分析与应用

量价关系是技术分析时一个很重要的参考指标。在股市里有这样一句谚语：什么都可以骗人，就是成交量不能够骗人。由此可见，从成交量的变化中可以看出未来行情的演变趋势，就是所谓的"量为价先"。

4.2.8.1 量价关系的表现形式

成交价格和成交量是证券市场的最基本和最重要的数据，涵盖了多空双方在每个时点上共同行为的暂时均衡，随着量价关系的不断变化，均衡点也是处于不断的变化过程中。成交量是推动股价上涨的动力，通过成交量的变化可以推断出多空双方之间的力量对比以及行情的涨跌幅度。

成交量的变化一般有 3 种，即量增、量平和量减，同样成交价格的变化也有 3 种，就是价升、价平和价跌，那么量价关系的表现形式就有以下 9 种。

（1）价升量增

如果出现在低价区域，表明上升行情刚刚处于启动阶段；如果出现在盘整期，股价在前期已经出现过大幅度上涨，经过一段时间的盘整后，仍有再度拉升的可能；如果股价处于大涨行情的末期，且成交量增加时，往往是多头陷阱。

（2）价增量平

尽管股价仍然上涨，但成交量并未放大，表示投资者入场热情有所减弱。一般出现在行情中段，股价已有一定升幅，后续买盘跟进速度有所减缓，则进入调整的可能性较大。

（3）价增量减

尽管股价仍然上涨，但投资者的市场参与程度较小，成交量已明显萎缩，表明股价进一步上涨的动量不足。通常出现在一段上升行情的末期以及跌势中的反弹过程当中，是明显的量价背离现象。

（4）价平量增

股价维持横向整理，伴随交易量增加，表明市场仍看好其未来走势。这种情况一般出现在股价经过一段上升行情以后，出现震荡整理或合理回档，经过短期盘整后，股价仍会继续上攻。如果出现在股价低位区，则表明其正在底部集聚做多动力。

（5）价平量平

股价波动范围不大，方向尚不明确，成交量出现一定程度的萎缩。通常表现为股价处于整理形态，一段时间内有突破的可能。

（6）价平量减

股价经过长时间的横盘，波动空间也越来越小，几乎缺乏活性，市场参与程度逐渐减弱，成交量也日益萎缩，一旦成交量再次放出，就会确立突破方向。

（7）价跌量增

在股价向下运行过程中，市场认为其还将继续下跌，竞相抛售，使得成交量也逐步放大，并推动股价进一步下挫。如果前期涨幅十分巨大，股价刚刚开始下跌，表明后市还将有较大调整空间；如果累计跌幅已经较大的话，成交量的放大预示着短期底部的形成，反弹机会即将出现。

（8）价跌量平

股价下跌途中，成交量变化不大，表明市场对其未来走势的判断没有发生变化，股价还将继续向下寻求支撑。

（9）价跌量减

股价的下跌逐渐得不到市场的认同，抛压明显减弱，这个时候一般表现为止跌信号，后市有望出现反弹。

然而，在使用量价关系进行分析的时候，还应考虑行情所处的阶段，有时候量价背离未必就代表了行情出现了转折，关于这个问题，在下一部分里我们会详细介绍。

4.2.8.2　量价关系运用法则

（1）成交量放大

① 经过长时间的调整，不论是一直处于横向盘整还是已经处于长期底部的股票，一旦出现连续放量，且股价小幅上扬，可果断介入。

② 在上升过程当中，随着成交量的放大，股价也保持相同幅度的上涨的话，则上升趋势不会发生变化，应继续持股。

③ 在一段涨升行情后,成交量仍在继续放大,但是股价已不再继续上升,出现了滞涨。则说明抛压逐渐增大,上方出现阻力,有回调的可能,应考虑暂时离场观望。

④ 股价累计涨幅已相当可观时,出现大幅上升并伴随成交量的急剧放大(一般指单日成交量超过该股流通盘的 20% 以上),应提防主力推高出货。

⑤ 在下跌途中,股价击穿重要支撑位时,如伴随成交量的放大,表明跌势未尽,股价将继续下跌,应在股价反抽时及时卖出。

⑥ 在股价调整幅度已经较大时,成交量明显放大,而股价跌势趋缓,表明下方买盘逐渐增多,有反弹机会。

(2) 成交量减小

① 在股价上涨过程中,成交量出现了萎缩,表明买方动能不足,量价背离,有出现调整的可能。但是,对于已经被控盘的股票而言,主力机构已经收集了大量股票,分散在外的流通股已不多,筹码的锁定性较高。所以较小的成交量的推动,也可以使股价进一步上扬。但是,对于这种情况,一旦在高位出现放量震荡,股价出现滞涨,也应及时退出。

② 股价在经过上升和调整以后,再度拉升过程中,成交量明显小于股价前一次上升时,特别是无法创出新高,就出现了顶背离的走势,可能会形成双头形态。一旦出现这种情况,是退出的绝好机会。

以上简单介绍了实务中应用量价关系来研判行情的基本操作方法和注意事项,一般来说,单纯地考虑量价配合和量价背离在实际操作中的意义不大,必须结合行情所处的具体阶段进行分析才能形成有意义的行情预测。

4.2.8.3　能量潮(OBV)

(1) 指标说明

能量潮(OBV)是研究成交量对行情的影响的量化指标,与单独使用成交量来研判行情比较,更加直观方便。

(2) 计算公式

$$今日 OBV = 昨日 OBV + 今日成交量(当日股价上涨)$$
$$今日 OBV = 昨日 OBV - 今日成交量(当日股价下跌)$$

该指标将股价上涨时的成交量视为主力吸筹的收集量,将股价下跌时的成交量视为主力出货时派发的量。因此该指标反映了多空双方力量的对比,也就预示了行情的未来发展方向。

(3) 应用法则

① OBV 线呈 N 字形波动,当 OBV 线上升突破上一次 N 字形的顶点时,则记下一个向上的箭头;反之,当 OBV 线下跌穿越上一个 N 字形底部时,则记下一个向下的箭头。若连续出现 5 个向上或向下的箭头,则表示中期行情出现反转;当连续出现 9 个向上或向

下的箭头,则表示中期行情出现反转。

② 当 N 字形波动幅度增加时,表明市场行情随时都有可能反转。

③ 当股价经过上升回调再度上攻超过前 1 个高点时,OBV 指标并未能同时创出新高,即出现顶背离,表明主力机构正在拉高出货,股价将出现反转,应及时离场;相反,股价屡创新低,而 OBV 指标却没有跟着创新低,则为底背离,表明有机构正在打压吸筹,可重点关注。

4.2.8.4　TAPI 指标

(1) 指标说明

TAPI 指标主要研究每一点指数与成交金额的比值,比较适合用来预测大盘走势。

(2) 计算公式

$$TAPI = \frac{TA}{I}$$

式中,TA 表示当日的成交金额;I 表示当日股指的收盘点位。

(3) 应用法则

① 当量价同方向变化时,该指标的分子和分母也同向变化,因此 TAPI 指标变化较小,结果比较稳定。

② 证券市场处于上涨行情时,同时股指屡创新高,而 TAPI 指标并没有同步上涨,说明多方力量正在变弱,出现顶背离,预示市场行情即将出现转折。

③ 证券市场处于下跌行情时,同时股指屡创新低,而 TAPI 指标并没有同步下跌,说明买盘较为活跃,出现底背离,预示空头市场即将结束。

4.2.8.5　成交量比率(VR)

(1) 指标说明

VR 指标是反映成交量强弱的常见指标,它通过分析一段时间内股价上涨和下跌时成交量的比值来判断多空双方的实力对比。

(2) 计算公式

$$VR = \frac{n \text{日内上涨日的成交量之和}}{n \text{日内下跌日的成交量之和}}$$

(3) 应用法则

① 股价下跌时,VR 值一般也减小;VR 小于 40 时,市场极易形成底部。

② 股价上涨时,VR 值一般也增加;VR 大于 350 时,市场行情有可能出现反转。

③ VR 值一般在 150 附近振动,一旦突破 250,市场将会出现一波上涨行情。

④ VR 指标适用于确认底部形态,对于头部形态的确认时,应参考其他的技术指标综

合判断为好。

4.2.9 其他指标分析与运用

4.2.9.1 布林线(Bollinger Bands)

(1) 指标说明

布林线(Bollinger Bands)是根据统计学中的置信区间原理,计算出股价运行区间。布林线是动态指标,会随着股价的变动而变动。

(2) 计算公式

$$区间均值\ MA = \frac{\sum_{t=1}^{n} C_t}{n}$$

$$价格上限 = MA + \sqrt{\frac{\sum_{t=1}^{n}(C_t - MA)^2}{n}} \cdot D$$

$$价格下限 = MA - \sqrt{\frac{\sum_{t=1}^{n}(C_t - MA)^2}{n}} \cdot D$$

其中,D 为倍数,一般取 2;n 为时间,一般设为 26 天。

(3) 应用法则

① 当股价处于长期上升通道时,布林线指标的三条线也都会随着向上运行,股价一般在区间均值和价格上限值之间运行,当股价出现回落时,在区间均值处将获得明显支撑。

② 当股价处于长期下跌行情时,布林线指标的三条线也都会随着向下运行,股价一般在区间均值和价格下限值之间运行,当股价出现反弹时,在区间均值处将遇到阻力。

③ 当布林线三条线的运行区间趋于收敛,运行一段时间后,区间突然出现发散,预示着行情即将出现反转。

④ 当股价短期内迅速上涨,并且向上突破布林线上限时,股价将很快回到原有的运行区间,即行情将进入调整。

⑤ 当股价短期内出现暴跌,并向下击穿布林线下限时,那么股价也将快速回到原来的运行区间,即会有反弹行情出现。

4.2.9.2 超买超卖指标(OBOS)

(1) 指标说明

超买超卖指标(OBOS)是利用股票成交量情况来进行大势分析的指标,它用一段时间内上涨和下跌的股票家数的差来反映当前股市多空双方力量对比和强弱。

（2）计算公式

$$OBOS(n) = n\,日内上涨股票家数之和 - n\,日内下跌股票家数之和$$

式中，n 的取值一般为 10 日，当 OBOS 值为正数时，表明处于多头市场；当 OBOS 值为负数时，则说明处于空头市场。

（3）应用法则

① OBOS 值可取正数，也可取负数。当 OBOS 为正数时，市场处于上升期；反之，市场处于下跌期。

② 当 OBOS 达到一定正数值时，市场处于超买阶段，可择机出手；反之，当 OBOS 达到一定负数值时，市场处于超卖阶段，可择机买入。OBOS 的超买超卖区域的确认与上市股票数量的多少有一定的关联。

③ OBOS 指标的变化趋势与股价指数的变动趋势相背离时，预示着行情可能出现反转。

④ OBOS 指标的运行轨迹可以采用前面所学到的形态理论进行分析。如当 OBOS 在高价区域形成 M 形或在底部形成 W 形时，可作为卖出和买进的信号。

⑤ OBOS 指标的运行轨迹也可采用趋势线原理进行分析，当 OBOS 突破其趋势线时，预示市场行情可能会出现反转。

⑥ OBOS 适用于大盘走势的判断，对个股走势无法提供明确的判断，因此对个股的分析，应结合其他的技术指标进行分析。

4.2.9.3 涨跌比率（ADR）

（1）指标说明

涨跌比率（ADR）是一段时间内市场中上涨家数的总和与下跌家数总和的比值，能较直观地反映出市场多空力量的对比，与 OBOS 指标类似，该指标只能应用于指数分析，对个股的分析，要结合其他的技术指标综合进行分析。

（2）计算公式

$$ADR(n) = \frac{n\,日内上涨股票家数之和}{n\,日内下跌股票家数之和}$$

式中，n 就是周期长度，一般设为 10 日。一般情况下，多头市场中，上涨家数应不低于下跌家数，ADR 值不小于 1，而在空头市场中，上涨家数应不大于下跌家数，ADR 值小于 1。

（3）应用法则

① 正常行情下，ADR 值在 0.5～1.5 范围内波动。如果 ADR 值大于 1.9，则表明市场出现超买，即将进行调整；而当 ADR 值小于 0.4 时，说明市场出现超卖，可能随时出现

反弹。

② ADR 值从很小突然上升至很大,预示行情即将反转,可能会出现一波上升行情;而当 ADR 值从较大突然下降至很小时,预示市场转弱。

③ ADR 值与指数值同步上升,表明指数将继续保持升势;同样,ADR 值与指数值同步下降,表明调整行情仍将持续。

④ 在指数创新高的过程中,ADR 值未能创新高,表明出现顶背离,可能会出现下跌行情;而在指数不断创新低的过程中,ADR 值却不再减小,表明出现底背离,为止跌信号。

4.2.9.4 人气意愿指标(BRAR)和中间意愿指标(CR)

(1) 人气意愿指标(BRAR)

① 指标说明

人气指标(AR)与买卖意愿指标(BR)一般配合使用,AR 表示买卖气势,测量市场的潜在动能;BR 反映市场心理,在股市狂热时卖出,市场态度悲观时买进。

② 计算公式

$$AR = \frac{\sum_{i=1}^{n}(H_i - O_i)}{\sum_{i=1}^{n}(O_i - L_i)}$$

$$BR = \frac{\sum_{i=1}^{n}(H_i - C_{i-1})}{\sum_{i=1}^{n}(C_{i-1} - L_i)}$$

两者的重要区别在于它们选择多空双方的均衡点的方式不同。AR 指标选择以当日的开盘为均衡价位,而 BR 指标选择前一天的收盘价为均衡点。

③ 应用法则

正常行情下,AR 取值范围一般在 0.8~1.2。当 AR 大于 1.8 时,市场处于超买行情,股价有可能回落;而当 AR 小于 0.4 时,则市场处于超卖行情,股价有可能反弹。

正常行情下,BR 取值范围一般在 0.7~1.5。当 BR 大于 3 时,股价有回调压力;而当 BR 小于 0.3 时,股价随时可能有所反弹。

当 BR 值由高档下跌一半,股价将反弹;同样,当 BR 值由低档上涨一半,股价将会出现回档。

如果 AR 和 BR 均急剧上涨,表明股价短期内涨幅过大,股价有回调压力,应考虑获利了结。

如果 BR 在低位向上突破 AR,是买入信号。

如果 BR 急剧上升,而 AR 指标未配合上升,而是盘整或小幅回落,则是卖出信号。

(2) 中间意愿指标(CR)

① 指标说明

中间意愿指标(CR)与 BR、AR 最大区别是其以中间价作为计算的基准。CR 既能测量价格动量的潜能,又能测量市场人气,同时还能显示压力带和支撑带,可以补充 BR、AR 的不足。

② 计算公式

$$\mathrm{MID} = \frac{H + L}{2}$$

$$上升值_i = H_i - \mathrm{MID}_{i-1}$$

$$下跌值_i = \mathrm{MID}_{i-1} - L_i$$

$$\mathrm{CR}(n) = \frac{\sum_{i=1}^{n} 上升值_i}{\sum_{i=1}^{n} 下跌值_i} \times 100$$

CR 指标在图形中有 5 条线,由 CR 线和 4 条 CR 平均线构成,从短周期到长周期依次分成 A、B、C、D 四条。A 线和 B 线代表短周期,其构成的带状称为副带,C 线和 D 线代表长周期,其构成的区域称为主带。一般将 CR 值设为 30。平均线分别设为 10、20、40 和 60。

③ 应用法则

CR 值下跌至 40 以下时,股价形成底部的机会相当高

如果 CR 值位于 4 条平均线的上方,且 4 条平均线均向上发散,表明市场处于多头市场;若 CR 线位于 4 条平均线的下方,且 4 条平均线均向下发散,表明市场处于空头市场。

主带和副带通常构成行情的重要阻力位和支撑位。一旦 CR 向上突破主带或副带,行情回落时,主带或副带将对 CR 构成有效支撑;同样,当 CR 向下击穿主带或副带,反弹至该位置时将受阻回落。

若股价创新高,而 CR 值未能创出新高,出现顶背离,预示股价可能回调;若股价创新低,而 CR 值已不再创新低,出现底背离,预示行情可能会有反弹,可逢低介入。

如果 CR 线与 A、B、C、D 四条线同时靠拢并发生粘连,将会构成股价的转折点。如果 CR 线由下向上穿,为买入信号;反之,则构成卖出信号。

4.2.9.5　EXPMA 指标

(1) 指标说明

EXPMA 一般称为指数平均数,它也是一种趋向类指标,其构造原理与移动平均线类似,仍然是对收盘价进行算术平均,计算结果用于判断价格未来的变动趋势。

（2）计算公式

$$\text{EXPMA}_i = \frac{2}{n+1}C_i + \frac{n-1}{n+1}\text{EXPMA}_{i-1}$$

其中,EXPMA_{i-1}为前一天的收盘价,n 为天数,一般设为 2 条,分别是 12 和 50,在软件中可以看到该指标由三条线构成:价格 K 线、短期 EXPMA 线、长期 EXPMA 线。

（3）应用法则

① 在上升趋势中,价格从高到低排列依次为价格 K 线、短期 EXPMA 线和长期 EXPMA 线;在下跌趋势中,价格从高到低排列顺序则为长期 EXPMA 线、短期 EXPMA 线和价格 K 线。

② 当短期 EXPMA 线向上突破长期 EXPMA 线时,预示行情将转好,为买入信号,而当该股继续上涨并远离短期 EXPMA 线后,股价很快便会回落,然后再沿着短期 EXPMA 线上移,此时短期 EXPMA 线对价格走势有支撑作用。

③ 当短期 EXPMA 线向下击穿长期 EXPMA 线时是卖出信号,此时短期 EXPMA 线对价格上行起阻力作用。

④ 当短期 EXPMA 线向上交叉长期 EXPMA 线时,股价形成一个短暂的高点,然后微幅回档至长期 EXPMA 线附近,此时为最佳买入点;当短期 EXPMA 线向下交叉长期 EXPMA 线时,股价出现一个短暂的低点,然后小幅反弹至长期 EXPMA 线附近,此时为最佳卖出点。

4.2.9.6　停损指标（SAR）

（1）指标说明

停损指标(SAR)是在结合了时间和价格因素后,利用抛物线运动的方式随时调整停损点的位置来观察和给出买卖点的一种技术分析工具。由于停损点(又称转向点 SAR)是以抛物线的方式移动,所以又被称为抛物线转向指标。

（2）计算公式

在多头市场中,初始的 SAR 值则取 n 天(包括当天)内的最低价,其后的 SAR 值可由下式递推导出:

$$\text{今日 SAR} = \text{昨日 SAR} + \text{AF} \times (H_n - L_n)$$

式中,AF 为加速因子,初始值为 0.02,以后 n 天内每当股价创新高时,增加 0.02,直到累计值达到 0.2 时为止。

在空头市场中,初始的 SAR 值就选 n 天(包括当天)内的最高价,其后的 SAR 值则由下式递推导出:

$$\text{今日 SAR} = \text{昨日 SAR} - \text{AF} \times (H_n - L_n)$$

同样,式中的 AF 初始值取 0.02,而后 n 天内每当股价创新低时,则增加 0.02,直到累计值达到 0.2 为止。

（3）应用法则

① 股价在 SAR 之上，表明市场处于上涨行情；反之，股价在 SAR 之下，则表明市场处于弱势。

② SAR 指标具有滞后性。即行情上涨已持续一段时间后，SAR 才出现反转信号；或者股价下跌已经持续一段时间后，SAR 指标出现多头停损信号。这是因为 SAR 指标是用来提示停损点的，当股价刚刚开始上涨或下跌时，股价的运行趋势还没有明朗，就做出停损的信号，反而会带来错误的提示。

③ 股价向下跌破 SAR，为卖出信号，多头应停损，立即卖出；反之，股价向上冲过SAR，为买入信号，空头应及时停损，可以买进。

④ 在股价处于盘整或震荡阶段，SAR 指标的作用相对较差。

4.3　实验内容

（1）掌握单根 K 线、K 线组合、反转形态的特征、含义与使用方法。

① 启动证券行情分析软件，选择你关注的某一股票，观察日 K 线形态；调整 K 线参数，通过 F8 键，快速调整 K 线周期单位，观察单根 K 线、两根 K 线组合、三根 K 线组合等；再通过"↓"和"↑"压缩与展开 K 线图，观察历史上重要的高点和低点、反转形态。

② 根据即时走势，找出上述三种不同的单日 K 线形态（如大阳线、大阴线、十字星形线等），截取图形，并据此判断不同 K 线形态的个股的后市走向，提供投资操作建议。

③ 就你所关注的股票近两年的日 K 线，找出几个典型的多日 K 线组合图，说明其典型特征，并据此对后市走势做出判断。

（2）移动平均线的运用

① 启动证券行情分析软件，设置 5 日、10 日、30 日、60 日、120 日、250 日六根移动平均线，并调整移动平均线的时间长度；选择你关注的某一股票，观察移动平均线功能的实现；观察移动平均线的多头排列形态与空头排列形态；观察移动平均线的黄金交叉和死亡交叉；选择合适的买点和卖点。

② 寻找近期市场的移动平均线黄金交叉和死亡交叉点，分析其滞后性和失效性。

（3）KDJ 指标的应用

启动证券行情分析软件，观察 KDJ 指标的取值和价格走势的关系；观察 KDJ 曲线的形态；观察 KDJ 曲线在不同数值区间内的交叉及其信号的准确程度；观察 KDJ 曲线与 K线的背离；观察 KDJ 曲线与股价运行状态之间的关联。

（4）乖离率指标的运用

① 在熟练运用移动平均线的基础上，体验乖离率是由移动平均原理派生的，可量化

价格偏离移动平均线的程度,通过合理设置乖离率的有关参数、更加准确地识别买卖时机。

② 选择乖离率所跟踪的均线天数;在不同的均线天数下,观察乖离率到达何值时能发出较准确的买入和卖出信号。

(5) 趋势分析

要求学生掌握趋势线、通道线、黄金分割线、百分比线的不同特性,并能利用趋势线、通道线、黄金分割线、百分比线进行股价变动趋势分析。

启动证券行情分析软件,调出指数或某个股的日 K 线图,按"↓"和"↑"压缩与展开 K 线图,按 ctrl 加"←"和"→"左右平移图形。

在上升趋势中,先画一条上升趋势线,然后从第一个显著的高点出发,用虚线作出一条与趋势线平行的通道线,两条平行线共同构成一个上升通道。上升通道线绘制以后,当价格上升至该条通道线时,遇阻回落,说明通道线正在发挥作用,当价格回落至趋势线受到支撑反弹,说明这条通道基本得到确认。

在下降趋势中,先画一条下降趋势线,然后从第一个显著的低点出发,用虚线作出一条与趋势线平行的通道线,两条平行线共同构成一个下降通道。当价格回落至该条通道线时,受到支撑反弹,反弹至趋势线遇阻回落,说明这条通道基本得到验证。

(6) 形态分析

在实盘行情截取呈现反转形态(头肩顶、双重顶、双重底等)、整理形态(上升三角形、下降三角形、矩形等)和缺口形态的图形,分析其形态出现的大盘背景和个股基本面情况,试着解释构成该形态的市场行为、买卖心态,提供投资操作建议,标注买卖点。

4.4 实 验 小 结

K 线形态分析是证券分析和证券交易的基本基本功。通过实验,可以归纳单根 K 线、两根 K 线组合、三根 K 线组合以及反转中可靠的 K 线形态,为正确判断走势提供帮助。

移动平均线是实用性的技术分析方法。移动平均线具有揭示股价波动方向、体现助涨助跌等功能,不易受到操纵。移动平均线的经典排列形态,如黄金交叉和死亡交叉具有较高的可靠性,学生在实验中需灵活设置移动平均线的参数,体会其使用方法。

KDJ 指标是经典的技术分析指标,也是证券分析的必备工具指标。通过实验,学生应可体验到 KDJ 的数值可帮助判断股价是否进入超买或超卖区间,KDJ 曲线的交易可以帮助确定合适的买点和卖点,KDJ 曲线与日 K 线的背离可以帮助判断顶部或底部的出现。若能将 KDJ 指标与移动平均线等其他技术指标搭配运用,效果更佳。

乖离率是移动平均原理派生的一项技术指标,其功能主要是通过测算股价在波动过程中与移动平均线出现偏离的程度,从而得出股价在剧烈波动时因偏离移动平均趋势而造成可能的回档或反弹,以及股价在正常波动范围内移动而形成继续原有趋势的可信度。通过实验发现准确度较高的移动平均线天数和乖离率数值,为今后的证券交易积累经验。

趋势线指示了股票价格持续变动的方向,并能揭示趋势的反转,通道线有助于投资者了解市场价格趋势的力度。利用通道线有助于预测股价目标价位。

反转形态指股价趋势反转所形成的图形,即股价跌势转为涨势,或由涨势转为跌势的信号。它的出现宣告了原有趋势的终结。

实验单元 ⬥5⬥

投资组合理论的应用

5.1 实 验 要 求

进一步理解现代资产组合理论、资本资产定价模型和套利定价理论的基本思想及其在投资管理实践中的应用。

理解资产组合收益的计算方法,熟练掌握各种收益率的计算程序。

进一步理解并掌握投资组合的业绩测度指标,基于此对市场上的投资基金的管理业绩进行排序,指导投资实践活动。

5.2 实 验 准 备

5.2.1 现代资产组合理论

现代资产组合理论(modern portfolio theory,MPT),也有人将其称为现代证券投资组合理论、证券组合理论或投资分散理论。现代资产组合理论是由美国纽约市立大学巴鲁克学院的经济学教授马科维茨提出的。1952 年 3 月马科维茨在《金融杂志》发表了题为《资产组合的选择》的论文,将概率论和线性代数的方法应用于证券投资组合的研究,探讨了不同类别的、运动方向各异的证券之间的内在相关性,并于 1959 年出版了《证券组合选择》一书,详细论述了证券组合的基本原理,从而为现代西方证券投资理论奠定了基础。

5.2.1.1 现代资产组合理论的假设

该理论主要解决投资者如何衡量不同的投资风险以及如何合理组合自己的资金以取得最大收益问题。它的假设条件如下:

(1) 假设市场是有效的,投资者能够得知金融市场上多种收益和风险变动及其原因。

(2) 假设投资者都是风险厌恶者,都愿意得到较高的收益率,如果要他们承受较大的风险,则必须以得到较高的预期收益作为补偿。风险是以收益率的变动性来衡量,用统计上的标准差来代表。

（3）假定投资者根据金融资产的预期收益率和标准差来选择投资组合，而他们所选取的投资组合具有较高的收益率或较低的风险。

（4）假定多种金融资产之间的收益都是相关的，如果得知每种金融资产之间的相关系数，就有可能选择最低风险。

5.2.1.2　马科维茨证券组合理论的原理

（1）分散原理

一般说来，投资者对于投资活动最为关注的问题是预期收益和预期风险的关系。投资者或"证券组合"管理者的主要意图，是尽可能建立起一个有效组合。那就是在市场上为数众多的证券中，选择若干股票结合起来，以求得单位风险的水平上收益最高，或单位收益的水平上风险最小。

（2）相关系数对证券组合风险的影响

相关系数反映两个随机变量之间共同变动程度的相关关系数量。对证券组合来说，相关系数可以反映一组证券中每两组证券之间的期望收益作同方向运动或反方向运动的程度。

5.2.1.3　现代资产组合理论的具体内容

现代资产组合理论的提出主要是针对化解投资风险的可能性。该理论认为，有些风险与其他证券无关，分散投资对象可以减少个别风险（unique risk or unsystematic risk），由此个别公司的信息就显得不太重要。个别风险属于市场风险，而市场风险一般有两种：个别风险和系统风险（systematic risk），前者是指围绕着个别公司的风险，是对单个公司投资回报的不确定性；后者指整个经济所生的风险无法由分散投资来减轻。

虽然分散投资可以降低个别风险，但是首先，有些风险是与其他或所有证券的风险具有相关性，在风险以相似方式影响市场上的所有证券时，所有证券都会做出类似的反应，因此投资证券组合并不能规避整个系统的风险。其次，即使分散投资也未必是投资在数家不同公司的股票上，而是可能分散在股票、债券、房地产等多方面。最后，未必每位投资者都会采取分散投资的方式，因此，在实践中风险分散并非总是完全有效。

该理论主要解决投资者如何衡量不同的投资风险以及如何合理组合自己的资金以取得最大收益问题。该理论认为组合金融资产的投资风险与收益之间存在一定的特殊关系，投资风险的分散具有规律性。

5.2.2　资本资产定价模型

资本资产定价模式（capital asset pricing model，CAPM）由 1990 年度诺贝尔经济学

奖得主威廉·夏普(William Sharpe)(1964)导出,CAPM 的目的在于,协助投资人决定资本资产的价格,它描述的是,在证券的供需达到均衡时,证券市场风险(market risk, systematic risk)与个别资产预期报酬率(expected return rate)间的关系,即它是衡量一支股票或长期债券的预期报酬率的决定如何受到证券市场风险的影响。它是单因子模型,只考虑市场风险这一个因子对于某一资本资产报酬的影响,其他风险来源在此都不考虑。

CAPM 不仅大大简化了投资组合选择的运算过程,使马科维茨的投资组合选择理论朝现实世界的应用迈进了一大步,而且也使得证券理论从以往的定性分析转入定量分析,从规范性转入实证性,进而对证券投资的理论研究和实际操作,甚至整个金融理论与实践的发展都产生了巨大影响,成为现代金融学的理论基础。

资本资产定价模型的基本假设如下。

CAPM 是建立在马科维茨模型基础上的,马科维茨模型的假设自然包含在其中:①投资者希望财富越多愈好,效用是财富的函数,财富又是投资收益率的函数,因此可以认为效用为收益率的函数。②投资者能事先知道投资收益率的概率分布为正态分布。③投资风险用投资收益率的方差或标准差表示。④影响投资决策的主要因素为期望收益率和风险两项。⑤在同一风险水平下,投资者都会选择收益率较高的证券;在同一收益率水平下,投资者都会选择风险较低的证券。

CAPM 的附加假设条件:①可以在无风险折现率 R 的水平下无限制地借入或贷出资金;②所有投资者对证券收益率概率分布的看法一致,因此市场上的效率边界只有一条;③所有投资者具有相同的投资期限,而且只有一期;④所有的证券投资可以无限制地细分,在任何一个投资组合里可以含有非整数股份;⑤买卖证券时没有税负及交易成本;⑥所有投资者可以及时免费获得充分的市场信息;⑦不存在通货膨胀,且折现率不变;⑧投资者具有相同预期,即他们对预期收益率、标准差和证券之间的协方差具有相同的预期值。

以上假设主要是说明两点:第一,投资者是理性的,而且严格按照马科维茨模型的规则进行多样化的投资,并将从有效边界的某处选择投资组合;第二,资本市场是完全有效的市场,没有任何摩擦阻碍投资。

资本资产定价模型认为每个投资者均有优化其投资组合的倾向,最终所有个人的资产组合会趋于一致,每种资产的权重等于它们在市场资产组合中所占的比例。资本资产定价模型的主要作用是分析被低估的股票,也即有价值的投资品种。

资本资产定价模型公式为:

$$E(R_i) = r_f + \beta_i [E(r_m) - r_f]$$

式中,$E(R_i)$ 为资产 i 的期望收益率;R_f 为无风险利率;β_i 为资产 i 对市场组合方差的贡献程度;$E(r_m)$ 为市场组合的期望收益率。

5.2.3　套利定价理论

套利定价理论（APT）是一种资产定价模型的一般形式，以收益率形成过程的多因子模型为基础，认为证券收益率与一组因子线性相关，这组因子代表证券收益率的一些基本因素。

$$E(R_i) = R_f + b_{1i}r_{1i} + b_{2i}r_{2i} + \cdots + b_{ni}r_{ni} + \varepsilon_i$$

式中，b_n 表示证券 i 报酬率对特定因素的敏感度；r_n 表示特定因素所提供的风险溢价；ε_i 表示个别风险。

5.2.4　资产组合收益率的测算及评估

（1）夏普比率

1990 年度诺贝尔经济学奖得主威廉·夏普以投资学最重要的理论基础 CAPM（capital asset pricing model，资本资产定价模型）为出发，发展出闻名遐迩的夏普比率（Sharpe Ratio），又被称为夏普指数，用以衡量金融资产的绩效表现。夏普比率是一个可以同时对收益与风险加以综合考虑的经典指标。投资中有一个常识，即投资标的的预期报酬越高，投资人所能忍受的波动风险越高；反之，预期报酬越低，波动风险也越低。所以理性的投资人选择投资标的与投资组合的主要目的是在固定所能承受的风险下，追求最大的报酬；又或在固定的预期报酬下，追求最低的风险。

威廉·夏普理论的核心思想：理性的投资者将选择并持有有效的投资组合，即那些在给定的风险水平下使期望回报最大化的投资组合，或那些在给定期望回报率的水平上使风险最小化的投资组合。解释起来非常简单，他认为投资者在建立有风险的投资组合时，至少应该要求投资回报达到无风险投资的回报，或者更多。

$$夏普比率 = \frac{E(R_p) - R_f}{\sigma_p}$$

式中，$E(R_p)$ 为投资组合 P 的预期报酬率；R_f 为无风险利率；σ_p 为投资组合 P 的标准差。

夏普比率的目的是计算投资组合每承受一单位总风险，会产生多少的超额报酬。比率依据资本市场线（capital market line，CML）的观念而来，是市场上最常见的衡量比率。当投资组合内的资产皆为风险性资产时，适用夏普比率。夏普比率代表投资人每多承担一分风险，可以拿到几分报酬；若为正值，代表基金报酬率高过波动风险；若为负值，代表基金操作风险大于报酬率。这样一来，每个投资组合都可以计算夏普比率，即投资回报与多冒风险的比例，这个比例越高，投资组合越佳。

比如：以国债利率为无风险利率，假定其为 4%，投资者的投资组合预期回报为 10%，标准偏差为 6%，由于 $10\% - 4\% = 6\%$（投资组合超过无风险投资的回报），之后 $6\% \div 6\% = 1$，这意味着投资组合的风险每增长 1%，其预期收益也增加 1%。

夏普理论显示,投资时要尽可能用科学的方法以冒小风险来换大回报。同时当您在投资时如缺乏投资经验与研究时间,可以让真正的专业人士来帮到您建立起适合自己的可承受风险最小化的投资组合。这些投资组合可以通过夏普比率来衡量出风险和回报比例。

夏普比率在计算上尽管非常简单,但在具体运用中仍需要对夏普比率的适用性加以注意:①用标准差对收益进行风险调整,其隐含的假设就是所考察的组合构成了投资者投资的全部。因此只有在考虑从众多的基金中选择购买某一只基金时,夏普比率才能够作为一项重要的依据。②使用标准差作为风险指标也被人们认为不很合适的。③夏普比率的有效性还依赖于可以以相同的无风险利率借贷的假设。④夏普比率没有基准点,因此其大小本身没有意义,只有在与其他组合的比较中才有价值。⑤夏普比率是线性的,但在有效前沿上,风险与收益之间的变换并不是线性的。因此,夏普指数在对标准差较大的基金的绩效衡量上存在偏误。⑥夏普比率未考虑组合之间的相关性,因此纯粹依据夏普值的大小构建组合存在很大问题。⑦夏普比率与其他很多指标一样,衡量的是基金的历史表现,因此并不能简单地依据基金的历史表现进行未来操作。⑧计算上,夏普比率同样存在一个稳定性问题:夏普比率的计算结果与时间跨度和收益计算的时间间隔的选取有关。

尽管夏普比率存在上述诸多限制和问题,但它仍以其计算上的简便性和不需要过多的假设条件而在实践中获得了广泛的运用。

(2) 特雷诺指数

特雷诺指数(Treynor)是以基金收益的系统风险作为基金绩效调整的因子,反映基金承担单位系统风险所获得的超额收益。指数值越大,承担单位系统风险所获得的超额收益越高。特雷诺指数是对单位风险的超额收益的一种衡量方法。在该指数中,超额收益被定义为基金的投资收益率与同期的无风险收益率之差,该指数计算公式为:

$$T = \frac{R_p - R_f}{\beta_p}$$

式中,T 表示特雷诺业绩指数;R_p 表示某只基金的投资考察期内的平均收益率;R_f 表示考察期内的平均无风险利率;β_p 表示某只基金的系统风险。

特雷诺认为,基金管理者通过投资组合应消除所有的非系统性风险,因此特雷诺用单位系统性风险系数所获得的超额收益率来衡量投资基金的业绩。足够分散化的组合没有非系统性风险,仅有与市场变动差异的系统性风险。因此,他采用基金投资收益率的 β_p 系数作为衡量风险的指标。

(3) 詹森指数

詹森指数是测定证券组合经营绩效的一种指标,是证券组合的实际期望收益率与位于证券市场线上的证券组合的期望收益率之差。1968 年,美国经济学家迈克尔·詹森

(Michael C. Jensen)发表了《1945—1964 年间共同基金的业绩》一文,提出了这个以资本资产定价模型(CAPM)为基础的业绩衡量指数,它能评估基金的业绩优于基准的程度,通过比较考察期基金收益率与由定价模型 CAPM 得出的预期收益率之差,即基金的实际收益超过它所承受风险对应的预期收益的部分来评价基金,此差额部分就是与基金经理业绩直接相关的收益。

$$詹森指数 = r_p - [r_f + \beta_p(r_m - r_f)]$$

詹森指数所代表的就是基金业绩中超过市场基准组合所获得的超额收益。即詹森指数>0,表明基金的业绩表现优于市场基准组合,大得越多,业绩越好;反之,如果詹森指数<0,则表明其绩效不好。

在比较不同基金的投资收益时,用特雷诺指数和夏普比率可对其进行排序,而詹森指数优于这二者的地方在于可以告诉我们各基金表现优于基准组合的具体大小。詹森指数法直接建立在诺贝尔经济学奖成果资本资产定价理论基础之上。按照这一理论,随机选取的投资组合,詹森指数应该等于零。如果某一投资组合的詹森指数显著大于零,则表明其业绩好于大市;如果投资组合的詹森指数显著小于零,则表明其业绩落后于大盘。可见,詹森指数的特点是在度量基金业绩时引入了市场基准指数,能够较好地反映基金关于市场的相对表现。

自此可以得知,综合考虑收益和风险双方面因素后,衡量基金相对业绩(即能否战胜市场)的合理方法应该是从其收益中减掉与风险相关的那部分超额收益。

投资者参考詹森指数时,应知道投资基金可能在某一段时期收益是一个负值,但这并不表示这个基金不好。只要在这一阶段詹森指数为正,尽管基金的收益是一个负值,我们还是可以认为这个基金是一个优秀的开放式基金;相反,即使某一段时期投资者所购买的开放式基金有显示的现金收益,但如果它的詹森指数是一个负值,那么就表示投资者所购买的开放式基金是一个劣质的开放式基金,因为别的投资者 100 元能赚 20 元,而这个基金管理人只能帮投资者赚 10 元,投资者应当考虑重新选择新的基金。由于将基金收益与获得这种收益所承担的风险进行了综合考虑,詹森指数相对于不考虑风险因素的绝对收益率指标而言,更为科学,也更具有可比性。将詹森指数的概念运用于基金投资中,追求詹森指数的极大化,也就是追求基金超额收益的极大化,是基金投资业绩超越市场组合的最优体现。

5.3　实验内容

(1) 现代资产组合理论的应用

从沪深两市 A 股中选取 10～15 支股票,选择时注意从地区、行业、概念等角度进行分散,进行等权重投资,投资期限在 2～3 个月。

从上述投资组合中选择一支股票,使用同样的资金和同样的投资期限。

对比以上两种投资模式的收益与风险,验证组合投资与单股投资的差异。

(2)投资组合业绩测度

选择一个你所关注的证券投资基金,计算它的夏普比率、特雷诺指数,比较其与自己建立的投资组合的夏普比率和特雷诺指数,评价自己的投资组合业绩。

5.4 实 验 小 结

通过建立地区、行业和概念上分散的投资组合,可实现大部分的非系统风险的分散。组合投资的波动性小于多数个股。

目前,风险调整后的评价指标中同时考虑到投资收益率与风险这两个因素的主要指数,有詹森指数、特雷诺指数以及夏普比率。夏普比率表示用标准差作为衡量投资组合风险时,投资组合单位风险对无风险资产的超额投资收益率,即投资者承担单位风险所得到的风险补偿,特雷诺指数表示用 β 系数作为衡量投资组合风险时,投资组合单位风险对无风险资产的超额投资收益率。夏普指数和特雷诺指数越大,表示基金投资组合的业绩越好。而詹森指数表示用 β 系数作为衡量投资组合风险时,基金投资组合与证券市场线的相对位置,如果某一基金投资组合的詹森指数大于零,则意味着该投资组合的业绩比股价指数的业绩好。当然,詹森指数越大,基金投资组合的业绩越好。

实验单元 **6** 期货模拟交易

6.1 实 验 要 求

　　期货模拟交易实验单元的目的在于指导学生通过期货模拟交易系统进行期货合约的模拟交易,加强对理论知识的理解,锻炼学生的实际操作能力。

　　通过本实验单元的学习与实验,学生需理解期货市场和期货交易的基本概念、期货交易的经济功能、期货市场中投机者、套期保值者的作用、期货交易的策略、投资理念等,熟悉期货行情系统,掌握期货模拟交易系统的使用要领。

6.2 实 验 准 备

6.2.1 期货行情系统

　　单击桌面"开始"菜单→程序→钱龙金融教学系统,或者双击桌面上的快捷方式图标,出现图 6-1。单击"期货市场",出现下拉菜单,包括实时行情、交易管理和下单系统。单击"实时行情",即可进入期货行情分析系统。

图 6-1　钱龙金融教学系统页面——期货市场

在期货行情数据列表界面(见图 6-2)的第一行,可以看到列表指标,如期货合约名称、合约代码、涨跌变化、最新价、开盘价、昨日收盘价、成交总量、现量、最高价、最低价、买入价、卖出价、持仓、成交金额、结算、昨日持仓量、开仓数量、平仓数量,等等。

图 6-2　期货行情数据列表界面

图 6-2 左下方有若干个交易所分类标签,可以单击某个标签查看某交易所交易合约的行情,如图 6-3 所示。分类中主要涉及中国金融期货交易所、上海期货交易所、大连期货交易所、郑州期货交易所、伦敦金属交易所、芝加哥期货交易所、纽约商品期货交易所等交易所的各类期货合约。

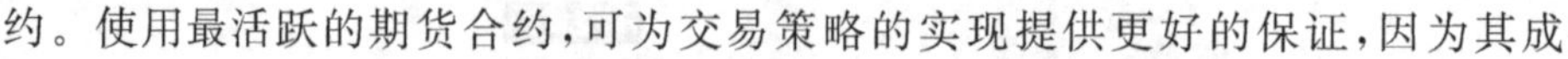

图 6-3　交易所分类标签

期货合约名称包含了期货合约的品种与交割月份,如"IF1212"是指交割月份是 2012 年 12 月的沪铜 300 期货合约。

从"总量""持仓""昨持""开仓""平仓"等数据,可以综合判断某类合约中交易最活跃的合约。使用最活跃的期货合约,可为交易策略的实现提供更好的保证,因为其成交最快捷。

双击图 6-2 中的 IF1211,会跳出 IF1211 期货合约的分时走势图,如图 6-4 所示。再单击图 6-4 中左侧的"技术分析",可以看 IF1211 期货合约日 K 线图,如图 6-5 所示。

选择"股指期货",可以看到股指期货合约行情要览,包括沪深 300、IF 当月连、IF 下月连、IF 下季连、IF 隔季连。其中,IF 当月连是指所有的最近一个月份(并非当前月份)

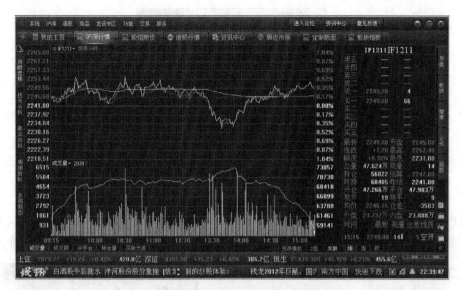

图 6-4　沪深 300 指数期货的分时走势图

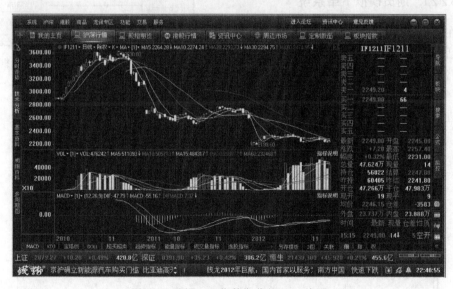

图 6-5　沪深 300 指数期货的日 K 线图

的合约连续起来,因为合约月份的远近不同,其价格变化规律也不同。比如交割月的价格最接近于现货价格,而距离交割月三四个月后的合约则是交易量最大的。所以为了研究上的方便,就采取了"连续"合约的形式来观察,这里的"当月连续"不是一个固定的月份,而是变动的。比如今天是 12 月 24 日,那么"当月连续"就是 IF1301,因为 IF1212 在 12 月

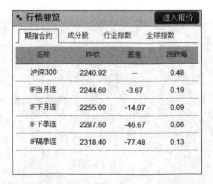

图 6-6   期货合约行情要览

21 日已经交割了（每月第三个周五交割）。IF 下月连、IF 下季连、IF 隔季连的含义与 IF 当月连类似，分别是指最近月份近邻的下一个月份、下一个季度月、再下一个季度月。

6.2.2   模拟交易系统操作

6.2.2.1   期货模拟下单系统

在主控界面下按相应按钮进入，即弹出登录对话框，如图 6-7 所示。

图 6-7   "期货下单系统登录"对话框

然后在登录账号与交易密码处填入正确的账号（学生申请到的资金账号）与密码，单击登录即可。

进入系统后，即出现图 6-8。

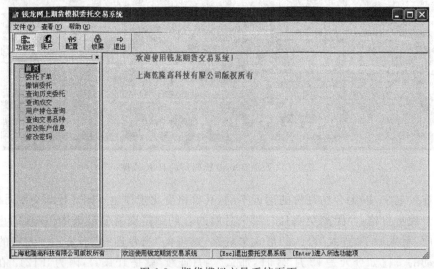

图 6-8   期货模拟交易系统页面

6.2.2.2　期货模拟下单系统结构

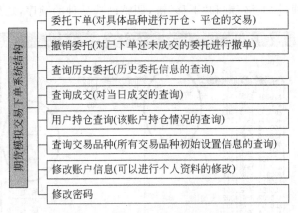

图 6-9　期货模拟交易下单系统结构

6.2.2.3　期货模拟下单主要功能

（1）委托下单

单击期货模拟交易系统页面左侧的"委托下单"，出现图 6-10。

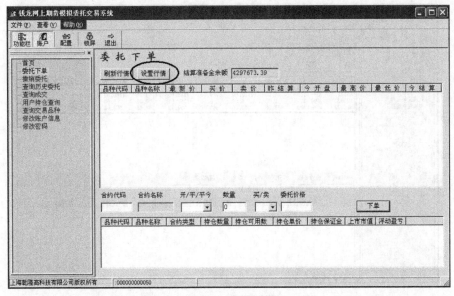

图 6-10　委托下单

① 单击图 6-10 中的"设置行情",出现对话框,如图 6-11 所示,学生可按照自己的需求,选择期货合约,将其加入已选品种栏内,若需调整调整已选品种,可通过"选中"键和"删除"键实现,并通过"上移"键和"下移"键,调整已选品种的顺序,之后确定。

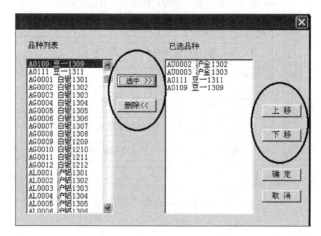

图 6-11　品种列表

此时,委托下单行情栏中交易品种即为已选品种,学生可方便地看到所关注的期货合约的实时行情,如图 6-12 所示。

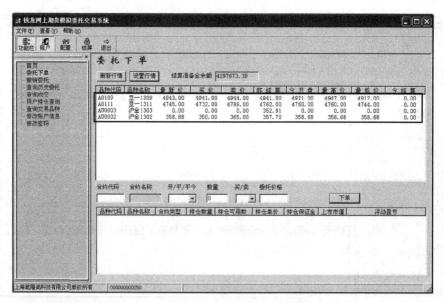

图 6-12　显示行情的委托下单页面

② 对于交易所需的期货合约,双击交易品种即可,此时有三种交易方式可供选择,如图 6-13 所示。

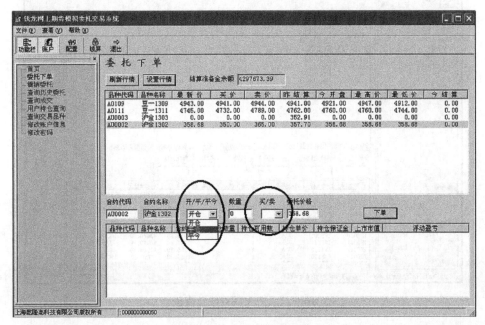

图 6-13　期货合约的三种交易方式

开仓:在期货交易中通常有两种操作方式,一种是看涨行情做多头(买方);另一种是看跌行情做空头(卖方)。无论是做多或做空,下单买卖就称之为"开仓"。

平仓:平掉已持有的仓位。

平今:平掉今日所开的仓位。

同时选择买卖方向,比如开仓时做多,就选择"买",做空时,就是选择"卖",平仓或平今时,与持仓相反即可。

或者手动输入合约代码、合约名称,交易数量和价格,进行下单。单击"确定"后,系统提示"委托已受理"和委托号,如图 6-14 所示。

若交易完成,可在期货模拟委托交易系统页面的下方出现已成交的合约品种、交易类型、持仓数量、持仓保证金、市值以及浮动盈亏等信息,如图 6-15 所示。

(2) 撤销委托

对已下单但并未成交的委托,可进行撤单处理。在"撤销委托"页面上选中需要撤销的委托,单击右上角的"撤单"即可,如图 6-16 所示。

图 6-14　委托下单已受理

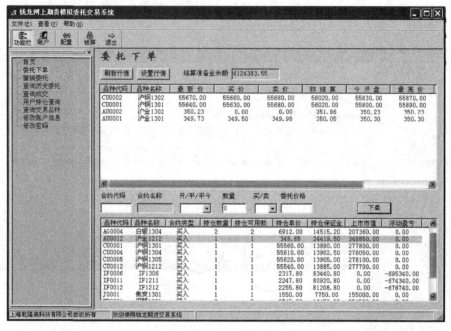

图 6-15　成交后的持仓信息

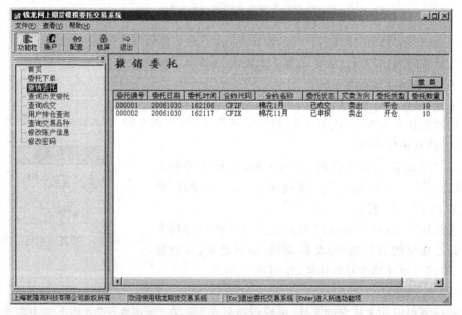

图 6-16　撤销委托

（3）查询历史委托

选择"查询历史委托"功能，在进入历史委托查询页面后，如图 6-17 所示，单击右上角的
"查询"按钮，会弹出日期范围选择对话框，确定日期范围后，出现查询结果，如图 6-18 所示。

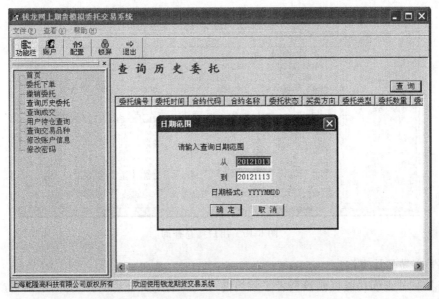

图 6-17　查询历史委托

图 6-18　历史委托查询结果

（4）成交查询

成交查询与上述的历史委托查询类似，只需选用查询成交功能即可。

（5）用户持仓查询

用户持仓查询功能可使投资者了解账户资金余额、盈亏、保证金、风险等总体状况，以及明细的持仓合约品种、持仓量、持仓单价、持仓保证金、盈亏等，如图6-19所示。

图 6-19　用户持仓查询

（6）交易品种查询

交易品种查询功能可使投资者了解当前可交易的期货合约品种、合约基础资产规模、报价单位、最小变动单位、涨跌停板限制、保证金收取比例、手续费、平仓费用，等等，如图 6-20 所示。

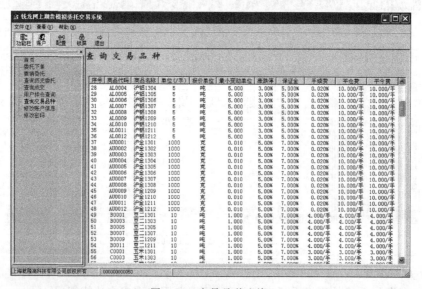

图 6-20　交易品种查询

　　最后是修改账户信息与密码的功能。这两项功能较为简便易懂,如图 6-21 和图 6-22 所示。

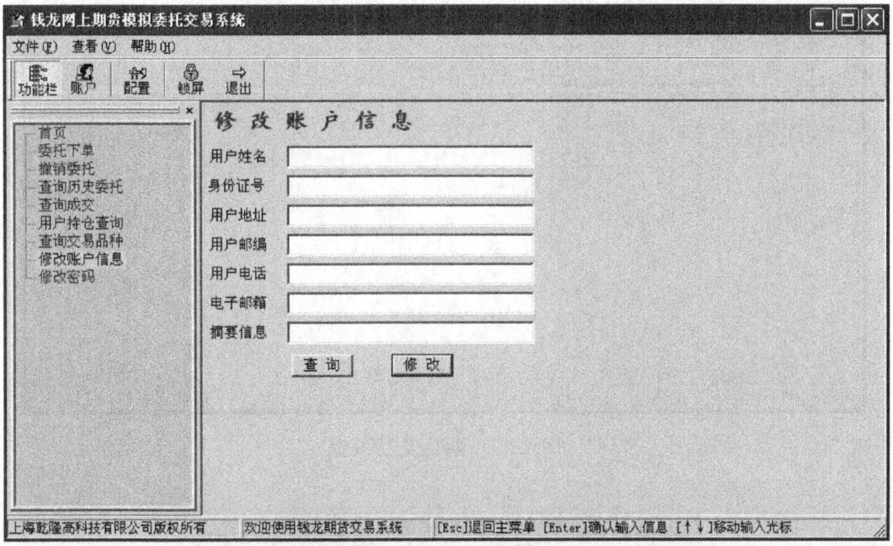

图 6-21　修改账户信息

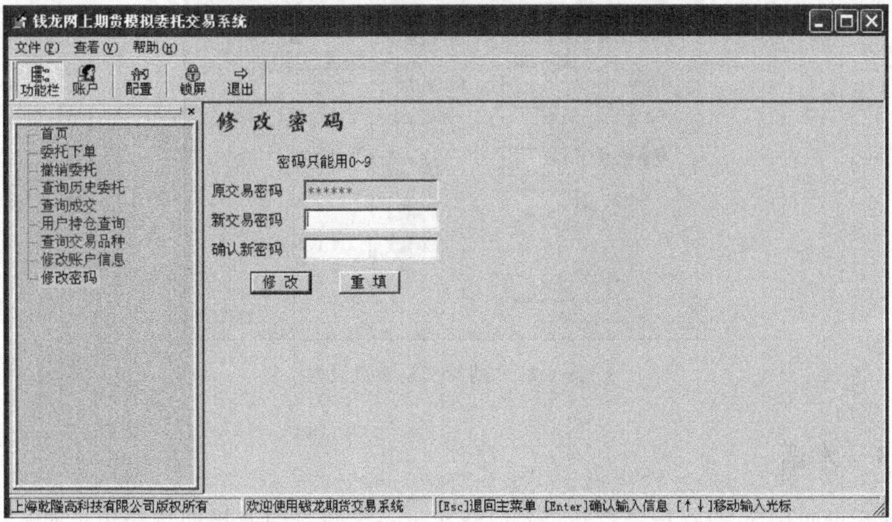

图 6-22　修改密码

　　此外,在交易管理中,教师除了使用"用户管理"、"资金管理"和"教师管理"功能外,还可设置交易品种、设置期货交易参数和实施强行平仓等。具体如图 6-23 和图 6-24 所示。

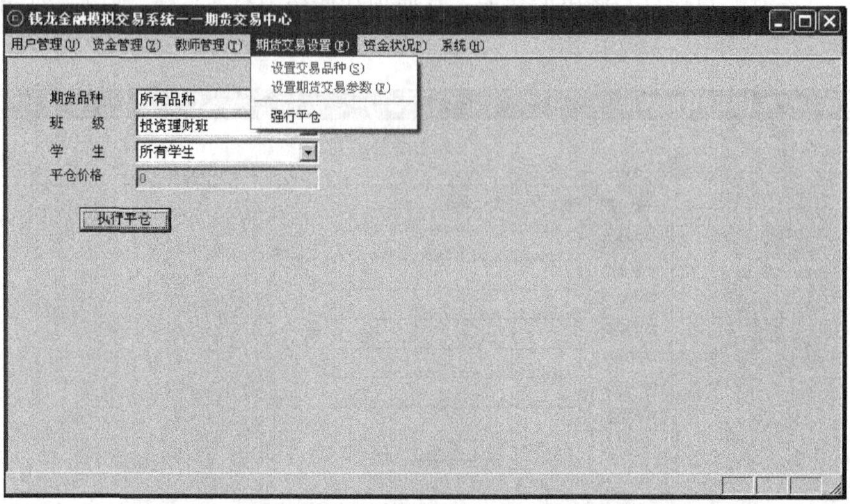

图 6-23 期货交易设置

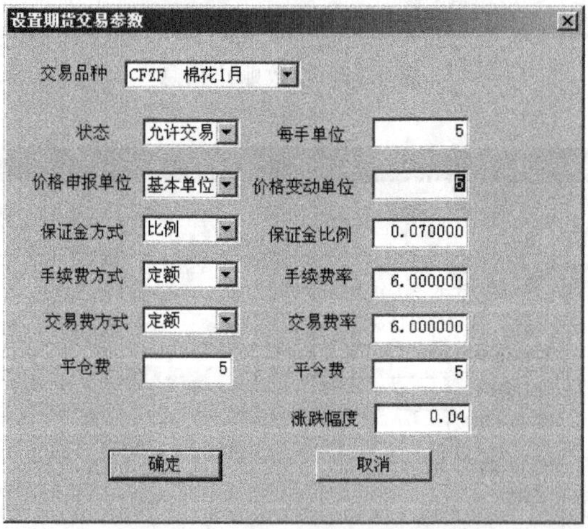

图 6-24 期货交易参数设置

6.2.3 术语

开仓也叫建仓,是指投资者新买入或新卖出一定数量的股指期货合约。如某一交易者为实施一个黄金套期保值策略,而首次买入或卖出 10 份黄金期货合约。

平仓,是指期货投资者买入或者卖出与其所持股指期货合约的品种、数量及交割月份相同但交易方向相反的股指期货合约,了结股指期货交易的行为。

　　持仓,也称之为未平仓合约,即投资者在开仓之后尚没有平仓的合约。开仓之后投资者有两种方式了结期货合约,一是择机平仓;二是持有至最后交易日并进行现金交割。

　　多头,也称之为多头头寸,是指买入期货合约后所持有的头寸;空头,也称之为空头头寸,是指卖出期货合约后所持有的头寸。某投资者在 2012 年 7 月 16 日开仓买进 1212 沪深 300 股指期货 10 手(张),成交价为 2 400 点,这时,他就有了 10 手多头持仓。到 8 月 17 日,该投资者见期货价格上涨了,于是在 2 415 点的价格卖出平仓 6 手 IF1212 股指期货合约,成交之后,该投资者的实际持仓就只有 4 手多头持仓了。

　　当日结算价是指某一期货合约当日成交价格按照成交量的加权平均价。当日无成交价格的,以上一交易日的结算价作为当日结算价。每个期货合约均以当日结算价作为计算当日盈亏的依据。

　　所谓爆仓,是指投资者保证金账户中的客户权益为负值。在市场行情发生较大变化时,如果投资者保证金账户中资金的绝大部分都被交易保证金所占用,而且交易方向又与市场走势相反时,由于保证金交易的杠杆效应,就很容易出现爆仓。爆仓的发生实际上是投资者资金链断裂的结果。

　　涨跌停板是指期货合约在一个交易日中的交易价格波动不得高于或者低于规定的涨跌幅度,超过该涨跌幅度的报价将视为无效。通过制定涨跌停板制度,能够锁定会员和投资者每一交易日所持有合约的最大盈亏;能够有效地减缓、抑制一些突发性事件和过度投机行为对期货价格的冲击。

　　持仓限额是指交易所规定会员或客户可以持有的,按单边计算的某一合约持仓的最大数额。如果同一客户在不同会员处开仓交易,则要将该客户在各账户下的持仓合并计算。

　　大户持仓报告制度是指会员或客户某一合约持仓达到中金所规定的持仓报告标准时,会员或客户应当向交易所报告。通过实施大户持仓报告制度,可以使交易所对持仓量较大的会员或客户进行重点监控,了解其持仓动向、意图,对于有效防范市场风险有积极作用。

　　强行平仓是指交易所按有关规定对会员、客户持仓实行平仓的一种强制措施。强行平仓制度的实行,能及时制止风险的扩大和蔓延。

　　强制减仓是指交易所将当日以涨跌停板价格申报的未成交平仓报单,以当日涨跌停板价格与该合约净持仓赢利客户按照持仓比例自动撮合成交。即,申报平仓数量是指在当日交易日收市后,已在交易所系统中以涨跌停板价格申报无法成交的、且客户合约的单位净持仓亏损大于等于当日交易日结算价 10% 的所有持仓。同一客户双向持仓的,其净持仓部分的平仓报单参与强制减仓计算,其余平仓报单与其反向持仓自动对冲平仓。

　　结算担保金是指由结算会员依交易所的规定缴存的、用于应对结算会员违约风险的共同担保资金。引进结算会员共同担保机制,在股指期货市场一开始运作时就有一笔相当数量的共同担保资金,可以增加交易所应对风险的财务资源,建立化解风险的缓冲区,进一步强化交易所整体抗风险能力,为市场平稳运作提供有力保障。

套期保值者,是指通过在股指期货市场上买卖与现货价值相等但交易方向相反的期货合约,来规避现货价格波动风险的机构或个人。

套利者,是指利用"股指期货市场和股票现货市场(期现套利)、不同的股指期货市场(跨市套利)、不同股指期货合约(跨商品套利)或者同种商品不同交割月份(跨期套利)"之间出现的价格不合理关系,通过同时买进卖出以赚取价差收益的机构或个人。

投机者,是指那些专门在股指期货市场上买卖股指期货合约,即看涨时买进、看跌时卖出以获利的机构或个人。

当日无负债结算制度,其原则是当日交易结束后,交易所按当日结算价对结算会员结算所有合约的盈亏、交易保证金及手续费、税金等费用,对应收应付的款项实行净额一次划转,相应增加或减少结算准备金。

6.3　实　验　准　备

6.3.1　期货交易及其发展

期货交易和期货市场是与现货交易和现货市场相对应的交易方式和市场形态。

期货交易起源于19世纪初期的芝加哥谷物交易。为了解决交通不便、信息传递落后、仓库稀缺而引起的价格频繁波动和农产品供求失衡,1848年一群商人成立了芝加哥商品交易所(Chicago Board of Trade,CBOT),该组织创造了称为"指定交收地合约"(to-arrive contract),允许农民在谷物交割前先卖出。也就是,农民可以种植庄稼的同时签订合约,然后在收割后按签约时商量好的价格买卖谷物。这种交易可以让农民在芝加哥以外的地方存储粮食。合约的另一方则是成立芝加哥期货交易所的商人们。

1865年,CBOT制定了期货合约的标准化协议《共同法则》,并推出第一个标准化的期货合约,事先对商品数量、质量、交货地点和时间等方面做出统一规定。很快人们就发现在标准化之后,交易这些"指定交收地合约"比交易谷物本身要更为有用。于是,这些合约出现了二级市场,可以以某个价格把合约转让给其他买卖双方。20世纪20年代的时候出现了结算所,提供对履约的担保,现代期货市场终于成型。

芝加哥期货交易所成立后,美国和欧洲又陆续出现了一些期货交易所,如芝加哥商业交易所(CME)、纽约商业交易所(NYMEX)、伦敦金属交易所(LME)等,从事农产品、金属、能源等商品期货交易。

进入20世纪70年代,世界金融体制发生了重大变化。布雷顿森林体系的解体、浮动汇率制的形成、利率市场化的推行,对全球金融领域乃至商品市场均产生了极大冲击。企业面临了更多的金融风险。1972 年 5 月,芝加哥商业交易所推出了历史上第一个外汇期货,标志着金融期货的诞生。此后,利率类期货和股票类期货的陆续出现,使金融期货产品逐步得以完善,市场规模不断扩大。20 世纪 90 年代开始,金融期货就已经成为全球期货市场中成交量最大的品种类别,近几年来,全球金融期货占据了全球期货交易量的90%以上。

6.3.2　知名的期货市场

近年来在经济全球化的影响下,交易所之间出现了多次的合并和重组。如今最有影响力的期货交易所如下。

(1) 美国市场

以芝加哥和纽约为主,包括:芝加哥期货交易所(CBOT,以农产品和国债期货见长)、芝加哥商业交易所(CME,以畜产品、短期利率欧洲美元产品以及股指期货出名)、芝加哥期权交易所(CBOE,以指数期权和个股期权最为成功)、纽约商业交易所(NYMEX,以石油和贵金属最为出名)、国际证券交易所(ISE,新兴的股票期权交易所)。

2007 年 6 月,CME 和 CBOT 的合并计划获得美国司法部的批准,2007 年 7 月 9 日,CME 和 CBOT 股东投票决议通过两家公司合并,CME 成为全球最大的期货交易所。

(2) 欧洲市场

主要是欧洲期货交易所(Eurex,主要交易德国国债和欧元区股指期货)和泛欧交易所(Euronext,主要交易欧元区短期利率期货和股指期货等),另外还有两家伦敦的商品交易所:伦敦金属交易所(LME,主要交易基础金属)、洲际交易所(ICE,主要交易布伦特原油等能源产品)。

(3) 亚太期货市场

以日本、韩国、新加坡、印度、澳大利亚、中国的内地以及中国香港和中国台湾地区为主。

日本期货市场主要包括以东京工业品交易所(主要是能源和贵金属期货)、东京谷物交易所(主要是农产品期货)等为主的商品交易所;东京证券交易所(主要交易国债期货和股指期货)、大阪证券交易所(主要交易日经 225 指数期货)和东京金融期货交易所(主要交易短期利率期货)为主的期货交易所。韩国期货市场近年来发展迅速,最著名的是韩国交易所集团下的 KOSPI 200 指数期货与期权,交易量近几年名列全球第一。新加坡交易所集团下的期货市场上市的主要是离岸的股指期货,如摩根台指期货、日经 225 指数期货等。印度主要期货品种包括证券交易所上市的股指期货和个股期货以及商品交易所上市的商品期货。澳大利亚期货市场主要是当地的股指和利率期货。中国内地目前有上海期货交易所(主要交易金属、能源、橡胶等期货)、大连商品交易所(交易大豆、玉米等期货)以及郑州商品交易所(交易小麦、棉花、白糖等期货)。中国金融期货交易所(以下简称中金所)将上市金融期货品种,首先将上市沪深 300 股指期货。中国香港地区的期货市场主要是以香港交易所集团下的恒生指数期货、H 股指数期货为主。台湾地区的期货市场主要包括在台湾期货交易所上市的股指期货与期权。

(4) 中南美及非洲期货市场

中南美主要是墨西哥衍生品交易所(主要交易利率、汇率期货)和巴西期货交易所(交易各类金融和商品期货)。非洲期货市场主要是南非的证券交易所下属的期货市场,上市当地金融期货品种。

6.3.3 期货市场参与者

期货市场遵照"公开、公平、公正"的原则,是高度组织化和高度规范化的市场形式。期货市场是现货市场的延伸,更是现货市场的又一个高级发展阶段。

期货市场参与者包括期货市场监管部门、期货业协会、期货交易所、结算所或结算公司、期货经纪公司和期货交易者。

(1) 期货市场监管部门

期货市场监管部门是指国家指定的对期货市场进行监管的单位。国家目前确定中国证券监督管理委员会及其下属派出机构对中国期货市场进行统一监管。国家工商行政管理局负责对期货经纪公司的工商注册登记工作。

我国期货市场由中国证监会作为国家期货市场的主管部门进行集中、统一管理的基本模式已经形成。对地方监管部门实行由中国证监会垂直领导的管理体制。根据各地区证券、期货业发展的实际情况,在部分监管对象比较集中、监管任务比较重的中心城市,设立证券监管办公室,作为中国证监会的派出机构。此外,还在一些城市设立特派员办事处。

(2) 中国期货业协会

协会主要宗旨体现为贯彻执行国家法律、法规和国家有关期货市场的方针政策,在国家对期货市场集中统一监督管理的前提下,实行行业自律管理,发挥政府与会员之间的桥梁和纽带作用,维护会员的合法权益,维护期货市场的公开、公平、公正原则,加强对期货从业人员的职业道德教育和资格管理,促进中国期货市场的健康稳定发展。

(3) 期货交易所

期货交易所是专门进行期货合约买卖的场所,一般实行会员制,即由会员共同出资联合组建,每个会员享有同等的权利与义务,交易所会员有权在交易所交易大厅内直接参加交易,同时必须遵守交易所的规则,缴纳会费,履行应尽的义务。但近年来期货交易所的公司化已成为全球交易所发展的一个新动向。

期货交易所是一种不以营利为目的的经济组织,主要靠收取交易手续费维持交易活动以及员工等方面的开支,费用节余只能用于与交易直接有关的开支,不得进行其他投资或利润分配。期货交易所的宗旨就是为期货交易提供设施的服务,不交易期货合约,也不参与期货价格的形成。

期货交易所在期货市场中的作用包括:将卖方、买方、套期保值者、投机者高效有序地汇集在一起;制定具有统一化和标准化条款的期货合约,使期货市场具有高度流动性,提高了市场效率,交易所自身仅提供合约的交易场所;为期货交易制定规章制度和交易规则,最大限度地规范交易行为;监督、管理交易所内进行的交易活动,调解交易纠纷,包括交易者之间的纠纷、客户与经纪公司之间的纠纷等;提供信息服务,及时把场内所形成的期货价格公布于众,增加了市场的透明度和公开性。交易所公布价格信息,以便让场外的交易者了解市场行情;为期货交易提供一个专门的、有组织的场所和各种方便多样的设施,如先进的通信设备等。

我国的期货交易所包括大连商品交易所、郑州商品交易所、上海期货交易所和中国金融期货交易所。各期货交易所的合约品种都不相同,大连商品交易所的期货品种包括玉米、黄大豆1号、黄大豆2号、豆油、豆粕、棕榈油、聚乙烯、聚氯乙烯、焦炭;郑州商品交易所的期货品种包括强麦、硬麦、棉花、白糖、PTA、菜籽油、早籼稻和甲醇;上海期货交易所的期货品种包括铜、铝、锌、铅、黄金、白银、螺纹钢、线材、燃料油、天然橡胶;中国金融期货交易所仅有的期货品种是沪深300指数。

(4) 结算所或结算公司

期货交易结算所是为期货交易提供结算的机构,主要功能是结算每笔场内交易合约,结算交易账户、核收履约保证金并使其维持在交易所需要的最低水平上,监管实物交割,报告交易数据等。

期货结算所的功能包括:提供结算服务,期货结算所几乎都采用中央结算模式,即期货交易中的买方和卖方都是以期货交易所为对手的,由于期货交易机制要求交易所作为“买方的卖方和卖方的买方”,承担最终履约责任,从而大大降低了期货交易中的信用风险,并使得结算关系非常简捷;充当期货市场的会计,期货交易成交必须经过期货结算所登记才有效,于是整个期货市场的交易过程,包括委托、成交、持仓等都在期货结算所的会计监督之下;为交易双方提供履约及财务方面的担保,为期货交易提供交割服务,如向会员收取交割货款和标准仓单等。

(5) 期货经纪公司

期货经纪公司依法设立的以自己的名义代理客户进行期货交易并收取一定手续费的中介组织。作为交易者与期货交易所之间的桥梁,期货经纪公司具有如下作用:根据客户指令代理买卖期货合约、结算和交割手续;对客户账户进行管理,控制客户交易风险;为客户提供期货市场信息,进行期货交易咨询,充当客户的交易顾问。

为了保护投资者利益,增加期货经纪公司的抗风险能力,各国政府期货监管部门及期货交易所都制定有相应的规则,对期货经纪公司的行为进行约束和规范。根据国务院有关规定,我国对期货经纪公司实行许可证制度,凡从事期货代理的机构必须经中国证监会严格审核并领取《期货经纪业务许可证》。

(6) 期货交易者

依据交易目的的差异,期货交易者包括为规避风险而参与期货交易的套期保值者,为获得投机利润的投资者以及为获得无风险收益的套利者。他们通过期货经纪公司(或自身就是期货交易所的自营会员)在期货交易所进行交易。

可以在期货交易所内直接进行期货交易的,拥有期货交易所会员资格的单位,是交易所会员。国内期货交易所分两类会员,一类是为自己进行套期保值或投机交易的期货自营会员;另一类则是专门从事期货经纪代理业务的期货经纪公司。

6.3.4 期货合约

(1) 期货合约的内涵

期货合约是期货交易的买卖对象或标的物,是由期货交易所统一制定的,规定了某一特定的时间和地点交割一定数量和质量商品的标准化合约。期货价格则是通过公开竞价而达成的。期货交易双方通过交易期货合约,实现价格风险的转移与风险收益的获取。

期货合约区别于远期现货合同的关键点就在于期货合约的标准化。一般期货合约规定的标准化条款有以下内容:①标准化的数量和数量单位;②标准化的标的物质量等级;③标准化的交割等级、替代品升贴水与交割地点;④标准化的交割期和交割程序;⑤交易者统一遵守的报价单位、每日价格最大变动限制、交易时间、最后交易日等。

(2) 期货合约的条款

期货合约的主要条款包括:交易单位、报价单位、最小变动价位、每日价格最大波动限制、合约交割月份、交易时间、最后交易日、交割日期、交割品级、交割地点、最低交易保证金、交易手续费、交割方式、交易代码、上市交易所。期货合约的条款设置关系到交易各方的利益及交易的活跃程度。现附两个期货合约供参考,如表 6-1 和表 6-2 所示。

表 6-1　上海期货交易所黄金期货标准合约

交易品种	黄　　金
交易单位	1 000 克/手
报价单位	元(人民币)/克
最小变动价位	0.01 元/克
每日价格最大波动限制	不超过上一交易日结算价±5%
合约交割月份	1～12 月
交易时间	上午 9:00～11:30 下午 1:30～3:00

续表

交易品种	黄 金
最后交易日	合约交割月份的 15 日（遇法定假日顺延）
交割日期	最后交易日后连续 5 个工作日
交割品级	金含量不小于 99.95% 的国产金锭及经交易所认可的伦敦金银市场协会（LBMA）认定的合格供货商或精炼厂生产的标准金锭
交割地点	交易所指定交割金库
最低交易保证金	合约价值的 7%
交易手续费	不高于成交金额的万分之二（含风险准备金）
交割方式	实物交割
交易代码	AU
上市交易所	上海期货交易所

资料来源：上海期货交易所网站，http://www.shfe.com.cn/。

表 6-2 沪深 300 指数期货合约表

交易标的	沪深 300 指数
合约乘数	每点 300 元
报价单位	指数点
最小变动价位	0.2 点
合约交割月份	当月、下月及随后两个季月
交易时间	上午 9:15~11:30,下午 13:00~15:15
最后交易日交易时间	上午 9:15~11:30,下午 13:00~15:00
每日价格最大波动限制	上一个交易日结算价的 ±10%
最低交易保证金	合约价值的 12%
最后交易日	合约到期月份的第三个周五,遇国家法定假日顺延
交割日期	同最后交易日
交割方式	现金交割
交易代码	IF
上市交易所	中国金融期货交易所

资料来源：中国金融期货交易所网站，http://www.cffex.com.cn/。

① 交易单位

期货合约规定了统一的、标准化的交易单位和报价单位。例如,上海期货交易所规定黄金期货合约的交易单位为 1 000 克/手。也就是说,在上海期货交易所买卖黄金期货合约,你无法买进 380 克或卖出 860 克黄金,起步就需 1 000 克,用期货市场的术语表达就是 1 手,这是最小的交易单位。在期货交易过程中,只能以交易单位的整数倍进行买卖。期货合约交易单位的设置主要考虑合约标的物市场规模、交易者的资金规模、标的物的现货交易习惯以及交易所会员结构等因素。

② 报价单位

报价单位是指期货合约标的物报价所使用的单位,如黄金期货合约的报价单位为元/克,白银期货合约的报价单位为元/千克,阴极铜、大豆、白糖等期货单位为元/吨。

③ 最小变动价位

最小变动价位是指期货交易时买卖双方报价所允许的最小变动幅度,每次报价时价格的变动必须是这个最小变动价位的整数倍。以沪深 300 指数为例,股票市场沪深 300 指数的报价可以精确到小数点后两位,比如 1 729.22 点;但如果沪深 300 股指期货合约的最小变动价位定为 0.2 点,则其报价只允许精确到小数点后一位,而且必须是 0.2 的整数倍,比如 1 742.6 点。

④ 交割安排

期货合约的交割安排涉及交割品级、交割时间、交割地点和交割方式等。

交割品级:若期货交易需要交割了结时,交易所对允许交割的标的物等级做出规定非常重要。当期货合约的标的物是商品时,商品品质可能存在较大的差异。通常商品期货合约规定了统一的、标准化的质量等级,一般采用国际或国内贸易中通用的或交易较大的标准品的质量等级,如上海期货交易所黄金期货的交割采用国产金锭及经交易所认可的伦敦金银市场协会(LBMA)认定的合格供货商或精炼厂生产的标准金锭。当期货合约的标的物是金融产品时,品质等级和交割品级通常定义明确,如中国金融期货交易所沪深 300 指数期货合约的标的就是沪深 300 指数。

交割时间:期货合约通常都对交割月份进行了规定,每种标的物有几个不同的合约,每个合约都标示着一定的月份。例如黄金期货合约的交割月份包括 1~12 月,黄金 1207 合约的交割时间在 2012 年 7 月;沪深 300 指数期货合约的交割月份为当月、下月及随后两个季月,若当前为 2012 年 7 月 5 日,则现有合约包括 IF1207、IF1208、IF1209、IF1212;IF1207 合约到期交割结算后,IF1208 就成为最近月份合约,同时 IF1303 合约挂牌。所以,若当前为 2012 年 7 月 23 日,则现有合约包括 IF1208、IF1209、IF1212、IF1303。进入交割月后,还有交割日期安排,如黄金期货合约为最后交易日后连续 5 个工作日,而沪深 300 指数期货合约的最后交易日就是该合约的交割日期。

交割地点:期货合约为期货交易的实物交割指定了标准化的、统一的实物商品的交割仓库,以保证实物交割的正常进行,如上海期货交易所黄金期货合约的交割地点为交易所指定交割金库,包括中国工商银行股份有限公司、中国建设银行股份有限公司、交通银行股份有限公司、中国银行股份有限公司分布在全国不同地区的支行或分行。但金融期货合约的交割往往都是通过账户划转完成的,不需要具体交割地点,如沪深 300 指数期货合约就没有标注交割地点。

交割方式:期货合约中都有特定的交割方式,通常商品期货合约为实物交割,金融期货合约为现金交割,但也有例外,如国债期货。

⑤ 交易时间和最后交易日

交易时间和最后交易日是指期货合约平时交易的时间和停止买卖的最后截止日期。

期货合约的交易时间是由交易所规定的,通常为每周一至周五(国家法定假日除外),包括上午、下午两个时间段,如黄金期货的交易时间为上午 9:00—11:30,下午 1:30—3:00。

进入交割月后,每一期货合约都规定了交割月的某一特定日期,之后就要停止合约的买卖,准备进行交割。例如黄金期货的最后交易日为合约交割月份的 15 日(遇法定假日顺延),沪深 300 指数期货合约则为合约到期月份的第三个周五,(遇国家法定假日顺延)。

⑥ 每日价格最大波动限制

每日价格最大波动限制也即涨跌停板幅度,如上海期货交易所的黄金期货合约规定每日价格最大波动不超过上一交易日结算价的±5%。

⑦ 交易手续费

交易手续费是期货交易所按成交合约金额的一定比例或者按照成交合约手数收取的费用,各交易所的交易手续费不尽相同。

6.3.5 期货交易流程

与一般的商品现货相比,期货交易在其业务操作流程上具有规范性、系统性、程序性和完整性的特点。这是由于期货交易竞争性强,风险程度高,必须严密组织、严格管理。一个完整的股指期货交易流程包括开户、下单、结算、平仓或交割四个环节。

开户是指客户参与股指期货交易前,需要与符合规定的期货公司签署风险揭示书和期货经纪合同,并开立期货账户。期货交易规则要求交易参与者在决定参与交易的时候,必须首先履行开立交易账户的手续。买进或卖出一张(或更多的)期货合约时,必须经过下单、审单、报单、交易、回报这样几个环节,以完成一个基本的流程。

(1) 开户流程

由于期货交易必须集中在交易所内进行,而在场内操作交易的只能是交易所的会员,包括期货经纪公司和自营会员。普通投资者在进入期货市场交易之前,应首先选择一个具备合法代理资格、信誉好、资金安全、运作规范和收费比较合理的期货经纪公司会员。自营会员没有代理资格。

投资者在经过对比、判断,选定期货经纪公司之后,即可向该期货经纪公司提出委托申请,开立一个期货交易账户,即期货交易者开设的、用于交易履约保证的一个资金信用账户。开立账户实质上是投资者(委托人)与期货经纪公司(代理人)之间建立的一种法律关系。

一般来说,各期货经纪公司会员为客户开设账户的程序及所需的文件不尽相同,但基本程序及方法大同小异。

① 风险揭示

期货经纪公司在接受客货开户申请时,需向客户提供《期货交易风险揭示书》,客户阅读《期货交易风险揭示书》(风险揭示书是标准化、全国统一的),在完全理解揭示书内容后,个人客户在《期货交易风险说明书》上签字,或单位客户由法定代表人在《期货交易风险说明书》上签字并加盖单位公章。

② 签署合同

期货经纪公司在接受客户开户申请时,双方须签署《期货经纪合同》。合同中明确规定期货经纪公司与客户之间的权利和义务,应详细阅读,并可根据自己的情况,与期货经纪公司做一些特殊的约定。

交易所实行客户交易编码登记备案制度,客户开户时应由期货经纪公司按交易所统一的编码规则进行编号,一户一码,专码专用,不得混码交易。期货经纪公司注销客户的交易编码,应向交易所备案。

③ 缴纳保证金

客户在期货经纪公司签署期货经纪合同之后,需按规定缴纳开户保证金。期货经纪公司应将客户所缴纳的保证金存入期货经纪合同中指定的客户账户中,供客户进行期货交易。期货经纪公司向客户收取的保证金,属于客户所有。

此时,期货交易者面临一个重要决策,即交易账户金额的大小。研究显示,交易账户的大小直接关系到期货交易的成败。事实上,大部分账款在 10 000 元或 10 000 元以下的人容易面临亏损。这是由期货交易的内在风险决定的。最好的专业期货交易商所也很少在交易中达到 50% 以上的准确率,换句话说,大部分成功的交易商在一半以上的交易中亏损。他们的成功在于,缩减每笔亏损交易的损失并长期持有有利可图的交易,来抵消损失获得账面增值。而资金较少的账户几乎没有余地来抵抗一系列小的损失。

(2) 下单

下单是指客户在每笔交易前向期货经纪公司业务人员下达交易指令,说明拟买卖合约的种类、数量、价格等的行为。通常,客户应先熟悉和掌握有关的交易指令,然后选择不同的期货合约进行具体交易。

① 常用交易指令

国际上常用的交易指令有市价指令、限价指令、止损指令和取消指令等。

市价指令：市价指令是指不限定价格的、按当时市场上可执行的最优报价成交的指令，其优点在于能够自动以当时市场上可以执行的最好报价成交，未成交部分自动撤销。市价指令有利于提高投资者的成交概率，方便投资者交易，但不能保证成交价格的最优性。当市场波动剧烈、期货价格跳动较大时，使用市价指令可能使投资者承受较高的交易冲击成本。

限价指令：限价指令是指按限定价格或更优价格成交的指令。它的特点是如果成交，一定是投资者的预期价格或比其更好的价格，但在期货价格变化较快时，限价指令可能无法成交，使投资者失去有利的市场机会。

止损指令：止损指令是指当市场价格达到客户预计的价格水平时即变为市价指令予以执行的一种指令。客户利用止损指令，既可以有效地锁定利润，又可以将可能的损失降低至最低限度，还可以相对较小的风险建立新的头寸。

取消指令：取消指令是指客户要求将某一指令取消的指令。客户通过执行该指令，将以前下达的指令完全取消，并且没有新的指令取代原指令。

我国期货交易所规定的交易指令有两种：限价指令和取消指令，交易指令当日有效。在指令成交前，客户可提出变更或撤销。比如：买入限价 330 元/克的 2012 年 7 月合约 6 手，当市场的交易价格低于 330 元/克时，该指令就成交了。限价指令对交易价格要求明确，但能否执行取决于指令有效期内价格的变动。若没有触及限价水平，该指令就没有机会执行；在限价指令下达后，没有成交或只有部分成交，此时，客户有权下达取消指令，使原来下达的限价指令失效或部分失效，如下达的限价指令只成交了 4 手，这时，可以下达取消指令。撤单后，客户原来下达的限价指令就部分失效了，另外的 2 手就不会成交了。

② 下单方式

客户填写交易单，在委托指令上书面注明客户名称、交易账户号码、交易商品名称、合约到期货月份、买进或卖出的数据、买卖价格、执行方式、下单日期、客户签名。之后，交由期货经纪公司交易部，再由期货经纪公司交易部通过电话报单至该公司在期货交易所场内的出市代表输入指令进入交易所主机撮合成交。委托执行后，场内交易终端立即显示成交结果，出市代表电话通知报单员，报单员通知客户。

客户也可通过电话直接将指令下达到期货经纪公司交易部，再由交易部通知出市代表下单。通常期货经纪公司会将客户的指令予以录音，以备查证。事后，客户须在交易单上补签字。

此外，客户还可通过互联网或局域网，使用经纪公司配置的网上下单系统进行下单，之后交易指令通过网络传递到经纪公司，再经由专线传递到交易所主机进行交易撮合。

③ 竞价

国内期货合约采用计算机撮合成交，即期货交易所的计算机交易系统对交易双方的交易指令进行配对的过程。这种交易方式具有准确、连续等特点。

国内期货交易所计算机交易系统的运行,一般是将买卖申报单以价格优先、时间优先的原则进行排序。当买入价大于、等于卖出价则自动撮合成交,撮合成交价等于买入价、卖出价和前一成交价三者中居中的一个价格。

开盘价和收盘价均由集合竞价产生。开盘价集合竞价在某品种某月份合约每一交易日开市前5分钟内进行,其中前4分钟为期货合约买、卖价格指令申报时间,后1分钟为集合竞价撮合时间,开市时产生开盘价。收盘价集合竞价在某品种某月份合约每一交易日收市前5分钟内进行,其中前4分钟为期货合约买、卖价格指令申报时间,后1分钟为集合竞价撮合时间,收市时产生收盘价。

交易系统自动控制集合竞价申报的开始和结束并在计算机终端上显示。

集合竞价采用最大成交量原则,即以此价格成交能够得到最大成交量。高于集合竞价产生的价格的买入申报全部成交;低于集合竞价产生的价格的卖出申报全部成交;等于集合竞价产生的价格的买入或卖出申报,根据买入申报量和卖出申报量的多少,按少的一方的申报量成交。

④ 成交回报与确认

成交后,出市代表会将成交的结果反馈回期货经纪公司的交易部。期货经纪公司交易部将成交结果记录报告给客户。成交回报记录单应包括成交价格、成交手数、成交回报时间等。

(3) 结算

① 结算概念

期货交易中的结算是指根据交易结果和交易所有关规定对会员交易保证金、盈亏、手续费、交割货款和其他有关款项进行的计算、划拨。结算可分为交易所对会员的结算和期货经纪公司会员对其客户的结算,会员和投资者的保证金账户余额将根据计算结果进行调整。

② 结算流程

期货交易的结算是分级、分层的,这与期货市场的层次结构是相适应的,即交易所只对会员结算,非会员单位和个人通过期货经纪公司会员结算。

交易所对会员的结算:每一交易日结束后交易所对每一会员的盈亏、交易手续费、交易保证金等款项进行结算。其核算结果是会员核对当日有关交易并对客户结算的依据;若在规定时间内会员没有对结算数据提出异议,交易所就将会员资金的划转数据传递给有关结算银行。

期货经纪公司对客户的结算:期货经纪公司每一交易日交易结束后对每一客户的盈亏、交易手续费、交易保证金等款项进行结算。交易手续费一般不低于期货合约规定的交易手续费标准的3倍,交易保证金一般高于交易所收取的交易保证金比例至少3个百分点。闭市后,期货经纪公司向客户发出交易结算单。当每日结算后客户保证金低于期货交易所规定的交易保证金水平时,期货经纪公司按照期货经纪合同约定的方式通知客户追加保证金,客户不能按时追加保证金的,期货经纪公司应当将该客户部分或全部持仓强行平仓,直至保证金余额能够维持其剩余头寸。

当日盈亏在每日结算时进行划转,当日赢利划入会员结算准备金,当日亏损从会员结算准备金中扣划。当日结算时的交易保证金超过昨日结算时的交易保证金部分从会员结算准备金中扣划。当日结算时的交易保证金低于昨日结算时的交易保证金部分划入会员结算准备金。手续费、税金等各项费用从会员的结算准备金中直接扣划。

③ 结算制度

期货交易所的结算实行保证金制度、每日无负债制度和风险准备金制度等。

保证金制度是保障市场安全的基础之一,为期货合约提供一个安全而资金充足的交易场所,符合所有参与者的利益。保证金可以是现金、交易所允许的国库券、标准仓单等。买卖期货合约所要求的保证金不尽相同,但通常只占合约价值的 5%～15%之间,并且保证金数量已在期货合约中载明。保证金与期货价格波动呈正相关关系。交易所对会员存入交易所专用结算账户的保证金实行分账管理,为每一会员设立明细账户,按日序时登记核算每一会员出入金、盈亏、交易保证金、手续费等。

保证金分为结算准备金和交易保证金。结算准备金设最低余额,每日交易开始前,会员结算准备金余额不得低于此额度,若结算准备金余额大于零而低于结算准备金最低余额,不得开新仓;若结算准备金余额小于零,则交易所将按有关规定对其行强行平仓。

交易保证金是指会员在交易所专用结算账户中确保合约履行的资金,是已被合约占用的保证金。当买卖双方成交后,交易所按持仓合约价值的一定比率向双方收取交易保证金。

交易所实行每日无负债结算制度,即每日交易结束后,交易所按当日结算价结算所有合约的盈亏、交易保证金及手续费、税金等费用,对应收应付的款项实行净额一次划转,相应增加或减少会员的结算准备金。如果保证金低于规定的水平,该会员将收到保证金追缴通知书,要求在规定时间内补足账户内的保证金。

风险准备金制度是指期货交易所从自己收取的会员交易手续费中提取一定比例的资金,作为确保交易所担保履约的备付金的制度。交易所风险准备金的设立,是为维护期货市场正常运转而提供财务担保和弥补因不可预见的风险带来的亏损。交易所按向会员收取的手续费收入(含向会员优惠减收部分)20%的比例,从管理费用中提取。当风险准备金达到交易所注册资本 10 倍时,可不再提取。风险准备金必须单独核算,专户存储,除用于弥补风险损失外,不得挪作他用。

(4) 平仓或交割

平仓是指客户通过买入或者卖出与其所持有的期货合约的品种、数量相同但交易方向相反的合约,以此了结期货交易的行为。

相对于平仓,交割有更为复杂的内涵。

① 实物交割和现金交割

期货交易的交割包括实物交割和现金交割。

实物交割:实物交割是指期货合约到期时,交易双方通过该期货合约所载商品所有权的转移,了结到期未平仓合约的过程。商品期货交易一般采用实物交割制度。虽然最终进行实物交割的期货合约的比例非常小,但正是这极少量的实物交割将期货市场与现货市场联系起来,为期货市场功能的发挥提供了重要的前提条件。

现金交割:现金交割是指交易双方在交割日对合约盈亏以现金方式进行结算了结。如沪深 300 指数期货采用现金交割。

在期货市场上,交割是促使期货价格和现货价格趋向一致的制度保证。当由于过分投机,发生期货价格严重偏离现货价格时,交易者就会在期货、现货两个市场间进行套利交易。当期货价格过高而现货价格过低时,交易者在期货市场上卖出期货合约,在现货市场上买进商品或金融资产。这样,现货需求增加,现货价格上升,期货合约供给增加,期货价格下降,期现价差缩小;当期货价格过低而现货价格过高时,交易者在期货市场上买进期货合约,在现货市场卖出商品或金融资产。这样,期货需求增加,期货价格上升,现货供给增加,现货价格下降,使期现价差趋于正常。以上分析表明,通过交割,期货、现货两个市场得以实现相互联动,期货价格最终与现货价格趋于一致,使期货市场真正发挥价格"晴雨表"的作用。

② 交割结算价

我国期货合约的交割结算价通常为该合约交割配对日的结算价或为该期货合约最后交易日的结算价。交割商品计价以交割结算价为基础,再加上不同等级商品质量升贴水以及异地交割仓库与基准交割仓库的升贴水。

③ "集中性"交割与"分散性"交割

"集中性"交割:即所有到期合约在交割月份最后交易日过后一次性集中交割的交割方式。

"分散性"交割:即除了在交割月份的最后交易日过后所有到期合约全部配对交割外,在交割月第一交易日至最后交易日之间的规定时间也可进行交割的交割方式。

④ 实物交割程序

第一交割日:买方申报意向,买方在第一交割日内,向交易所提交所需商品的意向书,内容包括品种、牌号、数量及指定交割仓库名等;卖方交标准仓单,卖方在第一交割日内将已付清仓储费用的有效标准仓单交交易所。

第二交割日:交易所分配标准仓单,交易所在第二交割日根据已有资源,按照"时间优先、数量取整、就近配对、统筹安排"的原则,向买方分配标准仓单;不能用于下一期货合约交割的标准仓单,交易所按所占当月交割总量的比例向买方分摊。

第三交割日：买方交款、取单，买方必须在第三交割日 14:00 前到交易所交付货款并取得标准仓单；卖方收款，交易所在第三交割日 16:00 前将货款付给卖方。

第四、第五交割日：卖方交增值税专用发票。

交割流程如图 6-25 所示。

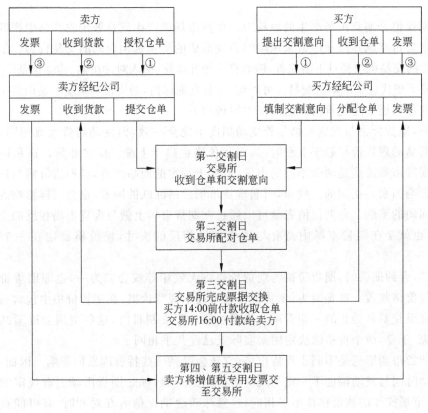

图 6-25　交割流程图

标准仓单在交易所进行实物交割的，其流转程序如下：卖方投资者背书后交卖方经纪会员；卖方会员背书后交至交易所；交易所盖章后交买方会员；买方经纪会员背书后交买方投资者；买方非经纪会员、买方投资者背书后至仓库办理有关手续；仓库或其代理人盖章后，买方非经纪会员、买方投资者方可提货或转让。

6.3.6　期货交易策略

期货交易策略根据交易者交易目的不同，可分为三类：套期保值策略、投机策略和套利策略。

6.3.6.1　套期保值

套期保值就是买入(卖出)与现货市场数量相当、但交易方向相反的期货合约,以期在未来某一时间通过卖出(买入)期货合约来补偿现货市场价格变动所带来的实际价格风险。

套期保值是期货市场产生的原动力。期货市场的产生就是源于农产品生产经营过程中面临现货价格剧烈波动而带来风险时自发形成的买卖远期合同的交易行为。随着远期合约买卖的交易机制经过不断完善,例如将合约标准化、引入对冲机制、建立保证金制度等,最终形成了现代意义的期货交易。可以说,没有套期保值,期货市场也就不是期货市场了。

套期保值能够避免价格风险的基本原理如下。

第一,期货价格与现货价格尽管变动幅度不完全一致,但变动趋势大致相同,也就是当特定商品的现货价格趋于上涨时,其期货价格也趋于上涨。反之亦然。这是因为期货市场与现货市场虽然是两个不同的市场,但对于特定的商品而言,其期货价格与现货价格主要的影响因素是相同的。故而,引起现货市场价格涨跌的因素,也会同样影响到期货市场价格同向的涨跌。套期保值者就可以通过在期货市场上做与现货市场相反的交易来实现保值,也就是在期货市场中持有与现货市场相反的头寸,使价格稳定在一个目标水平上。

第二,合约期满时,期货价格与现货价格将大致相等或合二为一,也即期货价格会逐步向现货价格收敛。这是因为,期货价格通常高于现货价格,在期货价格中包含有贮藏该项商品直至交割日为止的一切费用。当合约接近于交割日时,这些费用会逐渐减少乃至完全消失,于是,两个价格的决定因素实际上已经几乎相同了。

但期货市场毕竟是不同于现货市场,它还会受到一些特有因素的影响。因而,期货价格的波动时间与波动幅度不一定与现货价格完全一致,加之期货市场上有规定的交易单位,两个市场操作的数量往往不尽相同,这意味着套期保值者在对冲时,有可能获得额外的利润或亏损,从而使其交易行为仍然具有一定的风险。因此,套期保值也不是件一劳永逸的事情。

(1) 套期保值的类型

保值的类型最基本的又可分为多头套期保值和空头套期保值。

多头套期保值是指在现货市场上面临价格上涨的潜在不利影响时,通过期货市场买入期货合约以防止因现货价格上涨而遭受损失的行为。具体表现为:套期保值者首先买进期货合约即买空,持有多头头寸,以保障他在现货市场的空头头寸,旨在避免价格上涨的风险。

空头套期保值则指在现货市场上面临价格下降的潜在不利影响时,通过期货市场卖出期货合约以防止因现货价格下跌而造成损失的行为。具体表现为:套期保值者首先卖出期货合约,即卖空,持有空头头寸,以保护他在现货市场中的多头头寸,旨在避免价格下降的风险。

（2）基差分析

套期保值可以大体抵消现货市场中价格波动的风险,但不能使风险完全消失,主要原因是"基差"的存在。只有掌握基差及其基本原理,才能深刻理解并运用套期保值,避免价格风险。

① 基差的含义

基差是指某一特定商品在某一特定时间和地点的现货价格与该商品在期货市场的期货价格之差,即:

基差＝现货价格－期货价格

例如,2012 年 7 月 12 早上 10 时,黄金现货价格为 322.88 元/克,上海期货交易所的本年 12 月份的黄金期货（Au1212）价格为 326.10 元/克,基差是－3.22 元/克。又如,2012 年 7 月 11 日上海地区铜的现货价格是 55 500 元/吨,而上海期货交易所 8 月份交割的铜期货（Cu1208)55 460 元/吨,基差为＋40 元/吨。

基差可以是正数也可以是负数,主要取决于现货价格与期货价格的高低。现货价格高于期货价格,则基差为正数,又称为远期贴水或现货升水;现货价格低于期货价格,则基差为负数,又称为远期升水或现货贴水。

基差包含着两个成分,即分隔现货与期货市场间的"时"与"空"两个因素,包含着两个市场之间的持有成本和运输成本,如储藏费、利息、保险费和损耗费、运输费等,其中利率变动对持有成本的影响很大。就同一市场而言,不同时期的基差理论上应充分反映着持有成本,即持有成本的这部分基差是随着时间而变动的,离期货合约到期的时间越长,持有成本就越大,而当非常接近合约的到期日时,就某地的现货价格与期货价格而言必然几乎相等,而农产品、矿产品等的基差将缩小成仅仅反映运输成本。

② 基差与套期保值

理想状态的套期保值,在整个保值过程中基差保持不变,但实际上这种理想状态很少发生。现货市场状况可能会引起市价的涨落,但更远交割月份的期货合约价格却不易受到影响。又或,某地因素会影响当地现货市场的价格,而反映全国或国际状况的期货价格却不受影响。比如,开始套期保值时黄金的现货价和 12 月份黄金期货的差额是 3.8元/克,在套期保值假设下,当套期保值完成黄金卖出去以后,基差应仍是 3.8 元/克。但是,实际情况是基差在不断的变动中,而且会导致套期保值者利润的增加或减少。

导致现货价格与期货价格的差异变化的因素是多种多样的。首先,现货市场中每种商品有许多个等级,每个等级价格变化比率不一样。可是期货合约却限定了一个特定等级,于是需套期保值的商品等级的价格在现货市场中变动快于合约中的特定等级。第二,当地现货价格反映了当地市场状况,而这些状况可能并不影响显示全国或国际市场状况的期货价格。第三,当前市场状况对更远交割月份的期货价格的影响小于对现货市场价格的影响。第四,需套期保值的商品可能与期货合约规定的商品种类不尽相同。比如航空公司需用燃料油期货代替航空汽油进行套期保值交易,但航空汽油的生产成本、供求关系与燃料油的不尽相同,因此其价格波动可能与燃料油价格存在差异。

套期保值的另一个限制是期货合约规定具体交易量,它可能与所需套期保值的库存量存在差异。比如,一家油脂厂希望出售 204 吨豆粕,这时,这家工厂只能通过卖出 20 手豆粕对 204 吨进行保值,有 4 吨不能保值 。如果这家工厂决定卖出 21 手合约,那么多出来的 6 吨将成为投机交易。总之,有一些风险不能转移。这样,套期保值就难以提供完全的保险,但它的确大大减少了与商品相联系的价格风险,套期保值基本上是以基差波动风险取代价格波动风险。

对于套期保值者来说,期货价格与现货价格的变动因为大体上的趋势是一致,因此,实际上可以无须关心期货价格变动的趋势,而两种价格变动的时间和幅度是不完全一致,也就是说,在某一时间的基差是不确定的。所以,对套期保值者甚或对于投机者而言,这是必须密切关注的。因为,基差的不利变化也会给保值带来风险,如多头套期保值者面临基差扩大,空头套期保值面临基差缩小。

(3) 套期保值交易策略中期货合约的选择

① 期货合约品种的选择。需套期保值的资产应与期货合约基础资产一致,或两者的价格高度相关,即尽量选择同种商品的期货合约来做套期保值交易,在无相同商品时,可采用关系比较紧密的替代商品的期货合约。如铜生产商可使用上海期货交易所的阴极铜期货合约进行空头套期保值,航空公司可采用燃料油期货合约对其所需的航空汽油进行多头套期保值。

② 期货合约交割月份的选择。应选择交割月份略长于套期保值策略时限,且距今较近的期货合约。如进口商需在 8 月份对外支付一笔美元,就可选择 9 月份到期的人民币期货。

③ 期货合约份数的选择。若套期保值的资产与期货合约基础资产一致,可用套期保值的资产规模与每张期货合约的交易单位之比,确定所需合约份数;若采用的是关系比较紧密的替代商品的期货合约,需根据最优套期保值比率确定所需合约份数。

6.3.6.2 投机交易

投机指根据对市场的判断,把握机会,利用市场出现的价差进行买卖从中获得利润的交易行为。投机者可以"买空",也可以"卖空"。如果判断与市场价格走势相同,则投机者平仓出局后获取投机利润;如果判断与价格走势相反,则投机者平仓出局后承担投机损失。所以,投机是有风险的。由于投机的目的是赚取差价收益,所以,投机是一般只是平仓了结期货交易,而不进行实物交割。

根据持有期货合约时间的长短,投机可分为以下三类。

第一类是价差交易者,也称长线投机者,此类交易者在买入或卖出期货合约后,通常将合约持有几天、几周甚至几个月,待价格对其有利时才将合约对冲。比如预期 9 月黄金期货价格上升,则 7 月份决定买进 9 月黄金合约若干手,待黄金价格上升后,在合约到期之前,卖出合约平仓,扣除手续后获净利。若价格预期错误,则受损失,同时需要支付手续费。又或预期 9 月黄金期货价格下跌,则应做空头,然后待机补进以获利。进行价差投机的关键在于对期货市场价格变动趋势的分析预测的准确性。由于影响期货市场价格变动的因素很多,特别是投机心理等偶然性因素难以预测,故而,正确判断的难度较大,所以价差投机的风险也较大。

第二类是当日交易者,也称短线交易者,一般进行当日或某一交易节的期货合约买卖,其持仓不过夜。

第三类是逐小利者,又称"抢帽子者",他们的技巧是利用价格的微小变动进行交易来获取微利,一天之内他们可以做多个回合的买卖交易。

根据投机者的交易部位差异,投机还可分为两类:多头投机和空头投机。多头投机是指投机者预测期货价格上涨,而买入期货合约进行投机,待到期货价格上涨后再平仓了结,以获取投机利润。空头投机是指投机者预测期货价格下跌,而卖出期货合约进行投机,待到期货价格下降后再平仓了结,以获取投机利润。

投机交易在期货市场中的作用

投机者是期货市场的重要组成部分,是期货市场必不可少的润滑剂。投机交易增强了市场的流动性,承担了套期保值交易转移的风险,是期货市场正常运营的保证。投机交易是期货市场套期保值功能和发现价格功能得以发挥的重要条件之一。主要表现如下。

① 投机者是期货风险的承担者,是套期保险者的交易对手。期货市场的套期保值交易能够为生产经营者规避风险,但它只是转移了风险,并不能把风险消灭。转移出去的风险需要有相应的承担者,期货投机者在期货市场上正起着承担风险的作用。假设仅有套期保值者参与期货交易,那么,必须在买入套期保值者和卖出套期保值者交易数量完全相等时,交易才能成立。实际上,多头保值者和空头保值者通常并不匹配。投机者的参与恰好弥补了这种失衡,促使期货交易的实现。在利益动机的驱使下,投机者根据自己对价格的判断,不断在期货市场上买卖期货合约,以期在价格波动中获利。在这一过程中,投机者必须承担很大的风险,一旦市场价格与投机者预测的方向相反时,就会造成亏损,如果期货市场上没有或没足够的投机者参与期货交易,套期保值者就没有交易对手,风险也就无从转嫁,期货市场套期保值回避风险的功能就难以发挥。

② 投机交易有助于提高市场流动性,保障了期货市场发现价格功能的实现。发现价格功能是在市场流动性较强的条件下实现的。一般来说,期货市场流动性的强弱取决于投机成分的多少。如果只有套期保值者,即使集中了大量的供求信息,也难以找到交易对

手,在交易不活跃市场形成的价格,很可能是扭曲的。投机者的介入,为套期保值者提供了更多的交易机会,众多的投机者通过对价格的多样化预测,积极进行买空卖空活动。这增加了参与交易人数,扩大了市场规模和深度,使得套期保值者较容易找到交易对手,自由地进出市场,从而使市场具有充分的流动性。

要使风险高效转移,就必须有一大群人乐意买卖合约。当套期保值者想通过销售期货合约来巩固他的商业地位时,他需要快速完成交易。期货交易所汇集的大量投机者,让快速交易成为可能。为了使自己的投机活动获利,投机者就必须不断地运用各种手段,通过各种渠道收集、传递、整理所有可能影响商品价格变动的信息资料,并将自己对未来价格的预期通过交易行为反映在期货价格之中。同时,投机者在市场中快进快出,使得投机者能够及时修正自己对价格的判断,进一步影响期货价格的形成。因此,在流动性较好的市场中,由于适度的投机交易的存在,期货价格的连续性得到保证,能相对准确、真实地反映出商品的远期价格。

③ 适度的期货投机能够缓减价格波动。投机者进行期货交易,总是力图通过对未来价格的正确判断和预测来赚取差价利润。当期货市场供过于求时,市场价格低于均衡价格,投机者低价买进合约,从而增加了需求,使期货价格上涨,供求重新趋于平衡;当期货市场供不应求时,市场价格则高于均衡价格,投机者会高价卖出合约,增加了供给,使期货价格下跌,供求重新趋于平衡。可见,期货投机对于缩小价格波动幅度发挥了很大的作用。

投机交易减缓价格波动作用的实现是有前提的。一是投机者需要理性化操作,违背市场规律进行操作的投机者最终会被淘汰出期货市场。二是投机要适度,操纵市场等过度投机行为不仅不能减缓价格的波动,而且会人为地破坏供求关系,加剧价格波动,加大市场风险,使市场丧失其正常的功能。因此,应提倡理性交易,遏制过度投机,打击操纵市场行为。

6.3.6.3 套利

套利指同时买进和卖出两张或两张以上不同种类的期货合约。由于同种商品不同交割月份的合约价格变动也存在差异,同种商品在不同的期货交易所的价格变动也存在差异,这使得期货市场的套利交易成为可能。交易者买进自认为是"便宜的"合约,同时卖出那些"高价的"合约,从两合约价格间的变动关系中获利。在进行套利时,交易者关注的是期货合约相对价格水平变化,而不是绝对价格水平。

比如套利者对 2012 年 8 月与 12 月黄金合约进行套利交易,以 323.18 元/克的价格买入 8 月合约 1 手,以 324.88 元/克的价格卖出 12 月合约 1 手,一周后,8 月合约的价格上涨至 326 元/克,12 月合约的价格上涨至 326.88 元/克,套利者平仓后的结果为:在 8 月合约上赢利共计 2 820 元,在 12 月合约上亏损共计 2 000 元,盈亏相抵,共计赢利 820

元(不计手续费)。

套利交易对期货市场的稳定发展有积极的意义,具体地讲,套利的作用主要表现在两个方面:一方面,套利提供了风险对冲的机会;另一方面,套利有助于不同品种之间和不同市场之间的价格形成一个较为合理的结构。

套利一般可分为三类:跨期套利、跨市套利和跨商品套利。

跨期套利是套利交易中最普遍的一种,是利用同一商品但不同交割月份之间正常价格差距出现异常变化时进行对冲而获利的。利用期货合约进行的跨期套利又包含牛市套利(bull spreads)、熊市套利(bear spreads)等形式。所谓牛市套利是指买入近期交割月份的期货合约,同时卖出远期交割月份的期货合约,希望近期合约价格上涨幅度大于远期合约价格的上涨幅度;而熊市套利则相反,即卖出近期交割月份合约,买入远期交割月份合约,并期望远期合约价格下跌幅度小于近期合约的价格下跌幅度。比如:观察到5月份的黄金和7月份的黄金价格差异超出正常的交割、储存费,交易者可买入5月份的黄金合约而卖出7月份的黄金合约。过后,当7月份黄金期货合约与5月份黄金期货合约更接近而缩小了两个合约的价格差时,就能从价格差的变动中获得一笔收益。跨月套利与商品绝对价格无关,而仅与不同交割期之间价差变化趋势有关。

跨市套利是利用同一商品在不同交易所的期货价格的不同,在两个交易所同时买进和卖出期货合约以谋取利润的活动。当同一期货商品合约在两个或更多的交易所进行交易时,由于区域间的地理差别,各商品合约间存在一定的价差关系。例如伦敦金属交易所(LME)与上海期货交易所(SHFE)都进行阴极铜的期货交易,每年两个市场间会出现几次价差超出正常范围的情况,这为交易者的跨市套利提供了机会。例如当LME铜价低于SHFE时,交易者可以在买入LME铜合约的同时,卖出SHFE的铜合约,待两个市场价格关系恢复正常时再将买卖合约对冲平仓并从中获利。反之亦然。在做跨市套利时应注意影响各市场价格差的几个因素,如运费、关税、汇率等。在国内,三家交易所之间的上市品种都不一样,而且与国外交易所之间也无法连通,因此,跨市场套利难以实现。

跨商品套利指的是利用两种不同的、但相关联商品之间的价差进行交易。这两种商品之间具有相互替代性或受同一供求因素制约。跨商品套利的交易形式是同时买进和卖出相同交割月份但不同种类的商品期货合约。跨商品套利必须具备以下条件:两种商品之间应具有关联性与相互替代性;交易受同一因素制约;买进或卖出的期货合约通常应在相同的交割月份。比如若玉米的价格偏高,小麦可以成为它的替代品。又如大豆与豆粕或豆油间的套利交易,大豆压榨后,生产出豆粕和豆油,在大豆与豆粕、大豆与豆油之间都存在一种天然联系能限制它们的价格差异额的大小。

交易者之所以进行套利交易,主要是因为套利的风险较低,套利交易可以为避免始料未及的或因价格剧烈波动而引起的损失提供某种保护,但套利的赢利能力也较直接交易小。套利的主要作用一是帮助扭曲的市场价格回复到正常水平;二是增强市场的流动性。

套利交易的收益来自下面三种方式之一：在合约持有期，空头的赢利高于多头的损失；在合约持有期，多头的赢利高于空头的损失；两份合约都赢利。

期货价格的分析与预测是期货交易中极为重要的环节。期货价格与现货价格相比，更具风险性和不确定性。尽管人们在分析和预测期货价格时不可能得到准确的答案，然而通过对影响期货价格诸因素的分析，结合现货价格和历史资料，仍可预测出比较合理、准确的期货价格变动趋势。对期货价格进行分析和预测一般有两种方法：基础分析和技术分析。

6.3.7　基础分析

基础分析是利用市场供求关系因素和其他一般因素来解释和预测期货价格变化趋势的方法。一般性因素包括金融货币因素、政治因素、投机与心理因素以及自然因素等。商品期货与金融期货的基础分析不尽相同，在众多影响商品期货价格的因素中，供求因素是最基本、最重要的因素，其他因素的影响最终都是通过市场的供求因素来实现的。而金融期货的基础分析则更关注经济周期、宏观经济、政府政策、金融货币因素等。

基础因素分析法以分析价格变动的长期趋势、根本原因、宏观性因素等为主要特点。鉴于我国期货交易品种以商品期货为主，此处的基础因素分析偏重于商品期货。

6.3.7.1　商品供求状况分析

商品供求状况对商品期货价格具有重要的影响。基本因素分析法主要分析的就是供求关系。商品供求状况的变化与价格的变动是互相影响、互相制约的。在其他因素不变的条件下，供给和需求的任何变化，都可能影响商品价格变化，而且影响按时间的长短不同在发生着变化。在短期内，商品期货价格的变动受供给数量的限制而上下波动。从长期来看，商品供给与价格是互相影响的，即在某一时期内商品的供给量决定着商品的价格，而此时的价格变动又会对下一个时期商品的生产发挥作用，从而导致下一个时期内供给数量的增加或减少，进而影响新一轮的商品期货价格。供求与价格互为因果的关系，使商品供求分配更加复杂化，即不仅要考虑供求变动对价格的影响，还要考虑价格变化对供求的反作用，尤其需要考虑的因素是商品价格供给弹性差异对其供给影响程度的不同。

另外，由于期货交易的成交到实物交割有较长的时间差距，加上期货交易可以采取买空卖空方式进行，因此商品供求关系的变化对期货市场的价格在很大程度上受心理预期变化的左右，从而导致期货市场价格以反复的频繁波动来表现其上升或下降的总趋势。

（1）期货商品供给分析

期货商品供给分析主要考察本期商品供给量的构成及其变化。本期商品供给量主要由期初存量、本期产量和进口产量三部分组成。

① 期初存量

期初存量是指上年或上季积存下来可供社会继续消费的商品实物量。根据存货所有都身份的不同，可以分为生产供应者存货、经营商存货和政府储备。前两种存货可根据价格变化随时上市供给，可视为市场商品可供量的实际组成部分。而政府夜的目的在于为全社会整体利益而储备，不会因一般的价格变动而轻易投放市场。但当市场供给出现严重短缺，价格猛涨时，政府可能动用它来平抑物价，则将对市场供给产生重要影响。

期初库存量的多少，反映了供应的紧张程度，供应的紧张将导致价格的上扬，而充裕的库存又将使价格下跌。因此，对于能够长期储藏的小麦、玉米、大豆等农产品以及能源、金属矿产品等，研究期初库存量是非常重要的。

② 本期产量

本期产量是指本年或本季的商品生产量。它是市场商品供给量的主体，其影响因素也其为复杂。从短期看，它主要是生产能力制约，资源和自然条件、生产成本及政府政策的不同商品生产量的影响因素可能相差很大，必须对具体商品生产量的影响因素进行具体分析，以便能较为准确地把握其可能的变动。

以大豆为例。

首先，大豆种植与供应是季节性的，中国与美国大豆在每年的 10～11 月份收获，南美国家大豆的收获期则在每年的四五月份。通常，在收获期大豆的价格比较低。美国农业部每月中旬会发布《世界农产品供求预测》，预测世界大豆等农产品的供应量及各国别的供应量。这一报告对芝加哥大豆期货价格有重要影响，美国农业部在每月中旬发布的《油料作物概况》对世界油料作物的供应量作预测。这些资料对了解国际市场的变化，掌握芝加哥大豆期价的变化规律是有帮助的。

其次，种植面积变化对大豆市场价格的影响。国内大豆种植面积预测报告由国家统计局农调队在每年 3 月中下旬发布。美国大豆种植面积预测报告《种植展望》由美国农业部在每年 3 月底在网络上发布。美国大豆种植面积的预测报告对芝加哥大豆期货价格影响较大，可以用三四月间期价变化来说明。国内市场参与者对国内大豆种植面积预测报告关注较少。因此，这一报告对大连大豆期货价格变化影响较小。实际上这是一个重要的参考数据，将来会对市场产生影响。

第三，种植期内气候因素、生长情况、收获进度的影响。在每年的 5～9 月份，芝加哥大豆期货价格的炒作因素中重要的是气候因素，美国农业部每周三发布《每周气候与作物公报》。美国农业部在每周一发布《作物进展》报告，内容包括播种时生长情况和收获进度，是大豆期货价格的一个重要炒作因素。对大豆而言，五六月份，《作物进展》报告美国大豆播种旱灾度。6～8 月份，《作物进度》报告美国大豆开花、生长等作物生长进度报告。8～10 月份，《作物进度》报告美国大豆收获进度。

国内报刊，如《期货日报》等经常发布有关农业气象方面的报道，但没有一个权威机构专司此职,经常是由一些地方性气象台或统计局农调队发布这方面的信息。作物进展情况,国内较少专门报道,有些报道内容附于农业气象报道之后。在收获期,一些经纪公司会专门去主产区调查大豆收获情况,主产区的农调队亦会发布这方面的调查信息。

③ 本期进口量

本期进口量是对国内生产量的补充,通常会随着国内市场供求平衡状况的变化而变化。同时,进口量还会受到国际国内市场价格差、汇率、国家进出口政策以及国际政治因素的影响而变化。

我国自 1995 年开始已从一个大豆出口国变成一个净进口国,进口量的大小直接影响大连大豆期货价格的变动。进口数据可以从每月海关的统计数据中获得。进口预测数据的主要来源有:美国农业部周四发布的《每周出口销售报告》及有关机构对南美大豆出口装运情况的报告。进口预测数据对大连大豆期货价格的影响较大,但由于贸易商在国际市场买回去或转运他国等情况,进口预测数据很难反映真实的进口数据。

(2) 期货商品需求分析

商品需求量是指在一定时间、地点和价格条件下,买方愿意购买并有能力购买某种商品的数量。它通常由国内消费量、出口量、国际市场需求和期末结存量等部分组成。

① 国内消费量

国内消费量主要受消费者的收入水平、购买能力、消费者人数、消费结构变化、商品新用途发现、替代品价格,以及获取的方便程度等因素的影响,这些因素变化对期货商品需求量及价格的影响往往大于其对现货市场的影响。

以大豆为例。相对稳定的食用消费对大豆价格影响较弱,变化较大的压榨需求量对大豆价格影响较强。经大豆压榨而生产出的豆油、豆粕产品市场需求变化不定,影响因素颇多。豆油作为一种植物油,受菜籽油、棉籽油、椰子油、花生油、葵花子油等其他植物油供求因素的影响。大豆压榨后的主要副产品(80%以上)是豆粕,豆粕是饲料中的主要配料之一,与饲养业的景气状况密切相关,豆粕的需求情况对大豆期货价格有显著影响。

② 出口量

出口量是本国生产和加工的商品销往国外市场的数量,它是影响国内需求总量的重要因素之一。分析其变化成综合考虑影响出口的各种因素的变化情况,如国际、国内市场供求量,内销各外销价格比,本国出口政策和进口国政策变化,关税和汇率变化等。

③ 国际市场需求分析

大豆主要进口需求来自于欧盟、日本、中国、东南亚地区的国家。欧盟、日本的大豆进口量相对稳定,而中国、东南亚国家的大豆进口量变化较大。稳定的进口规模虽然量大;但对国际市场价格影响甚微,不稳定的进口规模虽量小,但对国际市场价格影响颇大。

例如,美国农业部在每月上、中旬发布《世界农产品供求预测》对主要进口国的需求情况作分析并进行预测。美国农业部还在每月中旬发布《油子:世界市场与贸易》作为上一报告的分报告,内容更为专业、详细,包括菜籽、棉籽、花生、葵花子等。

④ 期末结存量

期末结存量具有双重的作用,一方面,它是需求的组成部分,是正常的社会再生产的必要条件;另一方面,它又在一定程度上起着平衡短期供求的作用。当本期商品供不应求时,期末结存将会减少,反之就会增加。因此,分析本期期末存量的实际变动情况,即从商品实物运动的角度分析本期商品的供求状况及其对下期商品供求状况和价格的影响。以大豆为例,美国农业部在每月发布的《世界农产品供求预测》中有各国大豆的库存情况,主要生产国美国、巴西、阿根廷的库存情况对芝加哥大豆期货价格的中长期趋势产生影响,并存在较高的相关性。国内大豆库存情况没有权威的报告,因为国内农户规模小,存粮情况难以精确统计。

基本因素分析法认为,为了更好地把握进行期货交易的有利时机,交易者在利用上述各项因素对商品期货价格走势进行定性分析的同时,还应利用统计技术进行定量分析,提高预测的准确度,甚至还可以通过建立经济模型,系统地描述影响价格变动的各种供求因素之间相互制约、相互作用的关系。计算机的应用使基本因素分析中的定量分析变得更加全面和精确。利用计量经济模型来分析各经济要素之间的制约关系,已成为基本因素分析法的重要预测手段之一。

6.3.7.2　经济波动周期

商品市场波动通常与经常波动周期紧密相关,期货价格也不例外。由于期货市场是与国际市场紧密相连的开放市场。因此,期货市场价格波动不仅受国内经济波动周期的影响,而且还受世界经济景气状况的牵制。

经济周期通常由复苏、繁荣、衰退和萧条四个阶段构成。复苏阶段始于前一周期的最低点,产出和价格均处于最低水平,随着经济的复苏,生产的恢复和需求的增长,价格也开始逐步回升;繁荣阶段是经济周期的高峰阶段,由于投资和消费需求的不断扩张超过了产出的增长,刺激价格快速上涨;衰退阶段出现在经济周期高峰之后,经济开始滑坡,需求萎缩,供给超过需求,价格迅速下跌;萧条阶段是经济周期的谷底,供给和需求均处于较低水平,价格下跌趋缓,处于低水平上。在整个经济周期演化过程中,价格波动略滞后于经济波动。

这些是经济周期四个阶段的一般特征。不同国家、不同时期的期货可能具有各自不同的特点。比如 20 世纪 70 年代初期,西方国家先后进入所谓的"滞胀"时期,经济大幅度衰退,价格却仍然猛烈上涨,经济的停滞与严重的通货膨胀并存。20 世纪八九十年代之后的经济波动幅度大幅缩小,并且价格总水平只涨不跌,衰退和萧条期下降的只是价格上涨速度,而非价格的绝对水平。所谓的只涨不跌,是指价格总水平,而非所有具体商品的价格,具体商品价格仍然是有升有降。进入 21 世纪后,受此起彼伏的金融危机冲击,导致部分商品的国际市场价格大幅波动。欧美经济深陷危机,消费疲软,而新兴市场国家复苏较快。因此,认真观测和分析周期的阶段和特点,对于正确地把握期货市场价格趋势具有重要意义。经济周期阶段可由一些主要经济指标值高低来判断,如 GNP 增长比、失业率、价格指数、汇率等。这些是期货交易者应密切注意的。

6.3.7.3　金融货币因素

期货交易与金融货币市场有着紧密的联系,利率的高低、汇率的变动直接影响商品期货价格变动。

（1）利率

对于投机性期货交易者来说,保证金利息是其交易的主要成本。因此,利率的变动将直接影响期货交易者的交易成本。如果利率提高,交易成本上升,投机者面临的风险增大,就会减少期货投机交易,使期货交易量减少;如果利率降低,期货投机交易成本降低,交易量就会放大。

利率调整是政府紧缩或扩张经济的宏观调控手段。利率的变化对金融衍生品交易影响较大,而对商品期货的影响较小。如 1994 年开始,为了抑制通货膨胀,中国人民银行大幅度提高利率水平,提高中长期存款和国库券的保值贴补率,导致国债期货价格狂飙,1995 年 5 月 18 日,国债期货被国务院命令暂停交易。

（2）汇率

期货市场是开放性的市场,期货价格与国际市场商品价格紧密相连。国际市场商品价格比较必然涉及各国货币的交换比值——汇率,汇率是本国货币与外国货币交换的比率。当本币贬值时,即使外国商品价格不变,以本国货币表示的外国商品价格将上升;反之则下降,因此,汇率的高低变化必然影响相应的期货价格变化。据测算,美元对日元贬值 10%,日本东京谷物交易所的进口大豆价格会相应下降 10% 左右。同样,如果人民币对美元贬值,那么,国内大豆期货价格也会上涨。主要出口国的货币政策,如巴西在 1998 年其货币雷亚尔大幅贬值,使巴西大豆的出口竞争力大幅增强,大豆供应量相对增加,这对芝加哥大豆期货价格产生了负面影响。又如 1997 年韩国及东盟各国货币大幅贬值,其大豆、豆粕需求大幅萎缩,导致世界大豆价格下跌。这充分说明了汇率变动对有关期货价格的影响。因此,期货交易者必须密切注意相关汇率的变动情况。

6.3.7.4　政治和政策因素

期货市场价格对国际国内政治气候、相关政策的变化十分敏感。政治因素主要指国际国内政治局势、国际性政治事件的爆发及由此引起的国际关系格局的变化、各种国际性经贸组织的建立及有关商品协议的达成、政府对经济干预所采取的各种政策和措施等。这些因素将会引起期货市场价格的波动。

（1）农业政策的影响

在国际上，大豆主产国农业政策对大豆期货价格影响很大。例如，1996 年美国国会批准新的《1996 年联邦农业完善与改革法》，使 1997 年美国农场主播种大豆的面积猛增 10％，从而导致大豆的国际市场价格大幅走低。有些时候，各国为了自身利益和政治需要，而制定或采取一些政策、措施，会对商品期货价格产生不同程度的影响，如美国和欧洲经济共同体国家都规定有对农产品生产的保护性措施。

国内农业政策的变化也会对农产品期货价格产生影响，如 1998 年粮改政策，对主要农产品稻米、玉米、小麦实行价格保护政策，大豆不在保护之列，大豆价格随市场供需的变化而变动，为大豆期货交易提供广阔的舞台。农产品保护价政策也影响农民的种植行为，1999 年国家农调队的种植意向调查显示，玉米种植面积增加 120 万公顷，而豆类作物减少 110 万公顷。种植面积减少会带动农产品价格的上涨。

（2）贸易政策的影响

贸易政策将直接影响商品的可供量，对商品的未来价格影响特别大。例如，中国是否加入 WTO，以及 1999 年 5 月朱总理访美期间与美国政府签订《中美农业贸易协议》等都对大连大豆期货价格产生影响。1999 年 7 月起，中国对进口豆粕征收增值税，国内豆粕价格从 1 350 元/吨的低谷猛涨至 1 850 元/吨。这一政策也带动国内大豆价格上涨，大连大豆 2000 年 5 月合约价格从 1 850 元/吨上涨到 2 200 元/吨。又如，1999 年 11 月 10 日开始，中美贸易代表团在北京举行关于中国加入世界贸易组织的谈判，消息一出，大连大豆期货价格即告下跌，猛跌一周，大豆 2000 年 5 月合约价格从 2 240 元/吨下跌至 2 060 元/吨。

（3）食品政策的影响

欧盟是世界大豆的主要进口地区，其食品政策的变化对世界大豆市场会产生较大影响。现在，一些欧盟国家，如德国、英国等，对"基因改良型"大豆的进口特别关注，这些国家的绿色和平组织认为，"基因改良型"大豆对人类健康有害，要求政府制定限制这类大豆进口政策。如果这一食品政策实施，那么就会对世界大豆市场产生影响。

（4）国际性或区域性经济与贸易组织的影响

国际经贸组织及其协定为了协调贸易国之间的经济利益关系，许多贸易国之间建立了国际性的或区域性的经济或贸易组织。这些国际经贸组织经常采取一些共同的政策措施来影响商品供求关系和商品价格。国际大宗商品，如石油、铜、糖、小麦、可可、锡、茶叶、咖啡等商品的价格及供求均受有关国际经贸组织及协定的左右。因此，期货价格分析必须注意有关国际经贸组织的动向。

在分析政治因素对期货价格影响时，应注意不同的商品所受影响程度是不同的。如国际局势紧张时，对战略性物资价格的影响就比对其他商品的影响大。

6.3.7.5　自然因素

自然因素包括气候条件、地理变化和自然灾害等,具体而言,包括地震、洪涝、干旱、严寒、虫灾、台风等方面因素。期货交易所上市的农产品、金属、能源等产品,其生产和消费都与自然因素密切相关。有时自然因素的变化会对运输和仓储造成影响,进而间接影响生产和消费。例如,1982 年美国玉米大丰收,农场主收益颇丰,许多农场主准备在来年加大玉米的播种面积。然而,许多专家及市场人士则认为,随着玉米播种面积的扩大,1983年将出现玉米供应过盛,玉米价格将会降至历史最低点。与此同时,美国政府也实施了削减播种面积的计划。随后,美国全国遇到了干热气候的袭击,使玉米收成大幅度减少,当年玉米期货市场的价格不降反升。由此可见,变幻莫测的气候因素对某些商品,尤其是农产品的期货市场价格具有较大的制约性。即使是在科技水平迅速提高的当今,我们对自然环境的突发性变化,特别是对各种自然灾害的抗争能力仍十分有限。因此,自然因素对期货商品,尤其是受自然因素影响较大的农产品,仍具有相当的制约性。当自然条件不利时,农作物的产量就会受影响,从而使供给趋紧,刺激期货价格上扬。反之,如果气候适宜,农作物增产,市场供给增加,期货价格将趋于下跌。因此,期货交易商必须密切关注灾情、霜冻、作物生长期内湿度等情况以及这些自然因素对世界范围内农作物生长和牲畜饲养的影响,以提高对期货价格预测的准确性。

6.3.7.6　投机和心理因素

期货市场上,投机商经常利用某些消息或价格的波动,人为地进行投机性的大量抛售或补进,从而引发期货价格的大幅震荡。与此相关,投机者的心理因素也会对期货市场的商品价格产生影响。心理因素是指投机者对市场的信心。一旦人们对市场信心十足,即使没有什么好的信息刺激,价格也可能因投机者的心理因素作用而上涨;反之,当人们对市场缺乏信心时,价格就有可能因此而下降。通常在期货交易中,投资者的心理变化往往与期货投机因素交织在一起,产生综合效应。也就是说,一方面,投资者心理因素随着市场变化而不断地发生变化,通常投资者的这种心理变化会成为其他交易者捕捉的交易机会和分散价格风险的时机,进而促进投机交易的形成。另一方面,期货市场中的投机方式经常翻新,不断变化,以适应不同时期期货商品的交易特点,这又会反过来影响交易者的投资心理。总之,投资者的心理变化与投机行为是期货交易中所形成的互相制约、相互依赖的"共生现象",他们共同作用于期货市场,是影响和制约期货市场商品价格发生波动的重要因素。

例如,1980 年黄金市场出现的空前大风暴,明显地反映了投机心理和价格预期对期货价格的影响力。1979 年 11 月金价仅每盎司 400 美元左右,1980 年 1 月 21 日已暴涨至838 美元的历史高峰。其暴涨原因是多方面的:经济方面是石油输出国组织宣布大幅度提高油价。政治因素是苏联入侵阿富汗;伊朗劫持美国人质;美伊关系恶化,美冻结伊在美资产等。而一些大金商肆意渲染、哄抬金价所造成的投机心理更是金价暴涨的重要原因。当金价涨到最高峰时,又谣传美国政府将在 1 月份拍卖大量存金,使投机者心理突然逆转,竞相抛售黄金期货。1 月 22 日当天金价下跌 103 美元,到 3 月份即跌到 460 美元。这次金价的大起大落,除了经济和政治因素的影响外,投机心理因素也起了巨大的推波助澜作用。而到 5 月份,黄金市场风浪基本平息,人心转趋看淡,金价疲软。尽管出现一些小的刺激金价上涨的因素,但仍未能改变人们的心理预期,而无法促使金价回升。以不变价格估算,1980 年年初的黄金价格历史高峰甚至超过了次贷危机后的最高黄金价格。

6.3.8　期货技术分析

6.3.8.1　期货技术分析概述

基本分析法虽然是预测价格走势的一种很重要的方法,但也有不足之处。即使期货交易者掌握了所有影响价格的信息,也很难把握期货价格的正确走势。为了弥补基本分析法的不足,交易者可通过研究市场行为来预测期货价格走势,这就是期货价格的技术分析。

技术分析,是指通过对期货市场行为本身的分析来预测期货市场价格的变动趋势,即主要利用历史价格、成交量、未平仓量的变化以及其他交易数据和技术分析指标,按照时间顺序绘制成价格趋势图表或图形,然后借助于这些图表或图形的变化来分析和预测价格趋势的一种方法。技术分析派认为,一切影响商品供求关系的因素已经全部或大部分反映在市场价格走势中,因此研究价格如何变动比研究价格为什么变动更能了解未来市场价格的变动方向,市场本身所显示的现象足以为市场未来价格的变动方向提供信息。因此,只要分析市场本身的统计数字,诸如价格、交易量、未平仓量等,就可以为未来价格波动提供启示。技术分析派有以下基本假设:

① 市场是有趋势的,趋势是有惯性的。也就是说,一旦价格朝某一方向移动,在反转信号出现之前,这种移动的动力就会促使市场价格继续朝着同一方向移动,上升的持续上升,下降的持续下降。因此,技术分析者的任务就是通过对图表进行各种技术分析,来确定目前市场的主要趋势,以便在买卖中建立对自己有利的交易部位。

② 期货价格是买卖双方相互作用的结果,而期货价格具有某种时间上的连续性和继承性。在其一时点上,期货价格同其过去的价格有着密切联系,当前价格往往是过去价格在多种因素综合影响下的延续。也就是说,某一时点上的期货价格,反映了过去期货价格的变动趋势;当前期货对今后的价格产生某种暗示和影响作用。因此,技术分析派认为"历史是会重演的",即市场行为会反复地出现。根据过去的经验,研究当前市场行为的形态,便能为未来的价格变动方向提供启示。期货交易者可以在搜集整理分析过去的期货

价格资料、信息的基础上,利用各种方法和技术来预测期货价格以及时其未来走势。

6.3.8.2 基础指标

期货价格技术分析的主要基础指标有开盘价、收盘价、最高价、最低价、成交量和未平仓合约量。

开盘价:开市前 5 分钟集合竞价产生的价格。

收盘价:收市前 5 分钟集合竞价产生的价格。

最高价:为当日的最高交易价格。

最低价:为当日的最低交易价格。

成交量:为在一定的交易时间内某种商品期货在交易所成交的合约数量。在国内期货市场,计算成交量时采用买入与卖出量两者之和。

未平仓合约量:指买入或卖出后尚未对冲及进行实物交割的某种商品期货合约的数量,也称持仓量或空盘量。未平仓合约的买方和卖方是相等的,未平仓合约量只是买方和卖方合计的数量。如买卖双方均为新开仓,则未平仓合约量减少 2 个合约量;如其中一方为新开仓,另一方为平仓,则未平仓合约量不变;如买卖双方均为平仓,未平仓合约量减少 2 个合约量,当下次开仓数与平仓数相等时,未平仓合约量也不变。

未平仓合约量越大,该合约到期前平仓交易量和实物交割量的总和就越大,成交量也就越大。因此,分析未平仓合约量的变化可推测资金在期货市场的流向。未平仓合约量增加,表明资金注入期货市场;反之,则说明资金正流出期货市场。

6.3.8.3 成交量、未平仓合约量与价格的关系

成交量和未平仓合约量的变化会对期货价格产生影响,期货价格变化也会引起成交量和未平仓量的变化。因此,分析三者的变化,有利于正确预测期货价格走势。

① 成交量、未平仓合约量增加,价格上升,表示新买方正在大量收购,近期内价格还可能继续上涨。

② 成交量、未平仓合约量减少,价格上升,表示卖空者大量补货平仓,价格短期内向上,但不久将可能回落。

③ 成交量增加,价格上升,但未平仓合约量减少,说明卖空者和买空者都在大量平仓,价格马上会下跌。

④ 成交量、未平仓量减少,价格下跌,表明卖空者大量出售合约,短期内价格还可能下跌,但如果抛售过度,反而可能使价格上升。

⑤ 成交量、未平仓量减少,价格下跌,表明大量买空者急于卖货平仓,短期内价格将继续下降。

⑥ 成交量增加、未平仓量和价格下跌,表明卖空者利用买空者卖货平仓导致价格下

跌之际陆续补货平仓获利,价格可能转为回升。

从上分析可见,在一般情况下,如果成交量、未平仓量与价格同向,其价格趋势可能继续维持一段时间;如两者与价格反向时,价格走势可能转向。当然,这还需结合不同的价格形态作进一步的具体分析。

6.3.8.4   图形分析

在技术分析中,图形分析是最主要、最普遍的分析方法,包括以下三种最基本的价格图形。

(1) K 线图

在 K 线图中,纵轴代表价格,横轴代表时间。按时间单位不同,K 线图可分为分时图、日图、周图、月图等。K 线图绘制比较简单,以日线图为例,两个尖端,在上的是上影线,在下的是下影线,分别代表当日的最高价和最低价,中间类似蜡烛的长方形,则表明当日的开盘价和收盘价。低开高收的市场情况,即收盘价大于开盘价,称为阳线;高开低收的情况,即开盘价大于收盘价,称为阴线,由于每天价格的波动不一样,所以每天出现的阴线或阳线形状也不同,为加强视觉效果,能常用红色代表阳线,蓝色代表阴线。观察 K 线图,可以很明显地看出该日市况"低开高收"还是"高开低收",形象鲜明,直观实用。

同其他走势图一样,K 线图的功能在于可以显示市场内买卖双方对目前价格的认同状况,以此来预测价格的未来走势。在 K 线图理论中,不同形状的阴阳线,代表着不同的价格走势:

- 光头光脚阳线与阴线。以最低价开市,以最高价收市,形成光头光脚阳线。实体幅度越长,显示买气越强盛,后市将可能转为上升。以最高价开市,以最低价收市,则形成光头光脚阴线。实体幅度越长,显示卖气越强盛,后市将转向下跌。

- 无上影的阳线与无上影的阴线。价格开市后下跌的,然后又回升到比开市价更高处,最后以最高价收市,形成无上影的阳线,显示市势买气强烈,后市将持续上升。当价位处于低价圈时,价格在最高价开市后持续下跌,收市时略有回升,但收市价仍低于开盘价,形成无上影线的阴线,这种形状属于下跌抵抗型,即在下跌过程中受到买方的抵抗,价位将出现反弹上升。

- 无下影线的阳线与阴线。当价位处于高价圈时,出现以最低价开市后持续上升,收市时回落,但仍比开市价高,形成无下影线的阳线。这种形状属于上升抵抗型,显示上升买气虽大,但卖压沉重,后市将有下跌趋势。当价位处于高价圈时,如开盘后市价上升,但不久就一直下跌,最后以最低价收盘,形成无下影线的阴线。这显示市势卖气甚重,属于先涨后跌型,后市仍有下跌趋势。

- 十字星形线。当开市价与收市价处于相同价位的时候,会形成十字星形线。十字星形线显示市场内买家与卖家对于目前价格走势犹豫不决,非常谨慎。而随着时间变化,后市将出现重要转折。当高价圈出现十字星形线时,后市往往转跌,当低价圈出现十字星形线时,后市常常趋升。但十字星形线出现后是否转势,还要具体情况具体分析。

在分析K线图形态时,除了注意其基本形态外,还应注意以下几点。

第一,要注意上影线及下影线的长度关系。当上影线极长而下影线极短时,表明市场上卖方力量较强,对买方要予以压制;当下影线极长而上影线极短时,表时市场上卖方受到买方的顽强抗击。

第二,要注意实体部分和上下影线相对长短的比例关系,以此来分析买卖双方的力量。

第三,还要注意K线图所处的价位区域。对于同一K线状态,当出现在不同的地方时,它们的意义与解释不同,甚至相反。比如,K线实体上下都带长影线,如果出现在上升行情末期,则一般意味着天价的形成;如果出现在下跌行情末期,则一般意味着低价位的出现。又如上下影线的阳线锤子和阴线锤子,如出现在高价位时,一般预示着后市转跌,若出现在低价位时,一般预示后市看涨。所以,进行K线图分析,就要观察阴线或阳线各部分之间的长度比例关系和阴阳线的组合情况,以此来判断买卖双方实力的消长,来判别价格走势。

(2) 条形图

条形图是价格图中最简单的一种。按时间不同,又可分为分时图、日图、周图、月图等。以日条形图为例,每个交易日由一条连接当日最高价和最低价的竖线表示,当日开盘价由一条与竖线相交、位于竖线左侧的短横线表示;当日收盘价由一条与竖线相交、位于竖线右侧的短横线表示。

(3) 点数图

点数图,又称OX图,是以点数为单位记录价格变化的图形。在点数图中,纵轴代表价格,每一小格代表价格的货币单位,俗称规格。每一小格代表多少货币价格单位,通常由制图者自行选择。其横轴不代表任何固定的时间单位,只是随时间推移,价格一栏一栏反复地变动。因此,点数图既不记录成交量,也不记录时间,在点数图中,用X表示价格上升,O表示价格下降。当价格连续上升或下降,就在同一纵列方格按垂直方向填上X或O符号;当价格出现相反趋势,就在相邻的纵列填上新的活动方向。

6.4 实验内容

6.4.1 实验一:熟悉期货行情分析系统

① 进入期货行情分析系统,了解国内四家期货交易所的交易品种。

② 选定一类期货合约,比如黄金期货合约,根据交易量、持仓量、未平仓合约、价格涨跌幅度等信息,分析哪个或哪几个交割月份的合约交易比较活跃,以便于期货模拟交易快

速成交,也为实际期货交易操作风险控制提供帮助。

③ 进入期货行情分析系统,了解 NYBOT、LME、NYME、CME、CMEX、IPE、JPE 等一些主要的国际期货交易所的交易品种与交易情况。

④ 对国内期货及国际期货交易所的交易品种有全面的了解,学会如何使用行情分析系统进行期货行情分析。

6.4.2　实验二:熟悉期货模拟下单系统,跟踪保证金变动

① 进入期货模拟下单系统,了解其主要功能。

② 在"设置行情"中,增设可交易的期货合约。

③ 了解某类期货合约交易的保证金与费用,比如黄金期货,明确黄金期货的交易手续费、初始保证金等信息。

表 6-3 是黄金期货(最低保证金为 7%)的交易保证金变动,请以此为例完成④和⑤的实验内容。

表 6-3　黄金期货(最低保证金为 7%)的交易保证金变动

日期	结算价	自己的账户	对方的账户
第一天	329 元/克	卖出 1 手黄金期货合约,保证金 23 030 元	买入 1 手黄金期货合约,保证金 23 030 元
第二天	331 元/克	保证金 23 170 元,须追缴:2 000 元(亏损)+140 元(保证金变动)	保证金 23 170 元,可清退:2 000 元(赢利)−140 元(保证金变动)
第三天	328 元/克	保证金 22 960 元,可清退:3 000 元(赢利)+210 元(保证金变动)	保证金 22 960 元,须追缴:3 000 元(亏损)−210 元(保证金变动)
第四天	330 元/克	保证金 23 100 元,须追缴:2 000 元(亏损)+140 元(保证金变动)	保证金 23 100,可清退:2 000 元(赢利)−140 元(保证金变动)

④ 选择某一交易活跃的期货合约,建立多头仓位并平仓,跟踪保证金账户资金的变动,分别确定建仓时的交易保证金和交易费用,建仓后交易保证金的变动和保证金账户余额以及交易盈亏。

⑤ 选择某一交易活跃的期货合约,建立空头仓位并平仓,实验要求与步骤同上。

⑥ 通过实验要求④和⑤,比较多头交易与空头交易引起的保证金账户变动,说明期货交易的多头交易者和空头交易者的市场地位是一样的。

6.4.3　实验三:套期保值实验

分别对这多头套期保值和空头套期保值方法进行模拟交易实验。由于套期保套交易需要确定商品的现货价格,在实验时,学生可以根据当前商品的市场行情确定模拟的现货价格,以此为参照来计算模拟交易的盈亏。

① 多头套期保值,见表 6-4。

表 6-4　多头套期保值表

交易品种	现 货 市 场	期 货 市 场	基差
开仓日	期货合约基础资产的现货价格为_____	买入____份____月份的____合约,期货价格为_____	_____
平仓日	以_____(现货价格)买入_____(数量)的基础资产	卖出____份____月份的_____合约,期货价格为_____	_____
多头套期保值结果		期货市场盈亏_____	

多头套期保值的结果_____

② 空头套期保值,见表 6-5。

表 6-5　空头套期保值表

交易品种	现 货 市 场	期 货 市 场	基差
开仓日	期货合约基础资产的现货价格为_____	卖出____份____月份的____合约,期货价格为_____	_____
平仓日	以_____(现货价格)卖出_____(数量)的基础资产	买入____份____月份的____合约,期货价格为_____	_____
空头套期保值结果		期货市场盈亏_____	

空头套期保值的结果_____

6.4.4　实验四：投机交易实验

① 多头投机交易：要求学生根据基本因素分析或技术分析,选择某一期货合约,开仓买入若干手,并在当天实验结束前平仓卖出该期货合约,然后要求学生查询成交的买卖价差和净利润情况,见表 6-6。

表 6-6　多头投机交易表

交易品种	期 货 市 场	基　差
开仓日	买入____份____月份的____合约,期货价格为_____	_____
平仓日	卖出____份____月份的____合约,期货价格为_____	_____
多头投机结果	期货市场盈亏_____	

② 空头投机交易：要求学生根据基本因素分析或技术分析,选择某一期货合约,开

仓卖出若干手,并在当天实验结束前平仓买入该期货合约,然后要求学生查询成交的买卖价差和净利润情况,见表 6-7。

表 6-7　空头投机交易表

交易品种	期货市场	基　差
开仓日	卖出 ____ 份 ____ 月份的 ____ 合约,期货价格为 _____	_____
平仓日	买入 ____ 份 ____ 月份的 ____ 合约,期货价格为 _____	_____
空头投机结果	期货市场盈亏 _____	

6.4.5　实验五:套利交易实验

① 跨期套利实验:选择某类期货合约,设计跨期套利交易。比如,若当前月份是 7 月份,以上海期货交易所的黄金期货合约为例进行跨期套利模拟交易实验,开仓买入"9 月黄金"1 张合约,同时开仓卖出"12 月黄金"1 张合约。随后跟踪价格的变动,并根据两张合约的价格变化,平仓卖出"9 月黄金"1 张合约,同时平仓买入"12 月黄金"1 张合约,完成跨期套利交易策略,见表 6-8。

表 6-8　跨期套利交易表

交易品种	期货市场		价格差
开仓日	买入 ____ 份 ____ 月份的 ____ 合约,期货价格为 _____	卖出 ____ 份 ____ 月份的 ____ 合约,期货价格为 _____	____
平仓日	卖出 ____ 份 ____ 月份的 ____ 合约,期货价格为 _____	买入 ____ 份 ____ 月份的 ____ 合约,期货价格为 _____	____
跨期套利结果			

对比交易结果与建仓时预测的差异,分析原因。

② 跨商品套利实验:选择基础资产相关的期货合约,设计跨商品套利交易。比如,若当前月份是 7 月份,以大连商品交易所的黄豆合约和豆粕合约为例进行实验。开仓买入大连商品交易所 9 月份交割的"9 月豆粕"合约 1 张,同时开仓卖出大连商品交易所 9 月份交割的"9 月黄豆"合约 1 张,根据两张合约的价格变化,平仓卖出"9 月豆粕"合约 1 张,买入"9 月黄豆"合约 1 张,完成跨商品套利交易策略,见表 6-9。

表 6-9　跨商品套利交易表

交 易 品 种	期 货 市 场		价格差
开仓日	买入 ＿＿ 份 ＿＿ 月份的 ＿＿ 合约，期货价格为 ＿＿＿＿＿＿	卖出 ＿＿ 份 ＿＿ 月份的 ＿＿ 合约，期货价格为 ＿＿＿＿＿＿	＿＿＿
平仓日	卖出 ＿＿ 份 ＿＿ 月份的 ＿＿ 合约，期货价格为 ＿＿＿＿＿＿	买入 ＿＿ 份 ＿＿ 月份的 ＿＿ 合约，期货价格为 ＿＿＿＿＿＿	＿＿＿
跨商品套利结果			

对比交易结果与建仓时预测的差异，分析原因。

6.5　实验小结

期货合约是指由期货交易所统一制定的、规定在将来某一特定的时间和地点交割一定数量标的物的标准化合约。

不同的期货交易策略可实现不同的交易目的。套期保值策略可用于潜在风险的规避；投机策略是依据未来价格波动方向与幅度的预测，获得风险收益；套利策略则是针对两个不同的合约建立相反头寸，获得无风险收益。

期货交易与股票、债券等证券交易不同，前者属于衍生产品交易，后者属于现货交易。期货交易不仅需要基本分析和技术分析，还要涉及期货合约的交割月份、基础资产等级、交割地点等的选择。

外汇模拟交易

7.1 实验要求

了解外汇的基本知识,掌握汇率的直接报价法与间接报价法,外汇的买入价和卖出价;

了解外汇交易的基本规则与基本程序,熟悉外汇模拟交易系统中外汇合约的设定,理解外汇实盘交易与外汇保证金交易的差异;

熟悉外汇行情分析软件,能进行外汇实盘与保证金交易;

能够解读外汇行情,掌握外汇交易的基本分析方法,对外汇走势做出合理判断。

7.2 实验准备

7.2.1 外汇行情系统

单击桌面"开始"菜单→程序→钱龙金融教学系统,或者双击桌面上的快捷方式图标,出现图 7-1。单击外汇,出现下拉菜单,单击"实时行情",即可进入外汇行情分析系统。

图 7-1 外汇模拟交易系统界面

在"沪深行情"页面的左下角,单击后可出现下拉菜单,选择"外汇"按钮,即可出现外汇行情页面,可以看到基本汇率和交叉汇率。如图 7-2 和图 7-3 所示。

序号	名称	代码	幅度%	成交	涨跌	昨收	开盘	最高	最低	买入价	卖出价	涨速%
1	欧元美元	EURUSD	-0.04	1.2706	-0.0005	1.2711	1.2708	1.2710	1.2702	1.2706	1.2709	0.00
2	英镑美元	GBPUSD	0.05	1.5875	0.0008	1.5883	1.5877	1.5878	1.5869	1.5875	1.5876	0.00
3	美元日元	USDJPY	+0.16	79.60	+0.13	79.47	79.43	79.62	79.43	79.60	79.61	-0.02
4	澳元美元	AUDUSD	-0.01	1.0425	-0.0001	1.0426	1.0427	1.0429	1.0419	1.0425	1.0431	0.00
5	美元加元	USDCAD	+0.05	0.9998	+0.0005	0.9993	0.9997	1.0000	0.9993	0.9998	1.0004	0.00
6	美元瑞郎	USDCHF	+0.03	0.9481	+0.0003	0.9478	0.9481	0.9485	0.9474	0.9481	0.9481	-0.01
7	美元港元	USDHKD	-0.00	7.7506	-0.0001	7.7507	7.7507	7.7507	7.7498	7.7506	7.7508	0.00
8	美元人民	USDCNY	-0.07	6.2245	-0.0046	6.2291	6.2291	6.2291	6.2245	—	—	0.00

图 7-2　基本汇率

序号	名称	代码	幅度%	成交	涨跌	昨收	开盘	最高	最低	买入价	卖出价	涨速%	振幅%
1	欧元瑞郎	EURCHF	+0.03	1.2073	+0.0004	1.2069	1.2069	1.2076	1.2063	1.2073	1.2076	0.00	0.11 21:
2	欧元澳元	EURAUD	-0.66	1.2262	-0.0081	1.2343	1.2343	1.2345	1.2235	1.2262	1.2268	0.00	0.89 21:
3	欧元加元	EURCAD	-0.20	1.2721	-0.0026	1.2747	1.2747	1.2754	1.2692	1.2721	1.2723	0.00	0.49 21:
4	欧元英镑	EURGBP	+0.07	0.8011	+0.0006	0.8005	0.8005	0.8014	0.7980	0.8011	0.8011	0.00	0.42 21:
5	欧元日元	EURJPY	-0.11	102.72	-0.11	102.72	102.72	102.81	102.13	102.61	102.62	-0.01	0.65 21:
6	英镑日元	GBPJPY	-0.11	120.08	-0.14	120.22	120.27	128.32	127.78	120.08	120.08	0.00	0.42 21:
7	英镑澳元	GBPAUD	-0.67	1.5308	-0.0104	1.5412	1.5412	1.5419	1.5296	1.5308	1.5311	-0.03	0.80 21:
8	英镑加元	GBPCAD	-0.23	1.5880	-0.0037	1.5917	1.5918	1.5927	1.5861	1.5880	1.5884	0.00	0.41 21:
9	澳元瑞郎	AUDCHF	-0.45	1.0326	-0.0046	1.0326	1.0326	1.0387	1.0318	1.0372	1.0375	0.00	0.67 21:
10	加元日元	CADJPY	-0.10	80.6400	-0.0800	80.5600	80.5600	80.7600	80.3000	80.6400	80.6700	-0.01	0.57 21:
11	美元欧元	USDEUR	-0.05	0.7812	-0.0004	0.7816	0.7816	0.7836	0.7805	0.7812	0.7811	0.00	0.40 21:
12	美元英镑	USDGBP	-0.02	0.6258	-0.0001	0.6259	0.6259	0.6264	0.6251	0.6258	0.6257	0.00	0.21 21:
13	美元澳元	USDAUD	-0.72	0.9581	-0.0069	0.9650	0.9650	0.9653	0.9575	0.9581	0.9579	0.00	0.81 21:
14	欧元港元	EURHKD	+0.06	9.9209	+0.0058	9.9151	9.9159	9.9305	9.8895	9.9209	9.9226	0.00	0.41 21:
15	欧元人民	EURCNY	+0.06	7.9950	+0.0046	7.9904	7.9910	8.0039	7.9694	7.9950	7.9961	0.00	0.43 21:
16	日元美元	JPYUSD	+0.15	0.012477	0.000019	0.012458	0.012458	0.012509	0.012453	0.012477	0.012470	0.00	0.45 21:
17	日元欧元	JPYEUR	+0.11	0.009745	0.000010	0.009735	0.009735	0.009791	0.009728	0.009745	0.009745	0.00	0.65 21:
18	日元英镑	JPYGBP	+0.19	0.007815	0.000015	0.007800	0.007798	0.007824	0.007794	0.007815	0.007814	-0.01	0.38 21:
19	日元瑞郎	JPYCHF	-0.12	0.011767	0.000014	0.011753	0.011752	0.011829	0.011729	0.011767	0.011767	0.00	0.05 21:

图 7-3　交叉汇率

单击"欧元美元",出现汇率分时走势图,如图 7-4 所示。

图 7-4　汇率分时走势图

　　通过"↓"和"↑",调整汇率走势图的时段长度。通过图 7-4 左侧的功能选项,可以在"分时走势"、"技术分析"、"明细资料"和"多周期图"中查看汇率的历史走势情况。或者通过 F5 键,查看汇率的 K 线图。相关功能使用方法与股票部分的内容一致。

7.2.2　模拟交易系统操作

7.2.2.1　外汇模拟下单系统登录

　　在图 7-1 页面上按"下单系统"按钮进入,即弹出登录对话框,如图 7-5 所示。

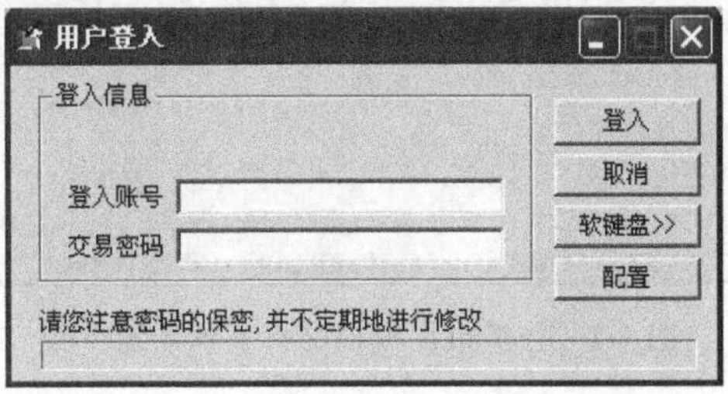

图 7-5　外汇市场的下单系统登录页面

　　然后在登录账号与交易密码处填入正确的账号(由专业实验教师分配)与密码,单击登录即可。

7.2.2.2　外汇模拟下单系统结构图

外汇模拟下单系统结构如图 7-6 所示。

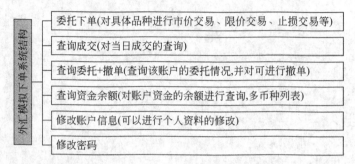

图 7-6　外汇市场下单系统功能结构

7.2.2.3　外汇模拟下单主要功能

（1）委托下单

登录外汇市场模拟交易下单系统后，出现图 7-7。

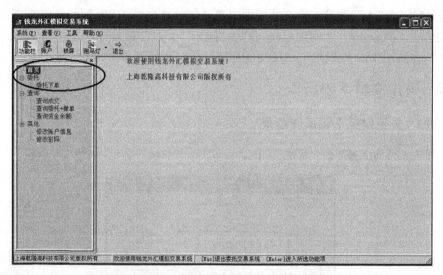

图 7-7　外汇市场模拟交易下单系统界面

单击"委托下单"后，出现图 7-8，显示了货币对之间汇率的最新价、昨日收盘价、今日开盘价、最高价、最低价等行情要素，以及委托交易指令的各选项，如委托指令类型、卖出货币与买入货币等。

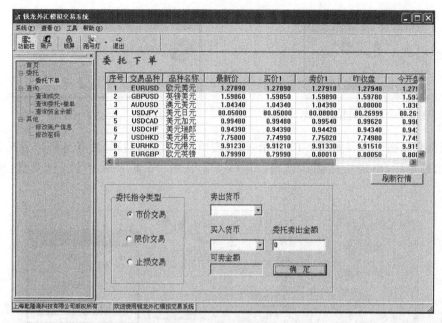

图 7-8　委托下单页面

交易者可选择需要卖出的货币种类,选择买入货币种类,并输入所需卖出的金额,并确定委托交易指令类型。

交易方式的类型包括市价交易、限价交易和止损交易。

市价交易:按当前的市场价格,即刻给予成交。

限价交易:以更优的价格报价,当市场价到达条件时,则成交。

止损交易:以更劣的价格报价,当市场价到达条件时,则成交。

在确定市价委托交易指令的相关内容,单击"确定",出现图 7-9。随后,若出现图 7-10,即委托成功;若出现图 7-11,即委托失败,说明委托交易指令内容有不当之处,比如金额不足,出现错误信息。

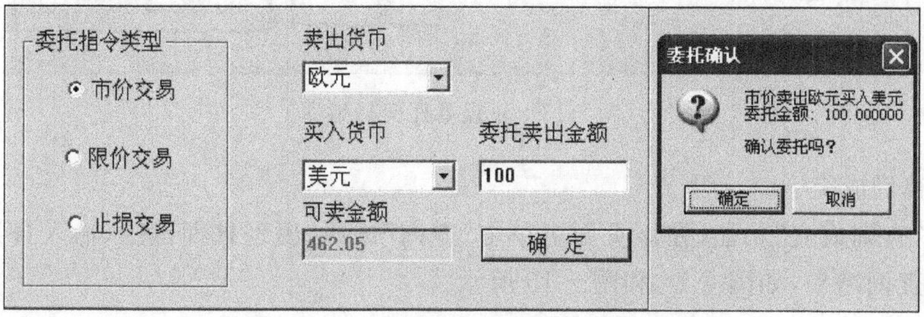

图 7-9　现价委托交易指令

图 7-10　现价委托已受理

图 7-11　交易委托失败

　　限价交易指令内容如图 7-12 所示，填写卖出货币、买入货币、委托价格和委托卖出金额，单击确定后，出现委托确认话框。进一步确认后，可显示限价委托已受理，或委托失败。

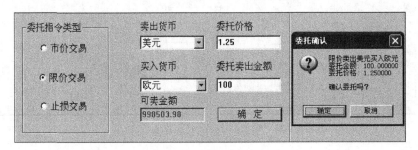

图 7-12　限价委托交易指令

　　止损交易指令内容如图 7-13 所示，填写卖出货币、买入货币、止损价格和委托卖出金额，单击确定后，出现委托确认话框。进一步确认后，可显示止损委托已受理，或委托失败。

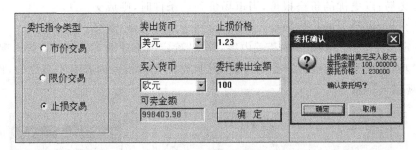

图 7-13　止损委托交易指令

　　（2）查询成交

　　选择"查询成交"功能，在该页面上单击"查询"按钮，出现日期范围，输入日期后确认，即可出现查询结果，如图 7-14 和图 7-15 所示。

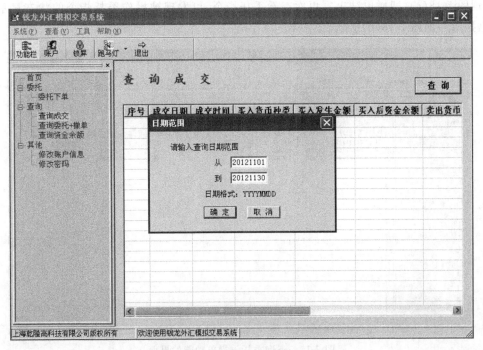

图 7-14 查询成交功能界面

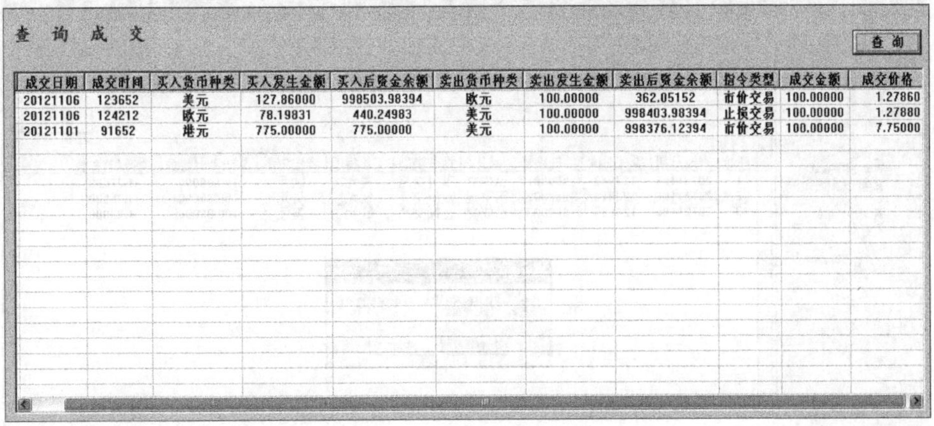

成交日期	成交时间	买入货币种类	买入发生金额	买入后资金余额	卖出货币种类	卖出发生金额	卖出后资金余额	指令类型	成交金额	成交价格
20121106	123652	美元	127.86000	998503.98394	欧元	100.00000	362.05152	市价交易	100.00000	1.27860
20121106	124212	欧元	78.19831	440.24983	美元	100.00000	998403.98394	止损交易	100.00000	1.27880
20121101	91652	港元	775.00000	775.00000	美元	100.00000	998376.12394	市价交易	100.00000	7.75000

图 7-15 成交查询的结果

（3）查询委托＋撤单

下面列表罗列了所有委托的内容，如图 7-16 所示，对于有些还未成交的委托，即状态显示为"已申报"的委托指令，双击可进行撤单。在图 7-17 的撤单确认话框中单击确认，

出现图 7-18(a)，即撤单结果。再次查看委托指令，可发现被操作委托指令的状态显示为
"已撤单"，如图 7-18(b)所示。

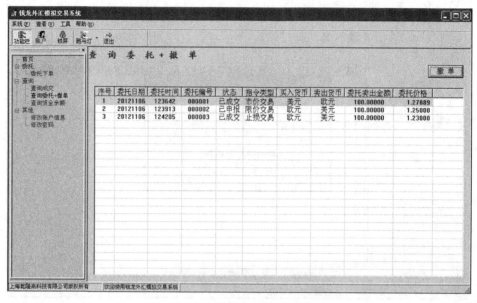

图 7-16　查询委托＋撤单功能的界面

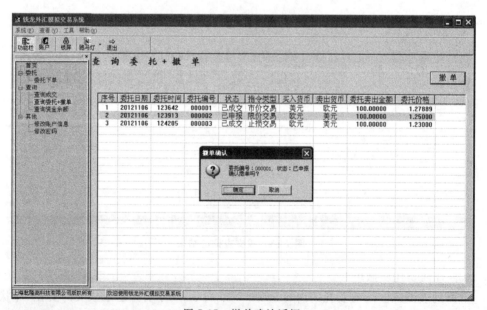

图 7-17　撤单确认话框

(a)

序号	委托日期	委托时间	委托编号	状态	指令类型	买入货币	卖出货币	委托卖出金额	委托价格
1	20121106	123642	000001	已成交	市价交易	美元	欧元	100.00000	1.27889
2	20121106	123913	000002	已撤单	限价交易	欧元	美元	100.00000	1.25000
3	20121106	124205	000003	已成交	止损交易	欧元	美元	100.00000	1.23000

(b)

图 7-18 撤单结果

（4）查询资金余额

单击"查询资金余额"键，出现图 7-19，它罗列了所有资金的余额情况。

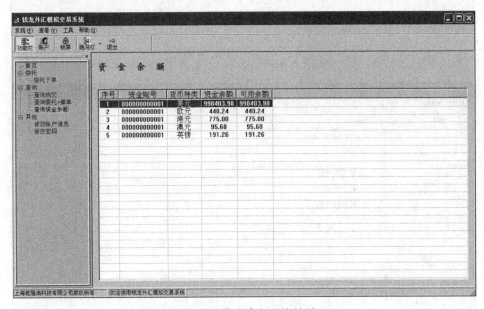

图 7-19 资金余额查询结果

（5）修改账户信息和修改密码

修改账户信息和修改密码两项功能与证券交易和期货交易类似，在此不再详细罗列。如图 7-20 和图 7-21 所示。

（6）交易管理

单击"交易管理"，进入外汇交易管理中心，出现图 7-22。

单击图 7-22 功能栏中的"资金管理"，出现下拉菜单，有"用户存款"和"用户取款"两

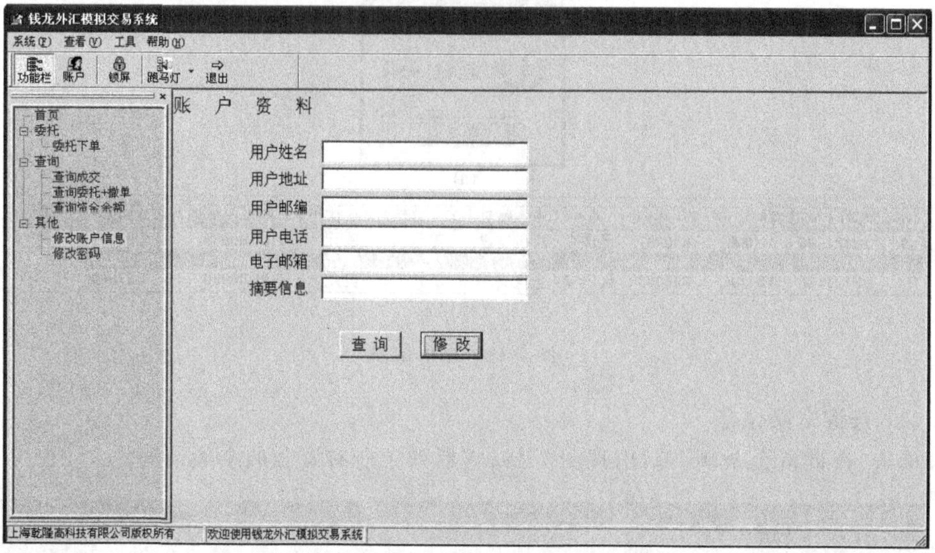

图 7-20　修改账户信息

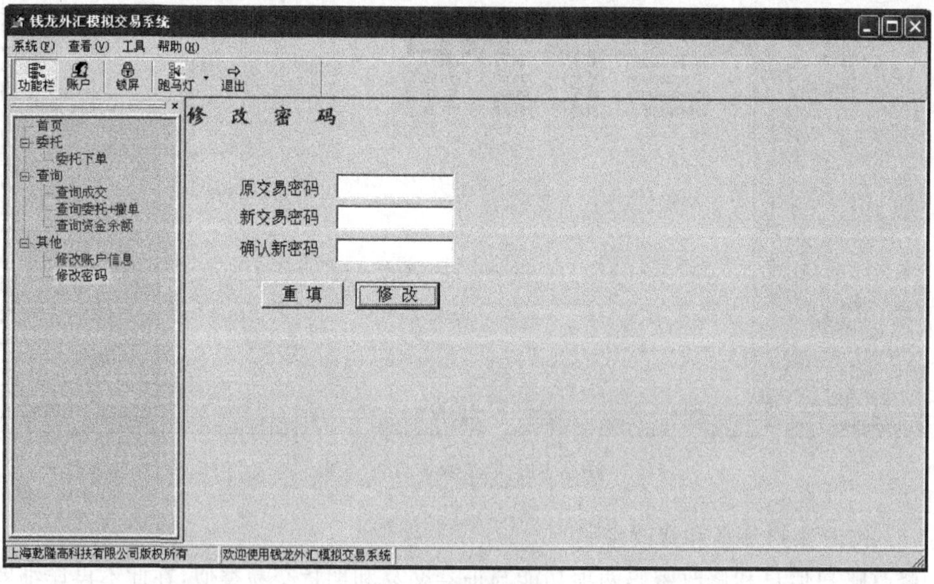

图 7-21　修改密码

项功能。单击"用户存款"或"用户取款",出现图 7-23,当出现模拟交易账户资金不足时,可以进行资金增加。

　　单击图 7-22 功能栏中的"外汇系统设置",出现下拉菜单,有"设置行情路径"、"设置

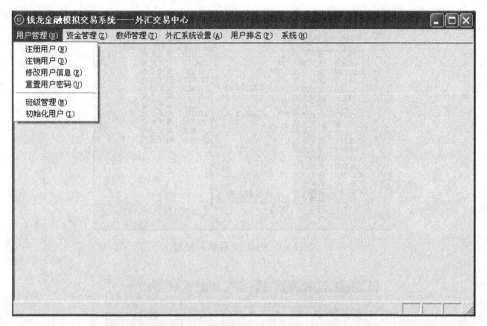

图 7-22 外汇模拟交易的交易管理界面

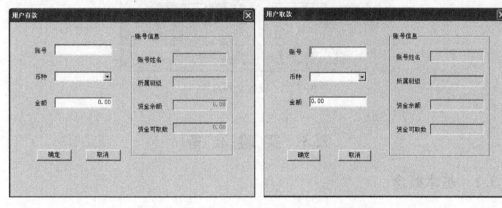

图 7-23 资金管理——"用户存款"与"用户取款"

交易品种"和"设置交易参数"三项功能。

单击"交易品种设置",出现图 7-24。可见在品种列表中罗列着所有外汇可交易品种,实验教师可按照模拟交易需求,将所需品种选入允许交易的品种。

单击"设置交易参数",出现图 7-25。对不同的交易品种,设定交易所需的手续费率。查看模拟交易的手续费设置,有助于学生了解交易费用。

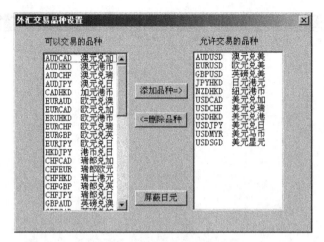

图 7-24　外汇交易品种设置

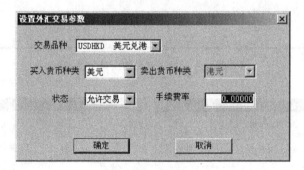

图 7-25　设置交易参数

7.3　实　验　准　备

7.3.1　基本概念

7.3.1.1　外汇

外汇有动态和静态之分。动态外汇是指一国货币兑换成他国货币,凭以清偿国际债权、债务关系的一种专门的经营活动或行为。静态外汇又有狭义和广义之分。狭义外汇是指一种以外币表示的用作国际结算的支付手段。广义外汇是指所有用外币表示的债权,包括以外币表示的各种信用工具和有价证券。

　　国际货币基金组织的外汇是货币行政当局（中央银行、货币管理机构、外汇平准基金组织和财政部）以银行存款、财政部库券、长短期政府证券等形式所保有的在国际收支逆差时可以使用的债权。具体包括：①可以自由兑换的外国货币；②长短期外币有价证券，政府公债、国库券、金融债券、公司债券、股票、息票；③外币支付凭证，银行存款凭证、商业汇票、银行汇票、银行支票等。

　　2008 年 8 月修订通过的《中华人民共和国外汇管理条例》规定外汇是以外币表示的可以用作国际清偿的支付手段和资产。具体为：①外币现钞，包括纸币、铸币；②外币支付凭证或者支付工具，包括票据、银行存款凭证、银行卡等；③外币有价证券，包括债券、股票等；④特别提款权；⑤其他外汇资产。

　　表 7-1 罗列了主要货币名称及标准符号。

表 7-1　主要货币名称及标准符号

国家或地区	货币名称		货币标准符号
	中文	英文	
中国香港	港元	HongKong Dollars	HKD
中国澳门	澳门元	Macao Pataca	MOP
中国	人民币元	Renminbi Yuan	CNY
日本	日元	Japanese	JPY
新加坡	新加坡元	Singapore Dollar	SGD
印度	卢比	Indian Rupee	INR
澳大利亚	澳大利亚元	Australian Dollar	AUD
新西兰	新西兰元	New Zealand Dollar	NZD
欧洲货币联盟	欧元	Euro	EUR
俄罗斯	卢布	Russian Ruble (or Rouble)	SUR
瑞士	瑞士法郎	Swiss Franc	CHF
英国	英镑	Pound, Sterling	GBP
加拿大	加元	Canadian Dollar	CAD
美国	美元	U. S. Dollar	USD
墨西哥	墨西哥比索	Mexican Peso	MXP

7.3.1.2　汇率

汇率是指两种不同货币之间的折算比价,也就是以一种货币表示的另一种货币的相对价格。例如:100USD＝632.47CNY,表示一百美元可以可兑换632.47元(人民币)。

汇率的表示方法有直接标价法和间接标价法。直接标价法是指以一定单位的外国货币为基准,将其折合为一定数额的本国货币的标价方法。人民币、韩元、瑞士法郎、加拿大元等均采用直接标价法,例如:1EUR＝7.685CNY,1USD＝79.31JPY等。间接标价法是以一定单位的本国货币为基准,将其折合为一定数额的外国货币的标价方法。美元、欧元、英镑等采用间接标价法,如 1USD＝0.982CAD,1GBP＝1.554 3USD,1EUR＝1.220 8USD等。

美元标价法又称纽约标价法,即在纽约国际金融市场上,除对英镑用直接标价法外,美元对其他外国货币用间接标价法的标价方法。美元标价法由美国在1978年9月1日制定并执行,目前是国际金融市场上通行的标价法。

美元标价法的目的是为了简化报价并广泛地比较各种货币的汇价。例如瑞士苏黎世某银行面对其他银行的询价,报出的货币汇价为:1 USD＝1.015 5CAD。

在美元标价法下,基准货币是美元,标价货币是其他各国货币。

7.3.1.3　汇率的种类

① 根据计算方法的不同,可分为基本汇率和交叉汇率。

基本汇率,也称基础汇率,是指本国货币对特定的关键货币的汇率。关键货币是指本国国际收支中使用最多、外汇储备中所占比重最大且在国际上广为接受的可自由兑换货币。通常关键货币是美元。

交叉汇率,也称套算汇率,是指两种非美元货币之间的比价,通常根据基本汇率套算得出。

② 根据买卖立场的不同,汇率包括买入价和卖出价。此外,还有中间价。

银行在从事外汇买卖时采用的原则是贱买贵卖。买入价是指报价银行或外汇经纪商向客户买入外汇时所用的汇率。卖出价是指报价银行或外汇经纪商向客户卖出外汇时所用的汇率。买入价和卖出价的差额为点差。对投资者而言,买卖价差就是参与外汇交易的交易成本。交易越活跃的货币对,其点差越小,反之亦然。表7-2为包含买入价和卖出价的外汇即期报价。表7-2是中国货币网的即期汇率报价。

以美元与人民币间的汇率为例,银行的买入价,即报价银行买入1美元需支付6.385 2元人民币,而报价银行的卖出价,即银行卖出1美元需收取6.385 9元人民币。

表 7-2　外汇即期报价(2012-07-24　13:30)

货　币　对	买/卖报价	货　币　对	买/卖报价
USD/CNY	6.385 2/6.385 9	GBP/CNY	9.912 4/9.914 0
HKD/CNY	0.823 10/0.823 20	EUR/USD	1.212 0/1.212 1
100JPY/CNY	8.152 1/8.154 2	GBP/USD	1.552 5/1.552 6
EUR/CNY	7.741 5/7.742 7	USD/CAD	1.017 8/1.018 0

资料来源：www.chinamoney.com.cn。

再如，以英镑与美元间的汇率为例，银行的买入价，即银行买入 1 美元需支付 1/1.552 6＝0.644 01 英镑，而银行的卖出价，即银行卖出 1 美元需收取 1/1.552 5＝0.644 12 英镑。

中间价是指买入汇率和卖出汇率的平均数，常用来进行分析与研究外汇行情。

人民币对美元汇率中间价的形成方式是：中国外汇交易中心于每日银行间外汇市场开盘前向所有银行间外汇市场做市商询价，并将全部做市商报价作为人民币对美元汇率中间价的计算样本，去掉最高和最低报价后，将剩余做市商报价加权平均，得到当日人民币对美元汇率中间价，权重由中国外汇交易中心根据报价方在银行间外汇市场的交易量及报价情况等指标综合确定。自 2006 年 1 月 4 日起，人民银行授权中国外汇交易中心于每个工作日上午 9 时 15 分对外公布当日人民币对美元、欧元、日元和港币汇率中间价，作为当日银行间即期外汇市场(含 OTC 方式和撮合方式)以及银行柜台交易汇率的中间价。

③ 按照外汇买卖的交割期限划分

即期汇率是指买卖成交后的当天或两个营业日内办理交割时使用的汇率。远期汇率是指买卖成交后，在约定的日期办理交割而事先由买卖双方订立合同、达成协议的汇率。远期汇率和即期汇率的差额为远期差价。如果远期汇率比即期汇率贵则为升水，反之，便宜的话则为贴水，相应的涨跌的价格就是升水金额和贴水金额。表 7-3 是中国货币网的人民币外汇远期报价。

以美元与人民币间的 1 周远期汇率为例，银行的买入价，即报价银行买入 1 美元需支付 6.389 6 元人民币，而报价银行的卖出价，即银行卖出 1 美元需收取 6.390 4 元人民币。买卖点差为 8 点。具体计算方法是在同期美元与人民币间的即期外汇报价的基础上，分别加上人民币外汇远期/掉期报价的点数，即可得到美元与人民币间的远期汇率。由于现有的报价已经简化了原有的升贴水标示方法，所以不必再进行"前小后大，加上远期报价的点数"或"前大后小，减去远期报价的点数"。

表 7-3   人民币外汇远期/掉期报价(2012-07-24   13:30)   单位：BP

货币对	1 周	1 月	3 月	6 月	9 月	1 年
USD/CNY	44.0/45.0	159.0/159.0	350.0/350.0	535.0/545.0	680.0/710.0	860.0/860.0
HKD/CNY	6.25/6.68	21.56/21.56	47.10/47.10	74.86/74.86	96.63/96.63	116.46/116.46
100JPY/CNY	61.10/63.24	222.70/223.90	522.20/528.0	890.15/890.69	1 179.78/1 183.67	1 551.0/1 620.83
EUR/CNY	62.90/67.57	224.90/224.90	526.12/526.12	881.24/881.24	1 189.87/1 189.87	1 496.88/1 496.88
GBP/CNY	70.70/76.0	246.94/246.94	525.93/525.93	821.59/821.59	1 068.47/1 068.47	1 299.58/1 299.58
AUD/CNY	−7.23/−7.23	−30.31/−30.31	−178.61/−178.61	−468.50/−468.50	−725.62/−725.62	−995.53/−995.53
CAD/CNY	24.95/24.95	115.72/115.72	221.64/221.64	283.43/283.43	318.54/318.54	344.38/344.38

资料来源：www.chinamoney.com.cn。

7.3.1.4   外汇市场

广义的外汇市场泛指进行外汇交易的场所,甚至包括个人外汇买卖交易场所,外币期货交易所等;狭义的外汇市场指外汇专业银行、外汇经纪商、中央银行等为交易主体,通过电话、电报、传真、因特网等现代化通信手段实现交易的无形的交易市场。

目前,世界上大约有 30 多个主要的外汇市场,它们遍布于世界各大洲的不同国家和地区。根据传统的地域划分,可分为亚太地区、欧洲、北美洲三大部分。其中,最重要的有欧洲的伦敦、法兰克福、苏黎世和巴黎,北美洲的纽约和洛杉矶,亚太地区的悉尼、东京、新加坡和中国香港等。全球外汇市场是 24 小时连续运作的市场,澳洲、亚洲、欧洲、北美洲的各大外汇市场首尾衔接,每天上午,从惠灵顿、悉尼开始,直到美国西海岸市场闭市,在营业日的任一时刻,都有外汇市场处于交易时间段。由于各外汇市场在营业时间上此开彼关,陆续挂牌营业,它们相互之间通过先进的通信设备和计算机网络连成一体,市场的参与者可以在世界各地进行交易,外汇资金流动顺畅,市场间的汇率差异极小,形成了全球一体化运作、全天候运行统一的国际外汇市场。

伦敦作为世界上最悠久的国际金融中心,伦敦外汇市场的形成和发展也是全世界最早的。在伦敦金融城中聚集了约 600 家银行,几乎所有的国际性大银行都在此设有分支机构,大大活跃了伦敦市场的交易。由于伦敦独特的地理位置,地处两大时区交会处,连接着亚洲和北美洲市场,亚洲接近收市时伦敦正好开市,而其收市时,纽约正是一个工作日

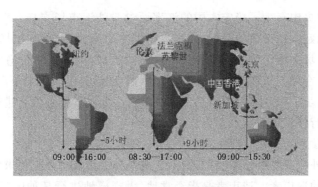

图 7-26　外汇市场的地域划分
资源来源：http://www.icbc.com.cn

的开始，所以，伦敦成为世界上最大的外汇交易中心，对整个外汇市场走势有着重要的影响。

第二次世界大战以后，随着美元成为世界性的储备和清算货币，纽约成为全世界美元的清算中心。纽约外汇市场迅速发展成为一个完全开放的市场，是世界上第二大外汇交易中心。目前世界上 90% 以上的美元收付通过纽约的"银行间清算系统"进行，因此纽约外汇市场有着其他外汇市场所无法取代的美元清算和划拨的功能，其地位日益巩固。同时，纽约外汇市场的重要性还表现在它对汇率走势的重要影响上。纽约外汇市场波动幅度经常较大，主要是由于美国众多的投资基金的运作以及纽约市场上经常发生一些对于外汇影响较大的事件，例如美联储利率决定，公布美国重要经济数据等。因此，纽约市场的汇率变化受到全球外汇交易商的格外关注。

东京是亚洲最大的外汇交易中心。20 世纪 80 年代以后，随着日本经济的迅猛发展和在国际贸易中地位的逐步上升，东京外汇市场也日渐壮大起来。20 世纪 90 年代以来，受日本泡沫经济崩溃的影响，东京外汇市场的交易一直处于低迷状态。东京外汇市场上的交易以美元兑日元为主。

对于每日 24 小时的外汇市场而言，最活跃的交易时间和场所，一般锁定在东京、伦敦和纽约这三个时段。

了解各个市场的特性，对于理解汇率的真实性和进行汇率预测有一定的帮助。

7.3.1.5　外汇市场的参与者

外汇市场的主要参与者包括中央银行、外汇银行、外汇经纪人、外汇交易商和其他交易者等。

（1）中央银行

中央银行既是外汇市场的参与者，又是外汇市场的管理者。与商业银行参与外汇市场的目的不同,中央银行为了稳定本国的汇率而参与外汇市场交易。中央银行通常逆市场而为,以达到稳定本币币值的目标,如当本币汇率下降时,在外汇市场上买进本币卖出外汇,随着外汇市场上本币供给的减少外汇供给的增加,本币汇率企稳回升;当本币汇率上升时,中央银行在外汇市场上买入外汇卖出本币,随着外汇市场上外汇的减少和本币的增加,本币汇率逐步下降。在外汇市场上中央银行主要和各商业银行进行交易,而不和企业或公司直接进行外汇买卖。

（2）外汇银行

外汇银行在外汇市场处于中心的地位,它既是外汇市场上外汇供求的中介纽带,又是国际外汇市场上的造市者。造市者是指经常地、大规模地进行某种国际货币或外汇的买卖,促使这种货币市场或者外汇市场形成的机构。外汇市场上的外汇银行可分为专营或兼营外汇业务的本国银行、外国在本国设立的银行分行和其他金融机构。外汇银行在外汇市场上主要进行两方面的业务：代客户买卖外汇和自营外汇的买卖业务。

（3）外汇经纪人

外汇经纪人是指代客户进行外汇买卖收取佣金的中间商。外汇经纪人的主要业务是向客户提供准确的信息,促成交易。外汇经纪人通常在外汇市场上并不开立自己的账户或持有外汇头寸,只是代客户买卖外汇,从中收取佣金。随着外汇市场竞争的日益激烈,外汇经纪人也开始进行自营外汇的买卖。

（4）外汇投机者

外汇投机者是指运用自己的资金直接进行外汇买卖的商人。外汇投机者通过对外汇市场上汇率的差异持有头寸通过贱买贵卖从中获取差价。随着外汇市场的发展,外汇投机者越来越多地直接进入外汇市场进行外汇交易。

（5）其他外汇交易者

其他外汇交易者是指不以外汇买卖作为自己主营业务的外汇买卖者。外汇银行的顾客根据交易的目的可分为三类：一种是交易性的外汇买卖者,主要是进行进出口商;一种是套期保值者,即为了避免外汇风险而进入外汇市场的公司企业;另一种是外汇交易商,即从事外币有价证券买卖,赚取外币利息、红利或股息的公司,如投资基金等。

7.3.2　外汇实盘交易

7.3.2.1　外汇实盘

将外汇视为全球投资领域内的一种资产形式,客户通过国内的商业银行,将自己持有的某种可自由兑换的外汇（或外币）兑换成另外一种可自由兑换的外汇（或外币）的交易,称为"外汇实盘交易"。所谓"实盘",是指外汇交易员只能根据自身现有的资金和货币种类进行外汇交易,不存在通过融资或融入某种货币进行交易的情况。这是一种最基本的外汇交易方法,因为实盘外汇交易不存在买空卖空机制,也不存在保证金的杠杆效应,所以交易的风险较小。

国内商业银行可供外汇实盘交易的币种,基本上包括美元、欧元、英镑、日元、瑞士法郎、加拿大元、澳大利亚元、港元等。这些币种都是可自由兑换的。外汇实盘交易不提供涉及不可自由兑换的外汇(或外币)的交易。

在进行外汇实盘交易时,如果兑换的是美元与另外一种可自由兑换的外汇(或外币),这种交易习惯上被称为"直盘交易";如果兑换的是除美元外的两种可自由兑换的外汇(或外币),这种交易习惯上被成为"叉盘交易"。

外汇实盘交易采取的是 T+0 的清算方式。客户在完成一笔交易之后,银行计算机系统立即自动完成资金交割。也就是说,如果行情动荡,投资者可以在一天内抓住多次获利机会。

7.3.2.2　外汇实盘交易的交易成本

外汇实盘交易的交易成本体现在买卖点差里。银行根据国际外汇市场行情,按照国际惯例报出买价和卖价。银行针对不同币种的汇率设置了不同的买卖点差,以 EUR/USD 为例,买卖点差一般为 30 点。

在中国现行的外汇管理制度下,外币分为现汇和现钞两种。现汇主要是指以支票、汇款、托收等国际结算方式取得并形成的银行存款。现钞通常指外币的钞票和硬币或以钞票、硬币存入银行所生成的存款。外币现钞只能运送到国外才能起到支付作用,而运送现钞银行需承担运费、保费、利息等费用,所以银行一般要在个人外汇买卖价格上予以一定的区别。根据国家外汇管理有关规定,现钞还是不能在外汇实盘交易中随意换成现汇,外汇实盘交易业务还是本着"汇变汇"、"钞变钞"的原则。

7.3.2.3　外汇实盘交易方式

目前国内的商业银行为外汇实盘交易提供了多种交易方式。个人客户可通过银行提供的电话银行、网上银行、掌上银行、手机银行、自助终端、柜台等委托渠道,提交委托交易指令,将其持有可自由汇兑为其他的可自由汇兑货币。如果客户选择柜台交易或使用个人理财终端进行交易,交易时间仅限于银行正常工作日的工作时间,多为周一至周五的9:00 至 17:00,公休日、法定节假日及国际市场休市均无法进行交易。而如果客户选择电话交易或者互联网交易,一般来说交易时间将从周一 8:00 一直延续到周六 5:00,公休日、法定节假日及国际市场休市同样不能交易。

7.3.2.4　外汇实盘交易指令

目前的外汇实盘交易指令,总的来说分为市价交易委托、限价交易委托和止损交易委托。

市价交易委托是指当外汇交易员下达买卖某种货币的交易指令后,交易模拟系统将会自动根据当前相关货币的即时报价立即成交,成交结果将会出现在历史成交记录里,同时相应的货币持仓情况也会立即发生改变。

限价交易委托是指外汇交易员不仅需要确定买卖货币的种类,还需要特别指定成交的限制性价格。只有当市场价格达到交易员的限价时,该笔交易委托才会被执行。同时,外汇交易员还需要指定该笔限价交易委托的有效期限,当时间过了有效期限,如果市场价格仍未达到限价要求,该笔委托自动作废。限价委托交易指令给客户带来的方便在于,客户无须每时每刻紧盯外汇市场变化,节省了大量时间。但是客户使用限价委托交易指令也需要慎重,特别是在建仓的委托交易指令没有跟随止损的委托交易指令时。外汇市场瞬息万变,贸然使用委托交易指令隐含着巨大的风险。

止损交易委托指令就是一个自动平仓的委托交易指令。当市场汇率朝不利于您所建立的仓位的方向变化时,可以通过这种委托交易指令自动平仓。比如交易者在 1.600 0 买入了英镑,但却不能忍受英镑下滑到 1.580 0 以下的损失,于是投资者可将止损指令下在 1.580 0 的位置上。一般市场条件下,当汇率下滑到这个价位时,银行系统会给您自动平掉英镑多头仓位。

目前国内多家银行已开办了外汇实盘交易业务。如工商银行的"汇市通"、招商银行的"外汇通"、中国银行和浦发银行的"外汇宝"、建设银行以及华夏银行等银行的个人外汇买卖业务等。

表 7-4　商业银行的外汇实盘业务内容对比

	工商银行	中国银行	建设银行	招商银行	浦发银行
外汇实盘交易产品名称	汇市通	外汇宝	个人外汇买卖业务	外汇通	外汇宝
交易时间	从周一早上 7 点至周六凌晨 4 点每日 24 小时外汇交易服务,报价与国际外汇市场即时汇率同步	除周六、日、休市和其他非交易日,国际外汇市场全天候交易,白天、晚间均可投资,星期一早 8 点至星期六凌晨 3 点为交易时间(每日凌晨 3 点至 4 点除外)	柜台、自助终端交易时间为周一至周五 9:00～18:00,电话交易、网上交易、手机交易时间为周一早 7 点至周六凌晨 4 点	从北京时间星期一早晨 8:00 至星期六凌晨 5 点	周一至周五的上午 8:00 时至次日凌晨 4:00 时,每天对外营业时间长达 20 个小时

续表

	工商银行	中国银行	建设银行	招商银行	浦发银行
交易币种	美元、日元、港币、英镑、欧元、加拿大元、瑞士法郎、澳大利亚元、新加坡元 9 个币种，共 36 个货币对	美元、欧元、英镑、澳元、港币、瑞士法郎、日元、加拿大元、新加坡元，可做直接盘交易与交叉盘交易	美元、日元、港币、英镑、欧元、瑞士法郎、加拿大元、澳大利亚元、新加坡元、瑞典克朗、丹麦克朗和挪威克朗 12 个外汇币种	港币、澳大利亚元、美元、欧元、加拿大元、英镑、日元、新加坡元、瑞士法郎	英镑、港币、美元、瑞士法郎、日元、加拿大元、澳大利亚元、欧元 8 个币种，有 22 个货币组合可供选择
交易方式	营业网点、电话银行、网上银行、自助终端	柜台交易、电话交易、自助终端和网上交易多种交易方式	柜台交易、自助终端交易、电话交易、网上交易和手机交易	网上交易、自助终端交易、电话交易	柜面、自助终端、电话银行、网上银行
交易指令	客户既可进行即时交易，也可进行获利、止损以及双向委托交易，事先锁定收益或损失，适宜不同客户的不同投资策略	即时买卖和挂单委托	实时交易或委托交易	即时委托、挂盘委托、止损委托、二选一委托、追加委托、撤单委托	即时价交易和委托价交易

资料来源：各商业银行网站。

7.3.3 外汇保证金交易

外汇保证金交易又称外汇保证金交易、按金交易等，指投资者使用规定货币在做市商的监管账户存入一定金额的保证金，做市商以保证金为基础，向投资者提供放大倍数的名义金额，投资者凭借名义金额按交易规则通过网络交易系统进行外汇等杠杆衍生品交易，并通过国际市场行情买卖差价获取轧差收益，同时承担相应风险。一般的融资比例都在 20 倍以上，即投资者的资金可以放大 20 倍进行交易，融资的比例越大，客户需要付出的资金也越少。因此，外汇保证金交易只是对某种外汇的某个价格做出书面或口头的承诺，然后等待价格出现上升或下跌时，再做买卖的结算，从价差变化中获取利润，也承担风险。

这种外汇投资以合约形式出现，主要的优点在于节省投资金额。以合约形式买卖外汇,投资额一般不高于合约金额的 5%,而得到的利润或付出的亏损却是按整个合约的金额计算的。外汇合约的金额是根据外币的种类来确定的,具体来说,每一个合约的金额分别是 12 500 000 日元、62 500 英镑、125 000 欧元、125 000 瑞士法郎,每张合约的价值约为 10 万美元。投资者可以根据自己定金或保证金的多少,买卖几个或几十个合约。

外汇保证金交易完全类似于期货交易,各外汇经纪公司提供不同的保证金倍数,通常保证金要求是交易潜在价值的 1%~5%。例如:当前 1GBP=1.552 5USD,买入 1 个标准合约 GBP/USD 的投资者并不需要拿出交易的全部价值 97 031.25 美元(6 250×1.552 5=97 031.25 美元),但盈亏是按照总值 97 031.25 美元来计算的。假设你的保证金账户是 5 000 美元,如果你的英镑上涨 500 点,即 1GBP=1.602 5USD,投资者实际获利 3 125 美元[62 500×(1.6025-1.552 5)=3 125],利润率为 62.5%(3125÷5 000=0.625),而英镑波动幅度仅为 3.22%(500÷10 000×1.552 5≈0.0322)。

投资者的头寸价值会不断被评估,如果保证金账户上的资金低于持仓头寸所需的最低资金量,投资者可能就会被外汇经纪公司要求向账户上追加资金。这就是所谓的"追加保证金通知"。

除了资金放大之外,外汇保证金交易的另一项最吸引人的特色是可以双向操作,客户可以在货币上升时买入获利(做多头),也可以在货币下跌时卖出获利(做空头),不受所谓熊市无法赚钱的限制。

随着境内金融市场与国际市场的接轨,至 2006 年 11 月,交通银行、民生银行、中国银行等陆续推出了外汇保证金业务及自助交易平台,如交通银行的"满金宝"、民生银行的"易富通"、中国银行的"双向宝"。随后,建设银行和工商银行也在部分地区推出了外汇保证金服务试点。

2008 年 6 月 12 日,中国银监会在其网站上发布《中国银监会办公厅关于银行业金融机构开办外汇保证金交易有关问题的通知》,鉴于银行业金融机构开办外汇保证金交易业务的市场风险、操作风险、信息科技系统风险及客户适合度评估不足风险日益突出,在相关管理办法正式发布前,银行业金融机构不得开办或变相开办外汇保证金交易业务。银监会要求,通知发布前已开办外汇保证金交易业务的银行业金融机构,不得再向新增客户提供此项业务,不得再向已从事此业务客户提供新交易(客户结清仓位交易除外),并建议对已在银行进行此业务的客户适时、及早结清交易仓位。这是银监会正式叫停外汇保证金交易业务。

7.3.4 外汇交易的基础分析

基础分析是对影响外汇汇率的基本因素进行分析,基本因素主要包括各国经济发展水平与状况,世界、地区与各国政治情况,市场预期等。

一定的经济状况和关系决定一定的金融状况和关系及其外汇汇率的走向,同时后者对前者又具有一定的反作用。经济因素永远是主导金融及外汇市场变化的最基本条件。影响外汇汇率波动的基本经济指标主要包括经济成长状况、利率动向、货币的供应、通货膨胀、失业率、消费者信心和消费者支出以及心理预期等国内经济指标和国际收支、外汇储备、外债等外部经济指标。

需要注意的是,从全球外汇交易市场来看,几种主要外汇之间呈现一种美元为一极,其他外汇如日元、欧元、英镑等为一极的此涨彼跌的变化状态。就是说,当美元汇率涨升时,其他外汇汇率会下跌;而美元汇率下跌时,其他货币汇率会涨升。因此,对外汇交易的基本因素进行分析必须考察美国经济的情况,美国经济情况的变动,必然会对国际外汇市场带来影响。

下面分别就影响外汇汇率变动的主要经济指标加以分析。

(1) 国内生产总值

通常,高经济增长率会推动本国货币汇率的上涨,而低经济增长率则会造成该国货币汇率下跌。例如,1995—1999 年,美国 GDP 的年平均增长率为 4.1%,而欧元区 11 国中除爱尔兰较高外(9%),法、德、意等主要国家的 GDP 增长率仅为 2.2%、1.5% 和 1.2%,大大低于美国的水平。这促使欧元自 1999 年 1 月 1 日启动以来,对美元汇率一路下滑,在不到两年的时间里贬值了 30%。

在美国,国内生产总值由商务部负责分析统计,惯例是每季估计及统计一次。每次在发表初步预估数据后,还会有两次的修订公布,主要发表时间在每个月的第三个星期。国内生产总值通常用来跟去年同期作比较,如有增加,就代表经济较快,有利其货币升值;如减少,则表示经济放缓,其货币便有贬值的压力。

(2) 利率

利率水平对外汇汇率有着非常重要的影响,利率是影响汇率最重要的因素。外汇是一种金融资产,因为它能带来资产的收益。若某种货币的利率上升,则持有该种货币的利息收益增加,吸引投资者买入该种货币,因此,对该货币有利好(行情看好)支持;如果利率下降,持有该种货币的收益便会减少,该种货币的吸引力也就减弱了。

在一般情况下,美国利率下跌,美元的走势就疲软;美国利率上升,美元走势偏好。从美国国库券(特别是长期国库券)的价格变化动向,可以探寻出美国利率的动向,因而可以对预测美元走势有所帮助。如果投资者认为美国通货膨胀受到了控制,那么在现有国库券利息收益的吸引下,尤其是短期国库券,便会受到投资者青睐,债券价格上扬。反之,如果投资者认为通货膨胀将会加剧或恶化,那么利率就可能上升以抑制通货膨胀,债券的价格便会下跌。20 世纪 80 年代前半期,美国在存在着大量的贸易逆差和巨额的财政赤字的情况下,美元依然坚挺,就是美国实行高利率政策,促使大量资本从日本和西欧流入美国的结果。美元的走势,受利率因素的影响很大。

（3）通货膨胀

通货膨胀意味着该国货币代表的价值量下降。一国货币对内价值的下降必定影响其对外价值，削弱该国货币在国际市场上的信用地位，人们会因通货膨胀而预期该国货币的汇率将趋于疲软，把手中持有该国货币转化为其他货币，从而导致汇价下跌。按照一价定律和购买力平价理论，当一国的通货膨胀率高于另一的通货膨胀率时，则该国货币实际所代表的价值相对另一国货币在减少，该国货币汇率就会下降。反之，则会上升。例如，20 世纪 90 年代之前，日元和原西德马克汇率十分坚挺的一个重要原因，就在于这两个国家的通货膨胀率一直很低。而英国和意大利的通货膨胀率经常高于其他西方国家的平均水平，故这两国货币的汇率一下处于跌势。

（4）国际收支

国际收支指一国在一定时期内对外国的全部经济交易所引起的收支总额的系统记录，是影响汇率短期变化的重要因素。当国际收支出现顺差时，外汇供过于求，外国货币与本国货币的比值就会下降。当国际收支出现逆差时，本国应付货币债务大于应收货币债权，外汇求过于供，外国货币与本国货币的比值就会上升，本国货币就会贬值。在国际收支中，国际贸易的数据更为重要。如果贸易盈余不断增长，本国货币在国际市场上的信心以及需求都会增加，从而导致汇率上升；相反，庞大的贸易逆差不断增加，市场对货币的信心和需求就会下降，最终导致货币贬值。外贸数字连续逆差或逆差大幅增加，对市场心理的影响最强烈。

（5）外汇储备

外汇储备状况是外汇交易基本分析的一个重要因素，其重要功能就是维持外汇市场的稳定。一国的货币稳定与否，在很大程度上取决于特定市场条件下其外汇储备所能保证的外汇流动性。如果这一货币遭受到投机力量的冲击，且在短期内不能满足外汇市场上突然扩大的外汇流动，这一货币也只能贬值。从 1998 年的东南亚金融危机看，在浓厚的投机氛围下，缺乏耐心的国民和谨慎的外国投资者常常丧失对货币的信心，成为推动外汇市场剧烈波动的致命力量。在这一力量的推动下，政府维护汇率的努力实际远在储备降为零之前就已经被迫放弃。

（6）外债

外债的结构和水平也是外汇交易基本分析的重要因素之一。如果一个国家对外有负债，必然要影响外汇市场；如果外债的管理失当，其外汇储备的抵御力将要被削弱，对货币的稳定性会带来冲击。从国际经验看，在外债管理失当导致汇率波动时，受冲击货币的汇率常常被低估。低估的程度主要取决于经济制度和社会秩序的稳定性。而若一国的短期外债居多，那将直接冲击外汇储备。即使有国际货币基金组织的"救援"，货币大幅贬值在除了承受基金组织贷款的商业条件外，还要承受额外的调整负担。

（7）心理预期因素

和其他商品一样，一国的货币往往会因为人们的预期而影响其对外汇价的升跌。这种人为因素对汇率的影响力，有时甚至比经济因素所造成的效果还明显。因此经济学家、金融学家、分析家、交易员和投资者往往根据每天对国际间发生的事，各自做出评论和预测，发表自己对汇率走势的看法。

（8）政治与新闻因素

与股票、债券等市场相比，外汇市场受政治因素的影响要大得多。当某一件重大国际事件发生时，外汇行市的涨落幅度会经常性地超过股市和债券市场的变化。其主要原因是外汇作为国际性流动的资产，在动荡的政治格局下所面临的风险会比其他资产大；而外汇市场的流动速度快，又进一步使外汇行市在政治局面动荡时更加剧烈地波动。从具体形式来看，有大选、战争、政变、边界冲突等。

（9）投机因素

投机性因素是影响外汇汇率走势的重要因素。根据国际清算银行的统计数据，全球外汇交易额中有90%的交易是投机性交易。因此，外汇交易的基本面分析必须研究投机因素如何影响外汇市场的走势。

（10）中央银行的干预

由于一国货币的汇率水平往往会对该国的国际贸易、经济增长速度、货币供求状况、甚至于政治稳定都有重要影响，因此在外汇市场的价格出现异常大的、或是朝同一方向连续几天剧烈波动时，中央银行会直接介入市场，通过商业银行进行外汇买卖，试图缓解外汇行市的剧烈波动。中央银行在外汇市场上对付投机者的四大法宝是：直接在外汇市场上买卖本国货币或美元或其他货币；提高本国货币的利率；收紧本币信贷，严防本国货币外流；发表有关声明。各国中央银行通过以上的措施，使得外汇市场上的投机者的融资成本大幅提高，迫使它们止损平仓，铩羽而归，以使汇率回到合理的水平。以上四种方法，尤以中央银行干预外汇市场短期效力最为明显。

中央银行干预外汇市场的主要原因包括：稳定汇率，减少工业生产和宏观经济发展出现不必要的波动；抑制国内通货膨胀；国内外贸政策需要，在本国货币持续坚挺时直接干预外汇市场以保护出口。如德国是世界制造业出口大国，70年代实行浮动汇率制以后，马克的汇价随着德国经济的强大而一路上扬，为了维持其出口工业在国际上的竞争地位，德国政府极力主张实行欧洲货币体系，以便把马克与欧洲共同体其他成员国的货币固定在一个范围内。

上述影响汇率变动的因素，可通过一系列公开的数据指标进行把握，如：

国民生产总值，目前各国每季度公布一次，它以货币形式表现了该国在一个时期内所有部门的全部生产与服务的总和，是不同经济数据的综合表现，反映了当前经济发展的状况。

国内生产总值,目前各国每季度公布一次,显示了该国在一定时期境内的全部经济活动,包括外国公司在其境内投资建立子公司所产生的赢利。

失业率,它作为反映一国宏观经济发展的晴雨表,预示着该国经济当前与前景发展的好坏,势必影响货币政策的制定,对汇率产生重大影响。

非农就业人口,美国的就业报告数据,与失业率一同公布。通常公布时间为每月第一周的周五。

生产价格(物价)指数,显示了商品生产的成本(生产原材料价格的变化),对未来商品价格的变化,从而影响今后消费价格、消费心理的改变。

消费物价指数,反映了消费者目前花费在商品、劳务等的价格变化,显示通货膨胀的变化状况,是人们观察该国通货膨胀的一项重要指标。

消费信心指数,反映该国国民对其经济发展的看好程度,预示了未来消费支出的变化。

工业生产指数,工业生产指数反映该国生产和制造业的总生产情况。

住房开工率,衡量该国建筑业活跃程度的指标,由于建筑业为经济发展变化周期中的先导产业,预示未来经济的变化。

采购经理人指数,反映制造业在生产、订单、价格、雇员、交货等各方面综合发展状况的晴雨表,通常以 50% 为分界线,高于 50% 被认为是制造业的扩张,低于 50% 则意味着经济的萎缩。

全美采购经理人协会指数,美国的采购经理人指数,与芝加哥采购经理人指数在前后两天公布。

零售销售指数,反映了不包括服务业在内的零售业以现金、信用卡形式的商品交易情况。

批发物价指数,反映了不包括劳务在内的大宗物资批发价格,如原料、中间商品、最终产品和进出口品等。

对外贸易(贸易收支),反映了该国在一个时期对外贸易总额的收入与支出的对比,即货币流入、流出的情况,此数据对各国汇率的重要性一般情况下依次为日本、英国、欧元区、美国。

工厂订单,反映了消费者、厂商或政府对未来商品产出的需求。

耐久商品订单,指不易损耗商品的订购,如车辆、电器等,反映了短期内制造商生产和投资支出情况。

设备使用率,工业生产中对设备使用的比率,通常 80% 的设备使用率被认为是工厂和设备的正常闲置。

经常账户,指该国与外国进行商品、劳务进出口、投资等所产生的资金流入、流出情况。

商业库存,反映商业部门对短期信贷的需求。商业库存增加,可能带动短期利率的上升,经济发展减缓,表明经济可能进入停滞状态。

7.3.5　外汇交易的技术分析

7.3.5.1　汇率技术分析的三个基本假设

① 汇率反映一切。即经济、政治、心理预期等影响汇率的所有因素的变化都会真实而充分地反映在汇率上。

② 汇率是按照一定的趋势和规律变化的。

③ 历史会重演。

7.3.5.2　技术分析方法

（1）曲线图

曲线图就是把每个价位按次序连接起来,成为一条连续的曲线。大多数的曲线图是以时间和价位为坐标。如图 7-27 所示,横坐标是时间,纵坐标是价格,表示美元兑日元的汇价。曲线图的优势是直观,个人实盘外汇买卖客户可从中得到一些市场感觉。

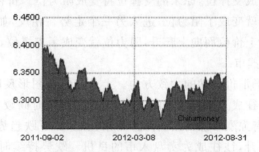

图 7-27　曲线图实例(美元/人民币中间价走势)

资料来源：http://www.chinamoney.com.cn

（2）成交

国际外汇市场是开放和无形的市场,先进的通信工具使全球的外汇市场联成一体,市场的参与者可以在世界各地进行交易,(除了外汇期货外)某一时段的外汇交易量无法精确统计。所以在外汇市场的技术分析中,基本不考虑成交量的影响,即没有价量配合,这是外汇汇率技术分析与股票价格技术分析的显著区别之一。

（3）柱状图

汇价图表中常用柱状图反映市场在某一时段(如 1 小时、1 天、1 周等)内的变动。柱顶表示该时段中所达的最高价,柱底为最低价,柱的左、右各一短横线,分别代表该时段的开盘和收盘价。柱的长度越长,说明汇率波动越大。若收盘价高过开盘价,说明该时段中买气更旺；若收盘价低于开盘价，表明卖气更旺。如图 7-28 所示。

（4）K 线图

K 线图又称阴阳图或蜡烛图。阳烛中空，表示该时段中收盘价高于开盘价；阴烛有一段实心的阴影，表示收盘价低于开盘价。烛顶和烛底反映该时段中的最高、最低价。根据开盘价、收盘价、最高价以及最低价之间的不同情况，阴线和阳线会呈现不同的形态。（具体内容见实验单元 4，下同）

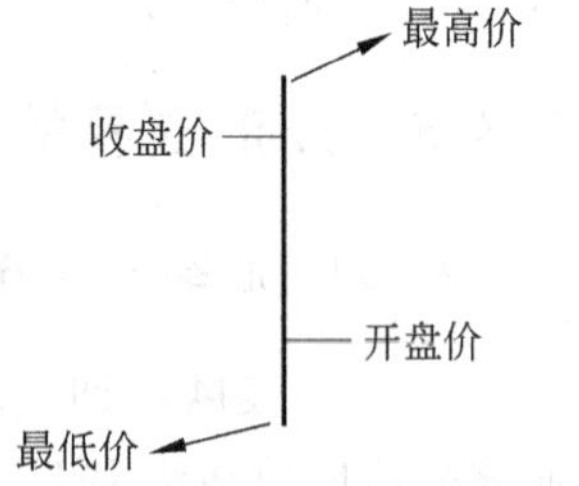

图 7-28　柱状图

（5）支撑线和阻力线

当外汇市场中卖方力量超出买方力量，价格向上势头受阻，调头向下，形成一个波峰，这一价位称为阻力位。当买方力量大于卖方力量，价格受到支持向上反弹，形成一个波谷，这一价位称为支撑位。在上升市中，之前的最高价往往会成为阻力位。在下跌市中，之前的最低价往往会成为支撑位。

（6）支撑位和阻力位

一般来说，只要价格未能有效突破阻力位或支撑位，那么触及的次数越多，这些阻力位或支撑位也就越有效越重要。一旦被价格走势突破，这些阻力位或支撑位就会互换角色，原来的阻力位将变成支撑位，原来的支撑位将变成阻力位。价格向下跌破支撑位后无法重返支撑区，支撑位就变成了阻力位，进入另一个走势。相反，如果价格向上突破阻力位，并能守稳该水平以上价位而向上爬升，阻力位就变成了支撑位，也进入新的行情走势。

（7）趋势、牛市及熊市

趋势反映的是市场汇价变动的大致方向。上升趋势的图形反映出汇价不断创高，在升势中的短暂回落，往往成为买盘入市的良机，若升势持续时间较长而且一浪高过一浪，就成为"牛市"。汇市有强烈看涨情绪，称为"牛市正旺"。下跌趋势的图形反映汇价不断推低，跌势中的短暂回升，往往成为卖盘入市的良机。跌势持续时间长而且一浪低过一浪，就成为"熊市"。汇价强烈看跌时，称为"熊市笼罩"。在经济数据或重要新闻公布前和周末，因为投资者担心汇市突变和周末假期，多数平仓观望，市场交投淡静，汇价波动极小。因为缺乏进一步方向，汇价在较长一段时间在一定幅度内徘徊，称为"牛皮市"。在这种情况下，等待观望通常是最明智的。当汇价冲破水平趋势的上限或下限，后市均可能劲升或劲跌。

（8）通道

当价格上升或下降时，价格变动的范围常常局限于一个狭窄的带状区内，这个区域称为"通道"，当价格滞留于所局限的轨道内时，交易者能够预测价格的变动，从而确定买卖的时机，即在通道下方买入，在通道上方卖出。

（9）头肩顶形态

首先是看涨的力量不断推高汇价；然后投资者看到有利可图，开始抛售，市价回落，形成头肩顶的左肩部分。市价短暂回落后,错过上次升势的人在急忙入市,市价再度上升,而且升幅更大,越过上次高点;从表面上看,市场仍然乐观,但短线投机盘纷纷抛售获利了结,市场再度回落,形成头肩顶的头部。市场下跌到上次回落低点时又获得支撑,开始回升;但投资者入市兴趣不高,回升乏力,市场没有到达头部的高点便掉头向下,形成头肩顶的右肩部分。头肩顶形成后,预示着市场将结束牛市,由升转跌。头肩底形是头肩顶的倒转形态。头肩底的出现,是由跌转入升势的可靠信号。

(10) 通过头肩顶计算目标价位

形态高度是测算价格目标的基础。以头肩顶为例,先测出从头到颈线的垂直距离,然后从颈线上被突破的点出发,向下投射相同的距离。如果头顶位于 100,相应的颈线位置在 80,二者之差为 20。从颈线上的突破点开始,向下量出 20 点,目标价位就是 60。另一种简便方法是把头部往下翻出一番。

头肩顶一旦确认后,利用这种方法可以计算最低限度的下跌目标和预期的回报,再配合预期风险,可以得出风险和回报的比率,用以考察本次入市的成功率。

(11) 双顶形和双底形

双顶通常被称为“M 顶”,双底被称为“W 底”。它们是最常见的反转形态,出现得很频繁。理想的双重顶具有两个显著的峰,其价格水平大致相同,在第一个峰时交易量上升,在第二个峰时交易量下跌,价格无力冲破上次高点,当价格决定性地收于谷底之下,双顶形态完成,标志着趋势向下方的反转。

从市场心理而言,当市场要回头时,往往心有不甘,会尝试回到原来的趋势,在彻底失败后,才会心甘情愿地掉头而走。一般,双峰之间持续时间越长,形态的高度越大,即将来临的反转潜力就越大。

(12) 翻转形态

无论是头肩形还是双顶和三顶等反转形态,不少投资者偏好在头部渠道内进行多次的市场出入,具有一定的风险。突破颈线后,反转形态获得确认后,市场真正掉头。所以在价格突破颈线后积极入市,稳操胜券的可能性大得多。谨慎入市的缺点是等待破颈线后入市,入市价格往往不太理想。投资者可在市价跌破颈线,形态确认后等待市价反弹时入市,获得较好价格。

(13) 对称三角形

市价波动在一个区域内上下窄幅波动,越收越窄,形成三角形状。对称三角形的形成是买卖双方力量此消彼长的结果。随着市价波幅在三角区域内越收越窄,市价终会穿越三角形区域的其中一边突围而出,后市将出现大幅动荡。

对称三角形属于盘整形态,只有市价朝其中一方明显突破后,才可采取相应的买卖行动。市价向上突破阻力线,就是一个短期买入信号;反之,市场如果跌破支撑线,就是一个短期卖出信号。

（14）上升三角形

上升三角形由对称三角形的演变而成。上升三角形反映了市场买方势力比卖方大，但每次都在同一水平遇到抛售阻力，形成一条反映抛售阻力的水平阻力线。另一方面，一条反映需求情况的支撑线也会形成。由于买方力量大于卖方力量，底部不断抬高，呈现向上倾斜的趋势。

上升三角形表明突破后产生上升趋势。通常上升三角形是一种连续形态。投资者等待三角形突破，并出现明显趋势后再跟进。

（15）下降三角形

下降三角形是一种连续形态，下降三角形反映了市场卖方势力比买方大，但市价在某一水平出现稳定的购买力，因此市价每次回落到该水平便告回升，由于每次都在这个价位获得支持，形成一条水平的需求线。另一方面，随着市场的抛售力量不断加强，形成一条反映需求情况的向下的倾斜的供给线。下降三角形表明突破后将出现下降趋势。

（16）百分比回撤

在每次大的市场运动之后，价格总要有所回调，然后再继续原先的趋势运动。如：市场处于上升趋势，从 100 的水平上升到 200，接下来的调整常常是回调到这个运动的一半，大概 150 的水平。价格趋势一般可分为三等份。通常最小的回撤大约是 33%，最大的回撤约为 66%，在一个强劲趋势的调整过程中，市场通常回到原先运动的三分之一处。三分之二的回档是特别关键的区域。如果价格调整超过了该位置，那么有可能会出现大势反转。

（17）移动平均线

移动平均线是最普遍的应用指数之一，它的概念来自最原始的市场。在没有计算机了之前，投资者进入金融市场，自然而然地把现在的价格和前几天的价格相比，从而判断现在的市场是上升了，还是下降了。移动平均线就是把一定天数的收市价的平均价画成一条曲线。平均值采样的天数越多，画出的曲线越平滑，天数越少，画出的曲线也越陡。

由于单根移动平均线只有在市场转向时，才有显著效果。不少投资者趋向使用两条移动平均线来判断市场。由于快的移动平均线比慢的移动平均线活跃得多，使用两条平均线产生的买卖信号，要比用一条平均移动线产生的信号所作的判断的可靠性增加。当快的平均移动线由下向上穿越慢的平均移动线时产生买的信号；当快的平均移动线由上向下穿越慢的平均移动线时产生卖的信号。

7.4 实验内容

（1）实盘交易

熟悉外汇模拟交易行情系统的功能模块。

进入下单系统,选择储备货币,分别进行市价委托、限价委托和止损委托下单,实施交易模拟。

查询成交状况和资金变动情况。

对等待成交的委托单进行撤单操作。

(2) 实盘交易与保证金交易的对比

选择相同的币种,投入相同的本金,分析实施实盘交易与保证金交易,对比两种交易方式的差异,尤其是它们的收益与风险状况的不同。

(3) 查询当日收盘时自己的持仓状态、资金变动与盈亏,说明盈亏原因。

7.5　实　验　小　结

外汇市场交易规模庞大,汇率瞬息万变,基本分析和技术分析可为投资者把握汇率走势提供帮助。

市价委托指令成交速度快,而限价委托指令可能会失效。止损指令可有效地限制持仓损失。

由于杠杆作用的存在,外汇保证金交易方式的风险比外汇实盘交易方式大。当然风险与收益是对等。

附录 1

上海证券交易所交易规则

第一章 总 则

1.1 为规范证券市场交易行为,维护证券市场秩序,保护投资者合法权益,根据《中华人民共和国证券法》等法律、行政法规、部门规章以及《上海证券交易所章程》,制定本规则。

1.2 在上海证券交易所(以下简称"本所")上市的证券及其衍生品种(以下统称"证券")的交易,适用本规则。本规则未作规定的,适用本所其他有关规定。

1.3 证券交易遵循公开、公平、公正的原则。

1.4 证券交易应当遵守法律、行政法规和部门规章及本所相关业务规则,遵循自愿、有偿、诚实信用原则。

1.5 证券交易采用无纸化的集中交易或经中国证券监督管理委员会(以下简称"证监会")批准的其他方式。

第二章 交 易 市 场

第一节 交易场所

2.1.1 本所为证券交易提供交易场所及设施。交易场所及设施由交易主机、交易大厅、参与者交易业务单元、报盘系统及相关的通信系统等组成。

2.1.2 本所设置交易大厅。本所会员(以下简称"会员")可以通过其派驻交易大厅的交易员进行申报。

除经本所特许外,进入交易大厅的,仅限下列人员:

(一)登记在册交易员;

(二)场内监管人员。

第二节 交易参与人与交易权

2.2.1 会员及本所认可的机构进入本所市场进行证券交易的,须向本所申请取得相应席位和交易权,成为本所交易参与人。

交易参与人应当通过在本所申请开设的参与者交易业务单元进行证券交易。

2.2.2　参与者交易业务单元,是指交易参与人据此可以参与本所证券交易,享有及行使相关交易权利,并接受本所相关交易业务管理的基本单位。

2.2.3 参与者交易业务单元和交易权限等管理细则由本所另行规定,报证监会批准后生效。

第三节　交易品种

2.3.1　下列证券可以在本所市场挂牌交易:

(一) 股票;

(二) 基金;

(三) 债券;

(四) 债券回购;

(五) 权证;

(六) 经证监会批准的其他交易品种。

第四节　交易时间

2.4.1　本所交易日为每周一至周五。

国家法定假日和本所公告的休市日,本所市场休市。

2.4.2　采用竞价交易方式的,每个交易日的 9:15 至 9:25 为开盘集合竞价时间,9:30 至 11:30、13:00 至 15:00 为连续竞价时间,开市期间停牌并复牌的证券除外。

根据市场发展需要,经证监会批准,本所可以调整交易时间。

2.4.3　交易时间内因故停市,交易时间不作顺延。

第三章　证　券　买　卖

第一节　一般规定

3.1.1　会员接受投资者的买卖委托后,应当按照委托的内容向本所申报,并承担相应的交易、交收责任。

会员接受投资者买卖委托达成交易的,投资者应当向会员交付其委托会员卖出的证券或其委托会员买入证券的款项,会员应当向投资者交付卖出证券所得款项或买入的证券。

3.1.2　会员通过其拥有的参与者交易业务单元和相关的报送渠道向本所交易主机

发送买卖申报指令,并按本规则达成交易,交易结果及其他交易记录由本所发送至会员。

3.1.3　会员应当按照有关规定妥善保管委托和申报记录。

3.1.4　投资者买入的证券,在交收前不得卖出,但实行回转交易的除外。

证券的回转交易是指投资者买入的证券,经确认成交后,在交收前全部或部分卖出。

3.1.5　债券和权证实行当日回转交易,B股实行次交易日起回转交易。

3.1.6　根据市场需要,本所可以实行一级交易商制度,具体办法由本所另行规定,报证监会批准后生效。

第二节　指定交易

3.2.1　本所市场证券交易实行全面指定交易制度,境外投资者从事B股交易除外。

3.2.2　全面指定交易是指参与本所市场证券买卖的投资者必须事先指定一家会员作为其买卖证券的受托人,通过该会员参与本所市场证券买卖。

3.2.3　投资者应当与指定交易的会员签订指定交易协议,明确双方的权利、义务和责任。指定交易协议一经签订,会员即可根据投资者的申请向本所交易主机申报办理指定交易手续。

3.2.4　本所在开市期间接受指定交易申报指令,该指令被交易主机接受后即刻生效。

3.2.5　投资者变更指定交易的,应当向已指定的会员提出撤销申请,由该会员申报撤销指令。对于符合撤销指定条件的,会员不得限制、阻挠或拖延其办理撤销指定手续。

3.2.6　指定交易撤销后即可重新申办指定交易。

3.2.7　指定交易的其他事项按照本所的有关规定执行。

第三节　委托

3.3.1　投资者买卖证券,应当开立证券账户和资金账户,并与会员签订证券交易委托协议。协议生效后,投资者即成为该会员经纪业务的客户(以下简称客户)。

投资者开立证券账户,按本所指定登记结算机构的规定办理。

3.3.2　客户可以通过书面或电话、自助终端、互联网等自助委托方式委托会员买卖证券。电话、自助终端、互联网等自助委托应当按相关规定操作。

3.3.3　客户通过自助委托方式参与证券买卖的,会员应当与其签订自助委托协议。

3.3.4　除本所另有规定外,客户的委托指令应当包括下列内容:

(一)证券账户号码;

(二)证券代码;

(三)买卖方向;

(四)委托数量;

（五）委托价格；

（六）本所及会员要求的其他内容。

3.3.5　客户可以采用限价委托或市价委托的方式委托会员买卖证券。

限价委托是指客户委托会员按其限定的价格买卖证券,会员必须按限定的价格或低于限定的价格申报买入证券;按限定的价格或高于限定的价格申报卖出证券。

市价委托是指客户委托会员按市场价格买卖证券。

3.3.6　客户可以撤销委托的未成交部分。

3.3.7　被撤销和失效的委托,会员应当在确认后及时向客户返还相应的资金或证券。

3.3.8　会员向客户买卖证券提供融资融券服务的,应当按照有关规定办理。

第四节　申报

3.4.1　本所接受会员竞价交易申报的时间为每个交易日 9:15 至 9:25、9:30 至 11:30、13:00 至 15:00。

每个交易日 9:20 至 9:25 的开盘集合竞价阶段,本所交易主机不接受撤单申报;其他接受交易申报的时间内,未成交申报可以撤销。撤销指令经本所交易主机确认方为有效。

本所认为必要时,可以调整接受申报时间。

3.4.2　会员应当按照客户委托的时间先后顺序及时向本所申报。

3.4.3　本所接受会员的限价申报和市价申报。

3.4.4　根据市场需要,本所可以接受下列方式的市价申报:

（一）最优五档即时成交剩余撤销申报,即该申报在对手方实时最优五个价位内以对手方价格为成交价逐次成交,剩余未成交部分自动撤销。

（二）最优五档即时成交剩余转限价申报,即该申报在对手方实时五个最优价位内以对手方价格为成交价逐次成交,剩余未成交部分按本方申报最新成交价转为限价申报;如该申报无成交的,按本方最优报价转为限价申报;如无本方申报的,该申报撤销。

（三）本所规定的其他方式。

3.4.5　市价申报只适用于有价格涨跌幅限制证券连续竞价期间的交易,本所另有规定的除外。

3.4.6　限价申报指令应当包括证券账号、营业部代码、证券代码、买卖方向、数量、价格等内容。

市价申报指令应当包括申报类型、证券账号、营业部代码、证券代码、买卖方向、数量等内容。

申报指令按本所规定的格式传送。本所认为必要时,可以调整申报的内容及方式。

3.4.7　通过竞价交易买入股票、基金、权证的,申报数量应当为 100 股(份)或其整数倍。

卖出股票、基金、权证时,余额不足 100 股(份)的部分,应当一次性申报卖出。

3.4.8　竞价交易中,债券交易的申报数量应当为 1 手或其整数倍,债券质押式回购交易的申报数量应当为 100 手或其整数倍,债券买断式回购交易的申报数量应当为 1 000 手或其整数倍。

债券交易和债券买断式回购交易以人民币 1 000 元面值债券为 1 手,债券质押式回购交易以人民币 1 000 元标准券为 1 手。

3.4.9　股票、基金、权证交易单笔申报最大数量应当不超过 100 万股(份),债券交易和债券质押式回购交易单笔申报最大数量应当不超过 1 万手,债券买断式回购交易单笔申报最大数量应当不超过 5 万手。

根据市场需要,本所可以调整证券的单笔申报最大数量。

3.4.10　不同证券的交易采用不同的计价单位。股票为"每股价格",基金为"每份基金价格",权证为"每份权证价格",债券为"每百元面值债券的价格",债券质押式回购为"每百元资金到期年收益",债券买断式回购为"每百元面值债券的到期购回价格"。

3.4.11　A 股、债券交易和债券买断式回购交易的申报价格最小变动单位为 0.01 元人民币,基金、权证交易为 0.001 元人民币,B 股交易为 0.001 美元,债券质押式回购交易为 0.005 元。

3.4.12　根据市场需要,本所可以调整各类证券单笔买卖申报数量和申报价格的最小变动单位。

3.4.13　本所对股票、基金交易实行价格涨跌幅限制,涨跌幅比例为 10%,其中 ST 股票和 *ST 股票价格涨跌幅比例为 5%。

股票、基金涨跌幅价格的计算公式为:涨跌幅价格＝前收盘价×(1±涨跌幅比例)。

计算结果按照四舍五入原则取至价格最小变动单位。

属于下列情形之一的,首个交易日无价格涨跌幅限制:

(一) 首次公开发行上市的股票和封闭式基金;

(二) 增发上市的股票;

(三) 暂停上市后恢复上市的股票;

(四) 本所认定的其他情形。

经证监会批准,本所可以调整证券的涨跌幅比例。

3.4.14　买卖有价格涨跌幅限制的证券,在价格涨跌幅限制以内的申报为有效申报,超过价格涨跌幅限制的申报为无效申报。

3.4.15　买卖无价格涨跌幅限制的证券,集合竞价阶段的有效申报价格应符合下列规定:

(一) 股票交易申报价格不高于前收盘价格的 200%,并且不低于前收盘价格的 50％；

（二）基金、债券交易申报价格最高不高于前收盘价格的 150％，并且不低于前收盘价格的 70％。

集合竞价阶段的债券回购交易申报无价格限制。

3.4.16　买卖无价格涨跌幅限制的证券，连续竞价阶段的有效申报价格应符合下列规定：

（一）申报价格不高于即时揭示的最低卖出价格的 110％且不低于即时揭示的最高买入价格的 90％；同时不高于上述最高申报价与最低申报价平均数的 130％且不低于该平均数的 70％；

（二）即时揭示中无买入申报价格的，即时揭示的最低卖出价格、最新成交价格中较低者视为前项最高买入价格；

（三）即时揭示中无卖出申报价格的，即时揭示的最高买入价格、最新成交价格中较高者视为前项最低卖出价格。

当日无交易的，前收盘价格视为最新成交价格。

根据市场需要，本所可以调整申报价格限制的规定。

3.4.17　申报当日有效。每笔参与竞价交易的申报不能一次全部成交时，未成交的部分继续参加当日竞价，本规则另有规定的除外。

第五节　竞价

3.5.1　证券竞价交易采用集合竞价和连续竞价两种方式。

集合竞价是指在规定时间内接受的买卖申报一次性集中撮合的竞价方式。

连续竞价是指对买卖申报逐笔连续撮合的竞价方式。

3.5.2　集合竞价期间未成交的买卖申报，自动进入连续竞价。

第六节　成交

3.6.1　证券竞价交易按价格优先、时间优先的原则撮合成交。

成交时价格优先的原则为：较高价格买入申报优先于较低价格买入申报，较低价格卖出申报优先于较高价格卖出申报。

成交时时间优先的原则为：买卖方向、价格相同的，先申报者优先于后申报者。先后顺序按交易主机接受申报的时间确定。

3.6.2　集合竞价时，成交价格的确定原则为：

（一）可实现最大成交量的价格；

（二）高于该价格的买入申报与低于该价格的卖出申报全部成交的价格；

（三）与该价格相同的买方或卖方至少有一方全部成交的价格。

两个以上申报价格符合上述条件的,使未成交量最小的申报价格为成交价格;仍有两个以上使未成交量最小的申报价格符合上述条件的,其中间价为成交价格。

集合竞价的所有交易以同一价格成交。

3.6.3　连续竞价时,成交价格的确定原则为:

(一)最高买入申报价格与最低卖出申报价格相同,以该价格为成交价格;

(二)买入申报价格高于即时揭示的最低卖出申报价格的,以即时揭示的最低卖出申报价格为成交价格;

(三)卖出申报价格低于即时揭示的最高买入申报价格的,以即时揭示的最高买入申报价格为成交价格。

3.6.4　按成交原则达成的价格不在最小价格变动单位范围内的,按照四舍五入原则取至相应的最小价格变动单位。

3.6.5　买卖申报经交易主机撮合成交后,交易即告成立。符合本规则各项规定达成的交易于成立时生效,买卖双方必须承认交易结果,履行清算交收义务。

因不可抗力、意外事件、交易系统被非法侵入等原因造成严重后果的交易,本所可以采取适当措施或认定无效。

对显失公平的交易,经本所认定并经理事会同意,可以采取适当措施,并向证监会报告。

违反本规则,严重破坏证券市场正常运行的交易,本所有权宣布取消,由此造成的损失由违规交易者承担。

3.6.6　依照本规则达成的交易,其成交结果以本所交易主机记录的成交数据为准。

3.6.7　证券交易的清算交收业务,应当按照本所指定的登记结算机构的规定办理。

第七节　大宗交易

3.7.1　在本所进行的证券买卖符合以下条件的,可以采用大宗交易方式:

(一)A股单笔买卖申报数量应当不低于 50 万股,或者交易金额不低于 300 万元人民币;

(二)B股单笔买卖申报数量应当不低于 50 万股,或者交易金额不低于 30 万美元;

(三)基金大宗交易的单笔买卖申报数量应当不低于 300 万份,或者交易金额不低于 300 万元人民币;

(四)国债及债券回购大宗交易的单笔买卖申报数量应当不低于 1 万手,或者交易金额不低于 1 000 万元人民币;

(五)其他债券单笔买卖申报数量应当不低于 1 000 手,或者交易金额不低于 100 万元人民币。

本所可以根据市场情况调整大宗交易的最低限额。

3.7.2　本所接受大宗交易申报的时间为每个交易日 9：30 至 11：30、13：00 至 15：30。

3.7.3　大宗交易的申报包括意向申报和成交申报。

意向申报指令应包括证券账号、证券代码、买卖方向等。

成交申报指令应包括证券代码、证券账号、买卖方向、成交价格、成交数量等。

3.7.4　意向申报应当真实有效。申报方价格不明确的,视为至少愿以规定的最低价格买入或最高价格卖出;数量不明确的,视为至少愿以大宗交易单笔买卖最低申报数量成交。

3.7.5　当意向申报被会员接受(包括其他会员报出比意向申报更优的价格)时,申报方应当至少与一个接受意向申报的会员进行成交申报。

3.7.6　有涨跌幅限制证券的大宗交易成交价格,由买卖双方在当日涨跌幅价格限制范围内确定。

无涨跌幅限制证券的大宗交易成交价格,由买卖双方在前收盘价的上下 30% 或当日已成交的最高、最低价之间自行协商确定。

3.7.7　买卖双方达成协议后,向本所交易系统提出成交申报,申报的交易价格和数量必须一致。

成交申报一经本所确认,不得变更或撤销,买卖双方必须承认交易结果。

3.7.8　会员应保证大宗交易参与者实际拥有与意向申报和成交申报相对应的证券或资金。

3.7.9　本所债券大宗交易实行一级交易商制度。

经本所认可的会员,可以担任一级交易商,通过本所大宗交易系统进行债券双边报价业务。

3.7.10　大宗交易不纳入本所即时行情和指数的计算,成交量在大宗交易结束后计入该证券成交总量。

3.7.11　每个交易日大宗交易结束后,属于股票和基金大宗交易的,本所公告证券名称、成交价、成交量及买卖双方所在会员营业部的名称等信息;属于债券和债券回购大宗交易的,本所公告证券名称、成交价和成交量等信息。

第八节　债券回购交易

3.8.1　债券回购交易包括债券买断式回购交易和债券质押式回购交易等。

3.8.2　债券买断式回购交易是指债券持有人将债券卖给购买方的同时,交易双方约定在未来某一日期,卖方再以约定价格从买方购回相等数量同种债券的交易。

债券质押式回购交易是指债券持有人在将债券质押的同时,将相应债券以标准券折算比率计算出的标准券数量为融资额度而进行的质押融资,交易双方约定在回购期满后返还资金和解除质押的交易。

3.8.3　债券回购交易的期限按日历时间计算。如到期日为非交易日,顺延至下一个交易日结算。

第四章　其他交易事项

第一节　开盘价与收盘价

4.1.1　证券的开盘价为当日该证券的第一笔成交价格。

4.1.2　证券的开盘价通过集合竞价方式产生,不能产生开盘价的,以连续竞价方式产生。

4.1.3　证券的收盘价为当日该证券最后一笔交易前一分钟所有交易的成交量加权平均价(含最后一笔交易)。当日无成交的,以前收盘价为当日收盘价。

第二节　挂牌、摘牌、停牌与复牌

4.2.1　本所对上市证券实行挂牌交易。

4.2.2　证券上市期届满或依法不再具备上市条件的,本所终止其上市交易,并予以摘牌。

4.2.3　股票、封闭式基金交易出现异常波动的,本所可以决定停牌,直至相关当事人做出公告当日的上午 10:30 予以复牌。

根据市场发展需要,本所可以调整停牌证券的复牌时间。

4.2.4　本所可以对涉嫌违法违规交易的证券实施特别停牌并予以公告,相关当事人应按照本所的要求提交书面报告。

特别停牌及复牌的时间和方式由本所决定。

4.2.5　证券停牌时,本所发布的行情中包括该证券的信息;证券摘牌后,行情中无该证券的信息。

4.2.6　证券开市期间停牌的,停牌前的申报参加当日该证券复牌后的交易;停牌期间,可以继续申报,也可以撤销申报;复牌时对已接受的申报实行集合竞价,集合竞价期间不揭示虚拟开盘参考价格、虚拟匹配量、虚拟未匹配量。

4.2.7　证券挂牌、摘牌、停牌与复牌的,本所予以公告。

4.2.8　证券挂牌、摘牌、停牌与复牌的其他规定,按照本所上市规则或其他有关规定执行。

第三节　除权与除息

4.3.1　上市证券发生权益分派、公积金转增股本、配股等情况,本所在权益登记日

（B 股为最后交易日）次一交易日对该证券作除权除息处理,本所另有规定的除外。

4.3.2　除权（息）参考价格的计算公式为：

除权（息）参考价格＝[（前收盘价格－现金红利）＋配（新）股价格×流通股份变动比例]÷（1＋流通股份变动比例）。

证券发行人认为有必要调整上述计算公式的,可向本所提出调整申请并说明理由。本所可以根据申请决定调整除权（息）参考价格计算公式,并予以公布。

除权（息）日即时行情中显示的该证券的前收盘价为除权（息）参考价。

4.3.3　除权（息）日证券买卖,按除权（息）参考价格作为计算涨跌幅度的基准,本所另有规定的除外。

第五章　交 易 信 息

第一节　一般规定

5.1.1　本所每个交易日发布证券交易即时行情、证券指数、证券交易公开信息等交易信息。

5.1.2　本所及时编制反映市场成交情况的各类日报表、周报表、月报表和年报表,并予以发布。

5.1.3　本所市场产生的交易信息归本所所有。未经本所许可,任何机构和个人不得使用和传播。

经本所许可使用交易信息的机构和个人,未经本所同意,不得将本所交易信息提供给其他机构和个人使用或予以传播。

5.1.4　证券交易信息的管理办法由本所另行规定。

第二节　即时行情

5.2.1　每个交易日 9:15 至 9:25 开盘集合竞价期间,即时行情内容包括：证券代码、证券简称、前收盘价格、虚拟开盘参考价格、虚拟匹配量和虚拟未匹配量。

5.2.2　连续竞价期间,即时行情内容包括：证券代码、证券简称、前收盘价格、最新成交价格、当日最高成交价格、当日最低成交价格、当日累计成交数量、当日累计成交金额、实时最高五个买入申报价格和数量、实时最低五个卖出申报价格和数量。

5.2.3　首次上市证券上市首日,其即时行情显示的前收盘价格为其发行价,本所另有规定的除外。

5.2.4　即时行情通过通信系统传输至各会员,会员应在本所许可的范围内使用。

5.2.5　根据市场发展需要,本所可以调整即时行情发布的方式和内容。

第三节　证券指数

5.3.1　本所编制综合指数、成份指数、分类指数等证券指数,以反映证券交易总体价格或某类证券价格的变动和走势,随即时行情发布。

5.3.2　证券指数的编制遵循公开透明的原则。

5.3.3　证券指数设置和编制的具体方法由本所另行规定。

第四节　证券交易公开信息

5.4.1　有价格涨跌幅限制的股票、封闭式基金竞价交易出现下列情形之一的,本所公布当日买入、卖出金额最大的五家会员营业部的名称及其买入、卖出金额:

(一)日收盘价格涨跌幅偏离值达到±7％的各前三只股票(基金);

收盘价格涨跌幅偏离值的计算公式为:收盘价格涨跌幅偏离值＝单只股票(基金)涨跌幅－对应分类指数涨跌幅。

(二)日价格振幅达到15％的前三只股票(基金);

价格振幅的计算公式为:价格振幅＝(当日最高价格－当日最低价格)/当日最低价格×100％。

(三)日换手率达到20％的前三只股票(基金);

换手率的计算公式为:换手率＝成交股数(份额)/流通股数(份额)×100％。

收盘价格涨跌幅偏离值、价格振幅或换手率相同的,依次按成交金额和成交量选取。

对应分类指数包括本所编制的上证A股指数、上证B股指数和上证基金指数等。

对3.4.13规定的无价格涨跌幅限制的股票、封闭式基金,本所公布当日买入、卖出金额最大的五家会员营业部的名称及其买入、卖出金额。

5.4.2　股票、封闭式基金竞价交易出现下列情形之一的,属于异常波动,本所分别公告该股票、封闭式基金交易异常波动期间累计买入、卖出金额最大五家会员营业部的名称及其买入、卖出金额:

(一)连续三个交易日内日收盘价格涨跌幅偏离值累计达到±20％的;

(二)ST股票和*ST股票连续三个交易日内日收盘价格涨跌幅偏离值累计达到±15％的;

(三)连续三个交易日内日均换手率与前五个交易日的日均换手率的比值达到30倍,并且该股票、封闭式基金连续三个交易日内的累计换手率达到20％的;

(四)本所或证监会认定属于异常波动的其他情形。

异常波动指标自复牌之日起重新计算。

对3.4.13规定的无价格涨跌幅限制的股票、封闭式基金不纳入异常波动指标的计算。

5.4.3　本所根据第 4.2.4 条对证券实施特别停牌的,根据需要可以公布以下信息:

(一) 成交金额最大的五家会员营业部的名称及其买入、卖出数量和买入、卖出金额;

(二) 股份统计信息;

(三) 本所认为应披露的其他信息。

5.4.4　证券交易公开信息涉及机构的,公布名称为"机构专用"。

5.4.5　根据市场发展需要,本所可以调整证券交易公开信息的内容。

第六章　交易行为监督

6.1　本所对下列可能影响证券交易价格或者证券交易量的异常交易行为,予以重点监控:

(一) 可能对证券交易价格产生重大影响的信息披露前,大量买入或者卖出相关证券;

(二) 以同一身份证明文件、营业执照或其他有效证明文件开立的证券账户之间,大量或者频繁进行互为对手方的交易;

(三) 委托、授权给同一机构或者同一个人代为从事交易的证券账户之间,大量或者频繁进行互为对手方的交易;

(四) 两个或两个以上固定的或涉嫌关联的证券账户之间,大量或者频繁进行互为对手方的交易;

(五) 大笔申报、连续申报或者密集申报,以影响证券交易价格;

(六) 频繁申报或频繁撤销申报,以影响证券交易价格或其他投资者的投资决定;

(七) 巨额申报,且申报价格明显偏离申报时的证券市场成交价格;

(八) 一段时期内进行大量且连续的交易;

(九) 在同一价位或者相近价位大量或者频繁进行回转交易;

(十) 大量或者频繁进行高买低卖交易;

(十一) 进行与自身公开发布的投资分析、预测或建议相背离的证券交易;

(十二) 在大宗交易中进行虚假或其他扰乱市场秩序的申报;

(十三) 本所认为需要重点监控的其他异常交易。

6.2　会员及其营业部发现投资者的证券交易出现 6.1 条所列异常交易行为之一,且可能严重影响证券交易秩序的,应当予以提醒,并及时向本所报告。

6.3　出现 6.1 条所列异常交易行为之一,且对证券交易价格或者交易量产生重大影响的,本所可采取非现场调查和现场调查措施,要求相关会员及其营业部提供投资者开户资料、授权委托书、资金存取凭证、资金账户情况、相关交易情况等资料;如异常交易涉及投资者的,本所可以直接要求其提供有关材料。

6.4　会员及其营业部、投资者应当配合本所进行相关调查,及时、真实、准确、完整地提供有关文件和资料。

6.5　对情节严重的异常交易行为,本所可以视情况采取下列措施:

（一）口头或书面警示;

（二）约见谈话;

（三）要求相关投资者提交书面承诺;

（四）限制相关证券账户交易;

（五）报请证监会冻结相关证券账户或资金账户;

（六）上报证监会查处。

如对第（四）项措施有异议的,可以向本所提出复核申请。复核期间不停止相关措施的执行。

第七章　交易异常情况处理

7.1　发生下列交易异常情况之一,导致部分或全部交易不能进行的,本所可以决定技术性停牌或临时停市:

（一）不可抗力;

（二）意外事件;

（三）技术故障;

（四）本所认定的其他异常情况。

7.2　出现行情传输中断或无法申报的会员营业部数量超过营业部总数 10% 以上的交易异常情况,本所可以实行临时停市。

7.3　本所认为可能发生第 7.1 条、第 7.2 条规定的交易异常情况,并会严重影响交易正常进行的,可以决定技术性停牌或临时停市。

7.4　本所对技术性停牌或临时停市决定予以公告。

7.5　技术性停牌或临时停市原因消除后,本所可以决定恢复交易。

7.6　除本所认定的特殊情况外,技术性停牌或临时停市后当日恢复交易的,技术性停牌或临时停市前交易主机已经接受的申报有效。交易主机在技术性停牌或临时停市期间继续接受申报,在恢复交易时对已接受的申报实行集合竞价交易。

7.7　因交易异常情况及本所采取的相应措施造成的损失,本所不承担责任。

第八章　交易纠纷

8.1　会员之间、会员与客户之间发生交易纠纷,相关会员应当记录有关情况,以备本所查阅。交易纠纷影响正常交易的,会员应当及时向本所报告。

8.2 会员之间、会员与客户之间发生交易纠纷,本所可以按有关规定,提供必要的交易数据。

8.3 客户对交易有疑义的,会员应当协调处理。

第九章 交 易 费 用

9.1 投资者买卖证券成交的,应当按规定向代其进行证券买卖的会员缴纳佣金。

9.2 会员应当按规定向本所缴纳会员费、交易经手费及其他费用。

9.3 证券交易的收费项目、收费标准和管理办法按照有关规定执行。

第十章 纪 律 处 分

10.1 会员违反本规则的,本所责令其改正,并视情节轻重单处或并处:

(一)在会员范围内通报批评;

(二)在证监会指定的媒体上公开谴责;

(三)暂停或者限制交易;

(四)取消交易资格;

(五)取消会员资格。

10.2 会员对前条(二)、(三)、(四)、(五)项处分有异议的,可以自接到处分通知之日起 15 日内向本所理事会申请复核。复核期间不停止相关处分的执行。

第十一章 附   则

11.1 交易型开放式指数基金、债券、债券回购、权证等品种的其他交易事项,由本所另行规定。

11.2 本规则中所述时间,以本所交易主机的时间为准。

11.3 本所有关股票、基金交易异常波动的规定与本规则不一致的,按本规则执行。

11.4 本规则下列用语含义:

(一)市场:指本所设立的证券交易市场。

(二)上市交易:指证券在本所挂牌交易。

(三)委托:指投资者向会员进行具体授权买卖证券的行为。

(四)申报:指会员向本所交易主机发送证券买卖指令的行为。

(五)标准券:指由不同债券品种按相应折算率折算形成的,用以确定可利用质押式回购交易进行融资的额度。

（六）最优价：指集中申报簿中买方的最高价或卖方的最低价。集中申报簿指交易主机中某一时点按买卖方向以及价格优先、时间优先顺序排列的所有未成交申报队列。

（七）虚拟开盘参考价格：指特定时点的所有有效申报按照集合竞价规则虚拟成交并予以即时揭示的价格。

（八）虚拟匹配量：指特定时点按照虚拟开盘参考价格虚拟成交并予以即时揭示的申报数量。

（九）虚拟未匹配量：指特定时点不能按照虚拟开盘参考价格虚拟成交并予以即时揭示的买方或卖方剩余申报数量。

11.5 本规则经本所理事会通过，报证监会批准后生效。修改时亦同。

11.6 本规则由本所负责解释。

11.7 本规则自 2006 年 7 月 1 日起施行。

深圳证券交易所交易规则（2012 年修订）

第一章　总　　则

1.1　为规范证券市场交易行为,维护证券市场秩序,保护投资者合法权益,根据《中华人民共和国证券法》、《证券交易所管理办法》等法律、行政法规、部门规章、规范性文件以及《深圳证券交易所章程》,制定本规则。

1.2　深圳证券交易所(以下简称" 本所")上市证券及其衍生品种(以下统称" 证券")的交易,适用本规则。本规则未作规定的,适用本所其他有关规定。

1.3　证券交易遵循公开、公平、公正的原则。

1.4　投资者交易行为应当遵守法律、行政法规、部门规章、规范性文件以及本所有关业务规则,遵循自愿、有偿、诚实信用原则。

1.5　证券交易采用无纸化的集中交易或经中国证券监督管理委员会(以下简称" 证监会")批准的其他方式。

第二章　交　易　市　场

第一节　交易场所

2.1.1　本所为证券交易提供交易场所及设施。交易场所及设施由交易主机、交易大厅、交易单元、报盘系统及相关的通信系统等组成。

第二节　交易参与人

2.2.1　会员进入本所市场进行证券交易,应当向本所申请取得交易权限,成为本所交易参与人。

交易参与人应当通过在本所申请开设的交易单元进行证券交易。

2.2.2　交易单元,是指交易参与人向本所申请设立的、参与本所证券交易与接受本所监管及服务的基本业务单位。

2.2.3 交易单元和交易权限的具体规定,由本所另行制定。

第三节 交易品种与方式

2.3.1 在本所市场上市交易的品种包括:

(一)股票;

(二)基金;

(三)债券;

(四)权证;

(五)经证监会批准的其他交易品种。

2.3.2 证券交易的方式包括:

(一)现券交易;

(二)回购交易;

(三)融资融券交易;

(四)经证监会批准的其他交易方式。

第四节 交易时间

2.4.1 本所交易日为每周一至周五。国家法定假日和本所公告的休市日,本所市场休市。

2.4.2 证券采用竞价交易方式的,每个交易日的 9:15 至 9:25 为开盘集合竞价时间,9:30 至 11:30、13:00 至 14:57 为连续竞价时间,14:57 至 15:00 收盘集合竞价时间。经证监会批准,本所可以调整交易时间。

2.4.3 交易时间内因故停市,交易时间不作顺延。

第三章 证券买卖

第一节 一般规定

3.1.1 会员接受投资者的买卖委托后,应当确认投资者具备相应证券或资金,并按照委托的内容向本所申报,承担相应的交易、交收责任。会员接受投资者买卖委托达成交易的,投资者应当向会员交付其委托会员卖出的证券或其委托会员买入证券的款项,会员应当向投资者交付卖出证券所得款项或买入的证券。

3.1.2 会员通过报盘系统向本所交易主机发送买卖申报指令,并按本规则达成交易,交易记录由本所发送至会员。

3.1.3 会员应当按有关规定妥善保管委托和申报记录。

3.1.4　投资者买入的证券，在交收前不得卖出，但实行回转交易的除外。证券的回转交易，是指投资者买入的证券，经确认成交后，在交收完成前全部或部分卖出。债券竞价交易实行当日回转交易，B 股实行次交易日起回转交易。经证监会批准，本所可以调整实行回转交易的证券品种和回转方式。

3.1.5　本所可以根据市场需要，实行主交易商制度，具体规定由本所另行制定，报证监会批准后生效。

第二节　委托

3.2.1　投资者买卖证券，应当以实名方式开立证券账户和资金账户，并与会员签订证券交易委托协议。协议生效后，投资者为该会员经纪业务的客户。投资者开立证券账户，按本所指定登记结算机构的规定办理。

3.2.2　投资者可以通过书面或电话、自助终端、互联网等自助委托方式委托会员买卖证券。投资者通过自助委托方式参与证券买卖的，会员应当与其签订自助委托协议。

3.2.3　投资者通过电话、自助终端、互联网等方式进行自助委托的，应当按相关规定操作。会员应当记录投资者委托的电话号码、网卡地址、IP 地址等信息。

3.2.4　除本所另有规定外，投资者的委托指令应当包括：

（一）证券账户号码；

（二）证券代码；

（三）买卖方向；

（四）委托数量；

（五）委托价格；

（六）本所及会员要求的其他内容。

3.2.5　投资者可以采用限价委托或市价委托的方式委托会员买卖证券。限价委托，是指投资者委托会员按其限定的价格买卖证券，会员必须按限定的价格或低于限定的价格申报买入证券；按限定的价格或高于限定的价格申报卖出证券。市价委托，是指投资者委托会员按市场价格买卖证券。

3.2.6　投资者可以撤销委托的未成交部分。

3.2.7　被撤销或失效的委托，会员应当在确认后及时向投资者返还相应的资金或证券。

第三节　申报

3.3.1　本所接受会员竞价交易申报的时间为每个交易日 9:15 至 11:30、13:00 至 15:00。每个交易日 9:20 至 9:25、14:57 至 15:00，本所交易主机不接受参与竞价交易的撤销申报；在其他接受申报的时间内，未成交申报可以撤销。每个交易日 9:25 至 9:30，交易主机只接受申报，但不对买卖申报或撤销申报作处理。本所可以调整接受会员申报的时间。

3.3.2　会员应当按照接受投资者委托的时间先后顺序及时向本所申报。买卖申报和撤销申报经本所交易主机确认后方为有效。

3.3.3　本所接受会员的限价申报和市价申报。

3.3.4　本所可以根据市场需要，接受下列类型的市价申报：

（一）对手方最优价格申报；

（二）本方最优价格申报；

（三）最优五档即时成交剩余撤销申报；

（四）即时成交剩余撤销申报；

（五）全额成交或撤销申报；

（六）本所规定的其他类型。

对手方最优价格申报，以申报进入交易主机时集中申报簿中对手方队列的最优价格为其申报价格。本方最优价格申报，以申报进入交易主机时集中申报簿中本方队列的最优价格为其申报价格。最优五档即时成交剩余撤销申报，以对手方价格为成交价，与申报进入交易主机时集中申报簿中对手方最优五个价位的申报队列依次成交，未成交部分自动撤销。即时成交并撤销申报，以对手方价格为成交价，与申报进入交易主机时集中申报簿中对手方所有申报队列依次成交，未成交部分自动撤销。全额成交或撤销申报，以对手方价格为成交价，如与申报进入交易主机时集中申报簿中对手方所有申报队列依次成交能够使其完全成交的，则依次成交，否则申报全部自动撤销。

3.3.5　市价申报只适用于有价格涨跌幅限制证券连续竞价期间的交易。其他交易时间，交易主机不接受市价申报。

3.3.6　本方最优价格申报进入交易主机时，集中申报簿中本方无申报的，申报自动撤销。其他市价申报类型进入交易主机时，集中申报簿中对手方无申报的，申报自动撤销。

3.3.7　限价申报指令应当包括证券账户号码、证券代码、交易单元代码、证券营业部识别码、买卖方向、数量、价格等内容。市价申报指令应当包括申报类型、证券账户号码、证券代码、交易单元代码、证券营业部识别码、买卖方向、数量等内容。申报指令应当按本所规定的格式传送。本所可以根据市场需要，调整申报的内容。

3.3.8　通过竞价交易买入股票或基金的，申报数量应当为100股（份）或其整数倍。卖出股票或基金时，余额不足100股（份）部分，应当一次性申报卖出。

3.3.9　通过竞价交易买入债券以10张或其整数倍进行申报。买入、卖出债券质押式回购以10张或其整数倍进行申报。卖出债券时，余额不足10张部分，应当一次性申报卖出。债券以人民币100元面额为1张，债券质押式回购以100元标准券为1张。

3.3.10　股票（基金）竞价交易单笔申报最大数量不得超过 100 万股（份），债券和债券质押式回购竞价交易单笔申报最大数量不得超过 100 万张。

3.3.11　股票交易的计价单位为"每股价格"，基金交易的计价单位为"每份基金价格"，债券交易的计价单位为"每百元面值的价格"，债券质押式回购交易的计价单位为"每百元资金到期年收益"。

3.3.12　债券交易可以采取净价交易或全价交易的方式。净价交易，是指买卖债券时以不含有应计利息的价格申报并成交。全价交易，是指买卖债券时以含有应计利息的价格申报并成交。

3.3.13　A 股交易的申报价格最小变动单位为 0.01 元人民币；基金、债券、债券质押式回购交易的申报价格最小变动单位为 0.001 元人民币；B 股的申报价格最小变动单位为 0.01 港元。

3.3.14　本所可以根据市场需要，调整证券单笔买卖申报数量和申报价格的最小变动单位。

3.3.15　本所对股票、基金交易实行价格涨跌幅限制，涨跌幅限制比例为 10%，ST和 * ST 等被实施特别处理的股票价格涨跌幅限制比例为 5%。经证监会批准，本所可以调整证券的涨跌幅限制比例。

3.3.16　涨跌幅限制价格的计算公式为：涨跌幅限制价格＝前收盘价×（1±涨跌幅限制比例）。计算结果按照四舍五入原则取至价格最小变动单位。涨跌幅限制价格与前收盘价之差的绝对值低于价格最小变动单位的，以前收盘价增减一个价格最小变动单位为涨跌幅限制价格。

3.3.17　属于下列情形之一的，股票上市首日不实行价格涨跌幅限制：

（一）首次公开发行股票上市的；

（二）暂停上市后恢复上市的；

（三）证监会或本所认定的其他情形。

3.3.18　申报当日有效。每笔竞价交易的申报不能一次全部成交时，未成交部分继续参加当日竞价，但第 3.3.4 条第（三）、（四）、（五）项市价申报类型除外。

第四节　竞价

3.4.1　证券竞价交易采用集合竞价和连续竞价两种方式。集合竞价，是指对一段时间内接受的买卖申报一次性集中撮合的竞价方式。连续竞价，是指对买卖申报逐笔连续撮合的竞价方式。

3.4.2　买卖有价格涨跌幅限制的证券，其有效竞价范围与涨跌幅限制范围一致，在价格涨跌幅限制以内的申报为有效申报，超过涨跌幅限制的申报为无效申报。

3.4.3　买卖无价格涨跌幅限制的证券，按下列方法确定有效竞价范围：

（一）股票开盘集合竞价的有效竞价范围为即时行情显示的前收盘价的900％以内，连续竞价、盘中临时停牌复牌集合竞价、收盘集合竞价的有效竞价范围为最近成交价的上下10％；

（二）债券上市首日开盘集合竞价的有效竞价范围为发行价的上下30％，连续竞价、收盘集合竞价的有效竞价范围为最近成交价的上下10％；非上市首日开盘集合竞价的有效竞价范围为前收盘价的上下10％，连续竞价、收盘集合竞价的有效竞价范围为最近成交价的上下10％；

（三）债券质押式回购非上市首日开盘集合竞价的有效竞价范围为前收盘价的上下100％，连续竞价、收盘集合竞价的有效竞价范围为最近成交价的上下100％。债券质押式回购上市首日的有效竞价范围设置，由本所另行规定。有效竞价范围计算结果按照四舍五入原则取至价格最小变动单位。无价格涨跌幅限制证券有效竞价范围上限或下限与最近成交价之差的绝对值低于价格最小变动单位的，以最近成交价增减一个该证券的价格最小变动单位为有效竞价范围。

3.4.4　买卖无价格涨跌幅限制的证券，超过有效竞价范围的申报不能即时参加竞价，暂存于交易主机；当成交价波动使其进入有效竞价范围时，交易主机自动取出申报，参加竞价。

3.4.5　无价格涨跌幅限制的证券在集合竞价期间没有产生成交的，继续交易时，按下列方式调整有效竞价范围：

（一）有效竞价范围内的最高买入申报价高于即时行情显示的前收盘价或最近成交价，以最高买入申报价为基准调整有效竞价范围；

（二）有效竞价范围内的最低卖出申报价低于即时行情显示的前收盘价或最近成交价，以最低卖出申报价为基准调整有效竞价范围。

3.4.6　本所可以根据市场需要，调整证券的有效竞价范围。

第五节　成交

3.5.1　证券竞价交易按价格优先、时间优先的原则撮合成交。价格优先的原则为：较高价格买入申报优先于较低价格买入申报，较低价格卖出申报优先于较高价格卖出申报。时间优先的原则为：买卖方向、价格相同的，先申报者优先于后申报者。先后顺序按交易主机接受申报的时间确定。

3.5.2　集合竞价时，成交价的确定原则为：

（一）可实现最大成交量；

（二）高于该价格的买入申报与低于该价格的卖出申报全部成交；

（三）与该价格相同的买方或卖方至少有一方全部成交。

两个以上价格符合上述条件的，取在该价格以上的买入申报累计数量与在该价格以下的卖出申报累计数量之差最小的价格为成交价；买卖申报累计数量之差仍存在相等情况的，开盘集合竞价时取最接近即时行情显示的前收盘价为成交价，盘中、收盘集合竞价时取最接近最近成交价的价格为成交价。集合竞价的所有交易以同一价格成交。

3.5.3　连续竞价时，成交价的确定原则为：

（一）最高买入申报与最低卖出申报价格相同，以该价格为成交价；

（二）买入申报价格高于集中申报簿当时最低卖出申报价格时，以集中申报簿当时的最低卖出申报价格为成交价；

（三）卖出申报价格低于集中申报簿当时最高买入申报价格时，以集中申报簿当时的最高买入申报价格为成交价。

3.5.4　买卖申报经交易主机撮合成交后，交易即告成立。符合本规则各项规定达成的交易于成立时生效，买卖双方必须承认交易结果，履行清算交收义务。因不可抗力、意外事件、交易系统被非法侵入等原因造成严重后果的交易，本所可以采取适当措施或认定无效。对显失公平的交易，经本所认定，可以采取适当措施。违反本规则，严重破坏证券市场正常运行的交易，本所有权宣布取消交易。由此造成的损失由违规交易者承担。

3.5.5　依照本规则达成的交易，其成交结果以交易主机记录的成交数据为准。

3.5.6　会员间的清算交收业务由本所指定的登记结算机构负责办理。

第六节　大宗交易

3.6.1　在本所进行的证券买卖符合以下条件的，可以采用大宗交易方式：

（一）A 股单笔交易数量不低于 50 万股，或者交易金额不低于 300 万元人民币；

（二）B 股单笔交易数量不低于 5 万股，或者交易金额不低于 30 万元港币；

（三）基金单笔交易数量不低于 300 万份，或者交易金额不低于 300 万元人民币；

（四）债券单笔交易数量不低于 5 千张，或者交易金额不低于 50 万元人民币；

（五）债券质押式回购单笔交易数量不低于 5 千张，或者交易金额不低于 50 万元人民币；

（六）多只 A 股合计单向买入或卖出的交易金额不低于 500 万元人民币，且其中单只 A 股的交易数量不低于 20 万股；

（七）多只基金合计单向买入或卖出的交易金额不低于 500 万元人民币，且其中单只基金的交易数量不低于 100 万份；

（八）多只债券合计单向买入或卖出的交易金额不低于 100 万元人民币，且其中单只债券的交易数量不低于 2 千张。

本所可以根据市场需要，调整大宗交易的最低限额。

3.6.2　本所接受大宗交易申报的时间为每个交易日 9:15 至 11:30、13:00 至 15:30。

3.6.3　有价格涨跌幅限制证券的大宗交易成交价格,由买卖双方在该证券当日涨跌幅限制价格范围内确定。无价格涨跌幅限制证券的大宗交易成交价格,由买卖双方在前收盘价的上下 30%之间自行协商确定。

3.6.4　会员应当保证大宗交易参与者实际拥有与交易申报相对应的证券或资金。

3.6.5　股票、基金大宗交易不纳入本所即时行情和指数的计算,成交量在大宗交易结束后计入当日该证券成交总量。

3.6.6　每个交易日大宗交易结束后,本所公布大宗交易的证券名称、成交量、成交价以及买卖双方所在会员证券营业部或交易单元的名称。

3.6.7　大宗交易通过本所综合协议交易平台进行,具体规定由本所另行制定。

第七节　融资融券交易

3.7.1　融资融券交易,是指投资者向会员提供担保物,借入资金买入证券或借入证券并卖出的行为。

3.7.2　会员参与本所融资融券交易,应当向本所申请融资融券交易权限,并通过融资融券专用交易单元进行。

3.7.3　投资者进行融资融券交易,应当按照规定开立信用证券账户。信用证券账户的开立和注销,根据会员和本所指定登记结算机构的有关规定办理。

3.7.4　本所对融资融券交易的下列事项作出规定:

(一)交易业务流程;

(二)可用于融资买入和融券卖出的证券;

(三)可充抵保证金证券的种类和最高折算率;

(四)融资融券的最长期限;

(五)初始保证金比例及最低维持担保比例;

(六)信息披露与报告制度;

(七)市场风险控制措施;

(八)其他事项。

3.7.5　会员向投资者融资、融券前,应当与其签订融资融券合同,向其讲解融资融券业务规则和合同内容,并要求其签署风险揭示书。

3.7.6　融资融券交易活动出现异常,已经或者可能危及市场稳定的,本所认为必要时,可以暂停全部或部分证券的融资融券交易,并予以公告。

3.7.7　融资融券交易的具体规定,由本所另行制定,报证监会批准后生效。

第八节　债券回购交易

3.8.1　债券回购交易采取质押式回购交易等方式。债券质押式回购交易,是指债券持有人在将债券质押并将相应债券以标准券折算比率计算出的标准券数量为融资额度向交易对手方进行质押融资的同时,交易双方约定在回购期满后返还资金和解除质押的交易。其中,质押债券取得资金的交易参与人为"融资方";其对手方为"融券方"。

3.8.2　会员应当与参与债券质押式回购交易的投资者签订债券回购委托协议,并设立标准券明细账。标准券,是指可用于回购质押的债券品种按标准券折算比率折算形成的、可用于融资的额度。标准券折算比率,是指各债券现券品种所能折成的标准券金额与债券面值之比。标准券及标准券折算比率的具体规定,由本所指定登记结算机构制定。

3.8.3　债券回购交易申报中,融资方按"买入"方向进行申报,融券方按"卖出"方向进行申报。

3.8.4　本所债券回购按回购期限设立不同品种,并向市场公布。

3.8.5　债券质押式回购交易实行一次交易、两次结算。回购交易达成后,初次结算的结算价格为 100 元,回购到期二次结算的结算价格为购回价,购回价是指每百元资金的本金和利息之和。

购回价的具体计算方法,由本所另行制定。

第四章　其他交易事项

第一节　转托管

4.1.1　投资者可以以同一证券账户在单个或多个会员的不同证券营业部买入证券。

4.1.2　投资者买入的证券可以通过原买入证券的交易单元委托卖出,也可以向原买入证券的交易单元发出转托管指令,转托管完成后,在转入的交易单元委托卖出。

转托管的具体规定,由本所指定登记结算机构制定。

第二节　开盘价与收盘价

4.2.1　证券的开盘价为当日该证券的第一笔成交价。

4.2.2　证券的开盘价通过集合竞价方式产生,不能通过集合竞价产生的,以连续竞价方式产生。

4.2.3　证券的收盘价通过集合竞价的方式产生。收盘集合竞价不能产生收盘价或未进行收盘集合竞价的,以当日该证券最后一笔交易前一分钟所有交易的成交量加权平均价(含最后一笔交易)为收盘价。当日无成交的,以前收盘价为当日收盘价。

第三节　挂牌、摘牌、停牌与复牌

4.3.1　本所对上市证券实施挂牌交易。

4.3.2   证券上市期届满或依法不再具备上市条件的,本所终止其上市交易,予以摘牌。

4.3.3   证券交易出现第6.1条规定的异常交易行为或情形的,本所可以视情况对相关证券实施停牌,发布公告,并根据需要公布相关交易、股份和基金份额统计信息。有披露义务的当事人应当按照本所的要求及时公告。具体停牌及复牌的时间,以相关公告为准。

4.3.4   无价格涨跌幅限制股票交易出现下列情形的,本所可以对其实施盘中临时停牌措施:

(一)盘中成交价较当日开盘价首次上涨或下跌达到或超过10%的,临时停牌时间为1小时;

(二)盘中成交价较当日开盘价首次上涨或下跌达到或超过20%的,临时停牌至14:57;

(三)盘中换手率达到或超过50%的,临时停牌时间为1小时。盘中临时停牌具体时间以本所公告为准,临时停牌时间跨越14:57的,于14:57复牌并对已接受的申报进行复牌集合竞价,再进行收盘集合竞价。本所可以视盘中交易情况调整相关指标阈值,或采取进一步的盘中风险控制措施。

4.3.5   证券停牌时,本所发布的行情中包括该证券的信息;证券暂停上市或摘牌后,行情信息中无该证券的信息。

4.3.6   证券在9:25前停牌的,当日复牌时对已接受的申报实行开盘集合竞价,复牌后继续当日交易。证券在9:30及其后临时停牌的,当日复牌时对已接受的申报实行盘中集合竞价,复牌后继续当日交易。停牌期间,可以申报,也可以撤销申报。停牌期间不揭示集合竞价参考价、匹配量和未匹配量。

4.3.7   证券的挂牌、摘牌、停牌与复牌,由本所或证券发行人予以公告。

4.3.8   证券挂牌、摘牌、停牌与复牌的其他规定,按照本所上市规则及其他有关规定执行。

第四节   除权与除息

4.4.1   上市证券发生权益分派、公积金转增股本、配股等情况,本所在权益登记日(B股为最后交易日)次一交易日对该证券作除权除息处理,本所另有规定的除外。

4.4.2   除权(息)参考价计算公式为:

除权(息)参考价=[(前收盘价-现金红利)+配股价格×股份变动比例]÷(1+股份变动比例)

证券发行人认为有必要调整上述计算公式时,可以向本所提出调整申请并说明理由。经本所同意的,证券发行人应当向市场公布该次除权(息)适用的除权(息)参考价计算公式。

4.4.3 除权（息）日证券买卖，按除权（息）参考价作为计算涨跌幅度的基准，本所另有规定的除外。

第五节 退市整理期间交易事项

4.5.1 退市整理期间，上市公司股票进入退市整理板交易，不在主板、中小企业板或者创业板行情中揭示。股票进入退市整理板交易的上市公司，其可转换公司债券、权证等衍生品种可以同时进入退市整理板交易，相关交易事项由本所另行规定并报证监会批准。

4.5.2 本所对股票退市整理期间交易实行价格涨跌幅限制，涨跌幅限制比例为 10%。经证监会批准，本所可以调整退市整理期间股票交易的涨跌幅限制比例。

4.5.3 股票退市整理期间，本所公布其当日买入、卖出金额最大的五家会员证券营业部或交易单元的名称及其各自的买入、卖出金额。

4.5.4 股票退市整理期间交易不纳入本规则第五章规定的证券公开信息披露及异常波动指标的计算。

4.5.5 股票退市整理期间交易不纳入本所指数的计算，成交量计入当日市场成交总量。

第五章 交 易 信 息

第一节 一般规定

5.1.1 本所每个交易日发布证券交易即时行情、证券指数、证券交易公开信息等交易信息。

5.1.2 本所及时编制反映市场成交情况的各类日报表、周报表、月报表和年报表，并通过本所网站或其他媒体予以公布。

5.1.3 本所交易信息归本所所有。未经许可，任何机构和个人不得使用和传播。

经本所许可使用交易信息的机构和个人，未经同意，不得将交易信息提供给其他机构和个人使用或予以传播。证券交易信息的管理办法，由本所另行制定。

第二节 即时行情

5.2.1 开盘、收盘集合竞价期间，即时行情内容包括：证券代码、证券简称、集合竞价参考价、匹配量和未匹配量等。

5.2.2 连续竞价期间，即时行情内容包括：证券代码、证券简称、前收盘价、最近成交价、当日最高价、当日最低价、当日累计成交数量、当日累计成交金额、实时最高五个价位买入申报价和数量、实时最低五个价位卖出申报价和数量等。

5.2.3　即时行情显示的前收盘价为该证券上一交易日的收盘价,但下列情形的除外:

(一)首次公开发行并上市股票、上市债券上市首日,其即时行情显示的前收盘价为其发行价;

(二)恢复上市股票上市首日,其即时行情显示的前收盘价为其暂停上市前最后交易日的收盘价或恢复上市前最近一次增发价;

(三)基金上市首日,其即时行情显示的前收盘价为其前一交易日基金份额净值(四舍五入至 0.001 元),本所另有规定的除外;

(四)证券除权(息)日,其即时行情显示的前收盘价为该证券除权(息)参考价;

(五)本所规定的其他情形。

5.2.4　即时行情通过本所许可的通信系统传输,会员应在本所许可的范围内使用。

5.2.5　本所可以根据市场需要,调整即时行情发布的方式和内容。

第三节　证券指数

5.3.1　本所编制综合指数、成份指数、分类指数等证券指数,以反映证券交易总体价格或某类证券价格的变动和走势,随即时行情发布。

5.3.2　证券指数的设置和编制方法,由本所另行制定。

第四节　证券交易公开信息

5.4.1　有价格涨跌幅限制的股票、封闭式基金竞价交易出现下列情形之一的,本所分别公布相关证券当日买入、卖出金额最大五家会员证券营业部或交易单元的名称及其各自的买入、卖出金额:

(一)当日收盘价涨跌幅偏离值达到 ±7% 的各前五只证券;收盘价涨跌幅偏离值的计算公式为:收盘价涨跌幅偏离值=单只证券涨跌幅-对应分类指数涨跌幅证券价格达到涨跌幅限制的,取对应的涨跌幅限制比例进行计算。

(二)当日价格振幅达到 15% 的前五只证券;价格振幅的计算公式为:

$$价格振幅=(当日最高价-当日最低价)/当日最低价×100\%$$

(三)当日换手率达到 20% 的前五只证券;换手率的计算公式为:

$$换手率=成交股数/无限售条件股份总数×100\%$$

收盘价涨跌幅偏离值、价格振幅或换手率相同的,依次按成交金额和成交量选取。主板 A 股股票、中小企业板股票、创业板股票、B 股股票、封闭式基金的对应分类指数分别是本所编制的深证 A 股指数、中小板综合指数、创业板综合指数、深证 B 股指数和深证基金指数。

5.4.2　第 3.3.17 条规定的无价格涨跌幅限制股票,本所公布其当日买入、卖出金额最大的五家会员证券营业部或交易单元的名称及其各自的买入、卖出金额。

5.4.3　股票、封闭式基金竞价交易出现下列情形之一的,属于异常波动,本所分别公布其在交易异常波动期间累计买入、卖出金额最大五家会员证券营业部或交易单元的名称及其各自累计买入、卖出金额:

(一) 连续三个交易日内日收盘价涨跌幅偏离值累计达到±20％的;

(二) ST 和*ST 股票连续三个交易日内日收盘价涨跌幅偏离值累计达到±12％的;

(三) 连续三个交易日内日均换手率与前五个交易日的日均换手率的比值达到 30 倍,且该证券连续三个交易日内的累计换手率达到 20％的;

(四) 证监会或本所认为属于异常波动的其他情形。异常波动指标自相关信息披露义务人发布异常波动公告或复牌之日起重新计算。

第 3.3.17 条规定的无价格涨跌幅限制股票不纳入异常波动指标的计算。

5.4.4　证券交易公开信息涉及机构专用交易单元的,公布名称为“机构专用”。

第六章　证券交易监督

6.1　本所对证券交易中的下列事项,予以重点监控:

(一) 涉嫌内幕交易、操纵市场等违法违规行为;

(二) 证券买卖的时间、数量、方式等受到法律、行政法规、部门规章和规范性文件及本所业务规则等相关规定限制的行为;

(三) 可能影响证券交易价格或者证券交易量的异常交易行为;

(四) 证券交易价格或者证券交易量明显异常的情形;

(五) 本所认为需要重点监控的其他事项。

6.2　可能影响证券交易价格或者证券交易量的异常交易行为包括:

(一) 可能对证券交易价格产生重大影响的信息披露前,大量或持续买入或卖出相关证券;

(二) 单个或两个以上固定的或涉嫌关联的证券账户之间,大量或频繁进行反向交易;

(三) 单个或两个以上固定的或涉嫌关联的证券账户,大笔申报、连续申报、密集申报或申报价格明显偏离该证券行情揭示的最新成交价;

(四) 单独或合谋,以涨幅或跌幅限制的价格大额申报或连续申报,致使该证券交易价格达到或维持涨幅或跌幅限制;

(五) 频繁申报和撤销申报,或大额申报后撤销申报,以影响证券交易价格或误导其他投资者;

（六）集合竞价期间以明显高于前收盘价的价格申报买入后又撤销申报,随后申报卖出该证券,或以明显低于前收盘价的价格申报卖出后又撤销申报,随后申报买入该证券;

（七）对单一证券品种在一段时期内进行大量且连续交易;

（八）同一证券账户、同一会员或同一证券营业部的客户大量或频繁进行日内回转交易;

（九）大量或者频繁进行高买低卖交易;

（十）在证券价格敏感期内,通过异常申报,影响相关证券或其衍生品的交易价格、结算价格或参考价值;

（十一）单独或合谋,在公开发布投资分析、预测或建议前买入或卖出有关证券,或进行与自身公开发布的投资分析、预测或建议相背离的证券交易;

（十二）在综合协议交易平台进行虚假或其他扰乱市场秩序的申报;

（十三）本所认为需要重点监控的其他异常交易行为。

6.3　证券交易价格或证券交易量明显异常的情形包括:

（一）同一证券营业部或同一地区的证券营业部集中买入或卖出同一证券且数量较大;

（二）证券交易价格连续大幅上涨或下跌,明显偏离同期相关指数的涨幅或跌幅,且上市公司无重大事项公告;

（三）本所认为需要重点监控的其他异常交易情形。

6.4　本所根据市场需要,可以联合其他证券、期货交易所等机构,对出现第6.2条第（十）项等情形进行调查。

6.5　会员发现客户的证券交易出现第6.1条所列重点监控事项之一,且可能严重影响证券交易秩序的,应当予以提醒,并及时向本所报告。

6.6　本所可以针对证券交易中重点监控事项进行现场或非现场调查,会员及其证券营业部、投资者应当予以配合。

6.7　本所在现场或非现场调查中,可以根据需要要求相关会员及其证券营业部、投资者及时、准确、完整地提供下列文件和资料:

（一）投资者的开户资料、授权委托书、资金账户情况和相关证券账户的交易情况等;

（二）相关证券账户或资金账户的实际控制人和操作人情况、资金来源以及相关账户间是否存在关联的说明等;

（三）对证券交易中重点监控事项的解释;

（四）其他与本所重点监控事项有关的资料。

6.8　对第6.1条所列重点监控事项中情节严重的行为,本所可以视情况采取下列措施:

（一）口头或书面警示;

（二）约见谈话；

（三）要求提交书面承诺；

（四）限制相关证券账户交易；

（五）上报证监会。

对第（四）项措施有异议的，可以自接到相关措施执行通知之日起 15 日内，向本所申请复核。复核期间不停止该措施的执行。

第七章　交易异常情况处理

7.1　发生下列交易异常情况之一，导致部分或全部交易不能进行的，本所可以决定单独或同时采取暂缓进入交收、技术性停牌或临时停市等措施：

（一）不可抗力；

（二）意外事件；

（三）技术故障；

（四）本所认定的其他异常情况。

7.2　出现无法申报或行情传输中断情况的，会员应及时向本所报告。无法申报或行情传输中断的证券营业部数量超过本所全部会员证券营业部总数 10% 以上的，属于交易异常情况，本所可以实行临时停市。

7.3　本所认为可能发生第 7.1 条、第 7.2 条规定的交易异常情况，并严重影响交易正常进行的，可以决定技术性停牌或临时停市。经证监会要求，本所实行临时停市。

7.4　本所对暂缓进入交收、技术性停牌或临时停市决定予以公告。技术性停牌或临时停市原因消除后，本所可以决定恢复交易，并予以公告。

7.5　因交易异常情况及本所采取的相应措施造成损失的，本所不承担赔偿责任。

7.6　交易异常情况处理的具体规定，由本所另行制定。

第八章　交易纠纷

8.1　会员之间、会员与客户之间发生交易纠纷，相关会员应当记录有关情况，以备本所查阅。交易纠纷影响正常交易的，会员应当及时向本所报告。

8.2　会员之间、会员与客户之间发生交易纠纷，本所可以按有关规定，提供必要的交易数据。

8.3　客户对交易有疑义的，会员有义务协调处理。

第九章　交 易 费 用

9.1　投资者买卖证券成交的,应当按规定向会员缴纳佣金。

9.2　会员应当按规定向本所缴纳会员管理费用、交易经手费及其他费用。

9.3　证券交易的收费项目、收费标准和管理办法按照有关规定执行。

第十章　附　　则

10.1　会员违反本规则的,本所根据《深圳证券交易所会员管理规则》对相关会员进行纪律处分。

10.2　通过本所交易系统进行证券发行、认购、申购、赎回、行权等业务的,参照本规则的相关规定执行;证监会及本所另有规定的,从其规定。

10.3　经本所同意,会员可以通过其派驻交易大厅的交易员进行申报。进入交易大厅的,仅限于下列人员:

(一) 登记在册交易员;

(二) 场内监管人员;

(三) 本所特许人员。

10.4　经证监会批准,特定交易品种可以通过本所综合协议交易平台进行协议交易,具体规定由本所另行制定。

10.5　本规则中所述时间,以本所交易主机的时间为准。

10.6　本规则下列用语具有如下含义:

(一) 市场:指本所设立的证券交易市场。

(二) 委托:指投资者向会员进行具体授权买卖证券的行为。

(三) 申报:指交易参与人向本所交易主机发送证券买卖指令的行为。

(四) 集中申报簿:指交易主机某一时点有效竞价范围内按买卖方向以及价格优先、时间优先顺序排列的所有未成交申报队列。

(五) 对手方(本方)队列最优价格:指集中申报簿中买方的最高价或卖方的最低价。

(六) 集合竞价参考价:指截至揭示时集中申报簿中所有申报按照集合竞价规则形成的虚拟集合竞价成交价。

(七) 匹配量:指截至揭示时集中申报簿中所有申报按照集合竞价规则形成的虚拟成交数量。

(八) 未匹配量:指截至揭示时集中申报簿中在集合竞价参考价位上的不能按照集合竞价参考价虚拟成交的买方或卖方申报剩余量。

（九）证券价格敏感期：指计算相关证券及其衍生品的交易价格、结算价格、参考价值的特定期间，包括计算修正可转换债券转股价的特定时间，计算证券增发价的特定时间，计算证券单位净值的特定时间，计算衍生品结算价格的特定时间等。

10.7　本规则未定义的用语的含义，依照法律、行政法规、部门规章、规范性文件及本所有关业务规则确定。

10.8　本规则所称"超过"、"低于"、"不足"不含本数，"达到"、"以上"、"以下"含本数。

10.9　本规则经本所理事会通过，报证监会批准后生效。修改时亦同。

10.10　本规则由本所负责解释。

10.11　本规则自 2012 年 12 月 17 日起施行。

期货交易管理条例

第一章　总　　则

第一条　为了规范期货交易行为,加强对期货交易的监督管理,维护期货市场秩序,防范风险,保护期货交易各方的合法权益和社会公共利益,促进期货市场积极稳妥发展,制定本条例。

第二条　任何单位和个人从事期货交易,包括商品和金融期货合约、期权合约交易及其相关活动,应当遵守本条例。

第三条　从事期货交易活动,应当遵循公开、公平、公正和诚实信用的原则。禁止欺诈、内幕交易和操纵期货交易价格等违法行为。

第四条　期货交易应当在依法设立的期货交易所或者国务院期货监督管理机构批准的其他交易场所进行。

禁止在国务院期货监督管理机构批准的期货交易场所之外进行期货交易,禁止变相期货交易。

第五条　国务院期货监督管理机构对期货市场实行集中统一的监督管理。

国务院期货监督管理机构派出机构依照本条例的有关规定和国务院期货监督管理机构的授权,履行监督管理职责。

第二章　期货交易所

第六条　设立期货交易所,由国务院期货监督管理机构审批。

未经国务院期货监督管理机构批准,任何单位或者个人不得设立期货交易所或者以任何形式组织期货交易及其相关活动。

第七条　期货交易所不以营利为目的,按照其章程的规定实行自律管理。期货交易所以其全部财产承担民事责任。期货交易所的负责人由国务院期货监督管理机构任免。

期货交易所的管理办法由国务院期货监督管理机构制定。

第八条　期货交易所会员应当是在中华人民共和国境内登记注册的企业法人或者其

他经济组织。

期货交易所可以实行会员分级结算制度。实行会员分级结算制度的期货交易所会员由结算会员和非结算会员组成。

结算会员的结算业务资格由国务院期货监督管理机构批准。国务院期货监督管理机构应当在受理结算业务资格申请之日起 3 个月内做出批准或者不批准的决定。

第九条　有《中华人民共和国公司法》第一百四十七条规定的情形或者下列情形之一的,不得担任期货交易所的负责人、财务会计人员:

(一)因违法行为或者违纪行为被解除职务的期货交易所、证券交易所、证券登记结算机构的负责人,或者期货公司、证券公司的董事、监事、高级管理人员,以及国务院期货监督管理机构规定的其他人员,自被解除职务之日起未逾 5 年;

(二)因违法行为或者违纪行为被撤销资格的律师、注册会计师或者投资咨询机构、财务顾问机构、资信评级机构、资产评估机构、验证机构的专业人员,自被撤销资格之日起未逾 5 年。

第十条　期货交易所应当依照本条例和国务院期货监督管理机构的规定,建立、健全各项规章制度,加强对交易活动的风险控制和对会员以及交易所工作人员的监督管理。期货交易所履行下列职责:

(一)提供交易的场所、设施和服务;

(二)设计合约,安排合约上市;

(三)组织并监督交易、结算和交割;

(四)保证合约的履行;

(五)按照章程和交易规则对会员进行监督管理;

(六)国务院期货监督管理机构规定的其他职责。

期货交易所不得直接或者间接参与期货交易。未经国务院期货监督管理机构审核并报国务院批准,期货交易所不得从事信托投资、股票投资、非自用不动产投资等与其职责无关的业务。

第十一条　期货交易所应当按照国家有关规定建立、健全下列风险管理制度:

(一)保证金制度;

(二)当日无负债结算制度;

(三)涨跌停板制度;

(四)持仓限额和大户持仓报告制度;

(五)风险准备金制度;

(六)国务院期货监督管理机构规定的其他风险管理制度。

实行会员分级结算制度的期货交易所,还应当建立、健全结算担保金制度。

第十二条　当期货市场出现异常情况时,期货交易所可以按照其章程规定的权限和

程序,决定采取下列紧急措施,并应当立即报告国务院期货监督管理机构:

（一）提高保证金;

（二）调整涨跌停板幅度;

（三）限制会员或者客户的最大持仓量;

（四）暂时停止交易;

（五）采取其他紧急措施。

前款所称异常情况,是指在交易中发生操纵期货交易价格的行为或者发生不可抗拒的突发事件以及国务院期货监督管理机构规定的其他情形。

异常情况消失后,期货交易所应当及时取消紧急措施。

第十三条 期货交易所办理下列事项,应当经国务院期货监督管理机构批准:

（一）制定或者修改章程、交易规则;

（二）上市、中止、取消或者恢复交易品种;

（三）上市、修改或者终止合约;

（四）变更住所或者营业场所;

（五）合并、分立或者解散;

（六）国务院期货监督管理机构规定的其他事项。

国务院期货监督管理机构批准期货交易所上市新的交易品种,应当征求国务院有关部门的意见。

第十四条 期货交易所的所得收益按照国家有关规定管理和使用,但应当首先用于保证期货交易场所、设施的运行和改善。

第三章 期 货 公 司

第十五条 期货公司是依照《中华人民共和国公司法》和本条例规定设立的经营期货业务的金融机构。设立期货公司,应当经国务院期货监督管理机构批准,并在公司登记机关登记注册。

未经国务院期货监督管理机构批准,任何单位或者个人不得设立或者变相设立期货公司,经营期货业务。

第十六条 申请设立期货公司,应当符合《中华人民共和国公司法》的规定,并具备下列条件:

（一）注册资本最低限额为人民币 3 000 万元;

（二）董事、监事、高级管理人员具备任职资格,从业人员具有期货从业资格;

（三）有符合法律、行政法规规定的公司章程;

（四）主要股东以及实际控制人具有持续赢利能力,信誉良好,最近 3 年无重大违法违规记录；

（五）有合格的经营场所和业务设施；

（六）有健全的风险管理和内部控制制度；

（七）国务院期货监督管理机构规定的其他条件。

国务院期货监督管理机构根据审慎监管原则和各项业务的风险程度，可以提高注册资本最低限额。注册资本应当是实缴资本。股东应当以货币或者期货公司经营必需的非货币财产出资，货币出资比例不得低于 85％。

国务院期货监督管理机构应当在受理期货公司设立申请之日起 6 个月内，根据审慎监管原则进行审查，做出批准或者不批准的决定。

未经国务院期货监督管理机构批准，任何单位和个人不得委托或者接受他人委托持有或者管理期货公司的股权。

第十七条 期货公司业务实行许可制度，由国务院期货监督管理机构按照其商品期货、金融期货业务种类颁发许可证。期货公司除申请经营境内期货经纪业务外，还可以申请经营境外期货经纪、期货投资咨询以及国务院期货监督管理机构规定的其他期货业务。

期货公司不得从事与期货业务无关的活动，法律、行政法规或者国务院期货监督管理机构另有规定的除外。

期货公司不得从事或者变相从事期货自营业务。

期货公司不得为其股东、实际控制人或者其他关联人提供融资，不得对外担保。

第十八条 期货公司从事经纪业务，接受客户委托，以自己的名义为客户进行期货交易，交易结果由客户承担。

第十九条 期货公司办理下列事项，应当经国务院期货监督管理机构批准：

（一）合并、分立、停业、解散或者破产；

（二）变更公司形式；

（三）变更业务范围；

（四）变更注册资本；

（五）变更 5％以上的股权；

（六）设立、收购、参股或者终止境外期货类经营机构；

（七）国务院期货监督管理机构规定的其他事项。

前款第（四）项、第（七）项所列事项，国务院期货监督管理机构应当自受理申请之日起 20 日内做出批准或者不批准的决定；前款所列其他事项，国务院期货监督管理机构应当自受理申请之日起 2 个月内做出批准或者不批准的决定。

第二十条 期货公司办理下列事项，应当经国务院期货监督管理机构派出机构批准：

（一）变更法定代表人；

（二）变更住所或者营业场所；

（三）设立或者终止境内分支机构；

（四）变更境内分支机构的营业场所、负责人或者经营范围；

（五）国务院期货监督管理机构规定的其他事项。

前款第（一）项、第（二）项、第（四）项、第（五）项所列事项，国务院期货监督管理机构派出机构应当自受理申请之日起 20 日内做出批准或者不批准的决定；前款第（三）项所列事项，国务院期货监督管理机构派出机构应当自受理申请之日起 2 个月内做出批准或者不批准的决定。

第二十一条　期货公司或者其分支机构有《中华人民共和国行政许可法》第七十条规定的情形或者下列情形之一的，国务院期货监督管理机构应当依法办理期货业务许可证注销手续：

（一）营业执照被公司登记机关依法注销；

（二）成立后无正当理由超过 3 个月未开始营业，或者开业后无正当理由停业连续 3 个月以上；

（三）主动提出注销申请；

（四）国务院期货监督管理机构规定的其他情形。

期货公司在注销期货业务许可证前，应当结清相关期货业务，并依法返还客户的保证金和其他资产。期货公司分支机构在注销经营许可证前，应当终止经营活动，妥善处理客户资产。

第二十二条　期货公司应当建立、健全并严格执行业务管理规则、风险管理制度，遵守信息披露制度，保障客户保证金的存管安全，按照期货交易所的规定，向期货交易所报告大户名单、交易情况。

第二十三条　从事期货投资咨询以及为期货公司提供中间介绍等业务的其他期货经营机构，应当取得国务院期货监督管理机构批准的业务资格，具体管理办法由国务院期货监督管理机构制定。

第四章　期货交易基本规则

第二十四条　在期货交易所进行期货交易的，应当是期货交易所会员。

第二十五条　期货公司接受客户委托为其进行期货交易，应当事先向客户出示风险说明书，经客户签字确认后，与客户签订书面合同。期货公司不得未经客户委托或者不按照客户委托内容，擅自进行期货交易。

期货公司不得向客户做获利保证；不得在经纪业务中与客户约定分享利益或者共担风险。

第二十六条　下列单位和个人不得从事期货交易，期货公司不得接受其委托为其进行期货交易：

（一）国家机关和事业单位；

（二）国务院期货监督管理机构、期货交易所、期货保证金安全存管监控机构和期货业协会的工作人员；

（三）证券、期货市场禁止进入者；

（四）未能提供开户证明材料的单位和个人；

（五）国务院期货监督管理机构规定不得从事期货交易的其他单位和个人。

第二十七条　客户可以通过书面、电话、互联网或者国务院期货监督管理机构规定的其他方式，向期货公司下达交易指令。客户的交易指令应当明确、全面。

期货公司不得隐瞒重要事项或者使用其他不正当手段诱骗客户发出交易指令。

第二十八条　期货交易所应当及时公布上市品种合约的成交量、成交价、持仓量、最高价与最低价、开盘价与收盘价和其他应当公布的即时行情，并保证即时行情的真实、准确。期货交易所不得发布价格预测信息。

未经期货交易所许可，任何单位和个人不得发布期货交易即时行情。

第二十九条　期货交易应当严格执行保证金制度。期货交易所向会员、期货公司向客户收取的保证金，不得低于国务院期货监督管理机构、期货交易所规定的标准，并应当与自有资金分开，专户存放。

期货交易所向会员收取的保证金，属于会员所有，除用于会员的交易结算外，严禁挪作他用。

期货公司向客户收取的保证金，属于客户所有，除下列可划转的情形外，严禁挪作他用：

（一）依据客户的要求支付可用资金；

（二）为客户交存保证金，支付手续费、税款；

（三）国务院期货监督管理机构规定的其他情形。

第三十条　期货公司应当为每一个客户单独开立专门账户、设置交易编码，不得混码交易。

第三十一条　期货公司经营期货经纪业务又同时经营其他期货业务的，应当严格执行业务分离和资金分离制度，不得混合操作。

第三十二条　期货交易所会员、客户可以使用标准仓单、国债等价值稳定、流动性强的有价证券充抵保证金进行期货交易。有价证券的种类、价值的计算方法和充抵保证金的比例等，由国务院期货监督管理机构规定。

第三十三条　银行业金融机构从事期货保证金存管、期货结算业务的资格，经国务院银行业监督管理机构审核同意后，由国务院期货监督管理机构批准。

第三十四条　期货交易所、期货公司、非期货公司结算会员应当按照国务院期货监督管理机构、财政部门的规定提取、管理和使用风险准备金,不得挪用。

第三十五条　期货交易的收费项目、收费标准和管理办法由国务院有关主管部门统一制定并公布。

第三十六条　期货交易应当采用公开的集中交易方式或者国务院期货监督管理机构批准的其他方式。

第三十七条　期货交易的结算,由期货交易所统一组织进行。

期货交易所实行当日无负债结算制度。期货交易所应当在当日及时将结算结果通知会员。

期货公司根据期货交易所的结算结果对客户进行结算,并应当将结算结果按照与客户约定的方式及时通知客户。客户应当及时查询并妥善处理自己的交易持仓。

第三十八条　期货交易所会员的保证金不足时,应当及时追加保证金或者自行平仓。会员未在期货交易所规定的时间内追加保证金或者自行平仓的,期货交易所应当将该会员的合约强行平仓,强行平仓的有关费用和发生的损失由该会员承担。

客户保证金不足时,应当及时追加保证金或者自行平仓。客户未在期货公司规定的时间内及时追加保证金或者自行平仓的,期货公司应当将该客户的合约强行平仓,强行平仓的有关费用和发生的损失由该客户承担。

第三十九条　期货交易的交割,由期货交易所统一组织进行。

交割仓库由期货交易所指定。期货交易所不得限制实物交割总量,并应当与交割仓库签订协议,明确双方的权利和义务。交割仓库不得有下列行为:

(一)出具虚假仓单;

(二)违反期货交易所业务规则,限制交割商品的入库、出库;

(三)泄露与期货交易有关的商业秘密;

(四)违反国家有关规定参与期货交易;

(五)国务院期货监督管理机构规定的其他行为。

第四十条　会员在期货交易中违约的,期货交易所先以该会员的保证金承担违约责任;保证金不足的,期货交易所应当以风险准备金和自有资金代为承担违约责任,并由此取得对该会员的相应追偿权。

客户在期货交易中违约的,期货公司先以该客户的保证金承担违约责任;保证金不足的,期货公司应当以风险准备金和自有资金代为承担违约责任,并由此取得对该客户的相应追偿权。

第四十一条　实行会员分级结算制度的期货交易所,应当向结算会员收取结算担保金。期货交易所只对结算会员结算,收取和追收保证金,以结算担保金、风险准备金、自有资金代为承担违约责任,以及采取其他相关措施;对非结算会员的结算、收取和追收保证金、代为承担违约责任,以及采取其他相关措施,由结算会员执行。

第四十二条　期货交易所、期货公司和非期货公司结算会员应当保证期货交易、结算、交割资料的完整和安全。

第四十三条　任何单位或者个人不得编造、传播有关期货交易的虚假信息,不得恶意串通、联手买卖或者以其他方式操纵期货交易价格。

第四十四条　任何单位或者个人不得违规使用信贷资金、财政资金进行期货交易。

银行业金融机构从事期货交易融资或者担保业务的资格,由国务院银行业监督管理机构批准。

第四十五条　国有以及国有控股企业进行境内外期货交易,应当遵循套期保值的原则,严格遵守国务院国有资产监督管理机构以及其他有关部门关于企业以国有资产进入期货市场的有关规定。

第四十六条　国务院商务主管部门对境内单位或者个人从事境外商品期货交易的品种进行核准。

境外期货项下购汇、结汇以及外汇收支,应当符合国家外汇管理有关规定。

境内单位或者个人从事境外期货交易的办法,由国务院期货监督管理机构会同国务院商务主管部门、国有资产监督管理机构、银行业监督管理机构、外汇管理部门等有关部门制定,报国务院批准后施行。

第五章　期货业协会

第四十七条　期货业协会是期货业的自律性组织,是社会团体法人。

期货公司以及其他专门从事期货经营的机构应当加入期货业协会,并缴纳会员费。

第四十八条　期货业协会的权力机构为全体会员组成的会员大会。

期货业协会的章程由会员大会制定,并报国务院期货监督管理机构备案。

期货业协会设理事会。理事会成员按照章程的规定选举产生。

第四十九条　期货业协会履行下列职责:

(一)教育和组织会员遵守期货法律、法规和政策;

(二)制定会员应当遵守的行业自律性规则,监督、检查会员行为,对违反协会章程和自律性规则的,按照规定给予纪律处分;

(三)负责期货从业人员资格的认定、管理以及撤销工作;

(四)受理客户与期货业务有关的投诉,对会员之间、会员与客户之间发生的纠纷进行调解;

(五)依法维护会员的合法权益,向国务院期货监督管理机构反映会员的建议和要求;

(六)组织期货从业人员的业务培训,开展会员间的业务交流;

（七）组织会员就期货业的发展、运作以及有关内容进行研究；

（八）期货业协会章程规定的其他职责。

期货业协会的业务活动应当接受国务院期货监督管理机构的指导和监督。

第六章　监　督　管　理

第五十条　国务院期货监督管理机构对期货市场实施监督管理，依法履行下列职责：

（一）制定有关期货市场监督管理的规章、规则，并依法行使审批权；

（二）对品种的上市、交易、结算、交割等期货交易及其相关活动，进行监督管理；

（三）对期货交易所、期货公司及其他期货经营机构、非期货公司结算会员、期货保证金安全存管监控机构、期货保证金存管银行、交割仓库等市场相关参与者的期货业务活动，进行监督管理；

（四）制定期货从业人员的资格标准和管理办法，并监督实施；

（五）监督检查期货交易的信息公开情况；

（六）对期货业协会的活动进行指导和监督；

（七）对违反期货市场监督管理法律、行政法规的行为进行查处；

（八）开展与期货市场监督管理有关的国际交流、合作活动；

（九）法律、行政法规规定的其他职责。

第五十一条　国务院期货监督管理机构依法履行职责，可以采取下列措施：

（一）对期货交易所、期货公司及其他期货经营机构、非期货公司结算会员、期货保证金安全存管监控机构和交割仓库进行现场检查；

（二）进入涉嫌违法行为发生场所调查取证；

（三）询问当事人和与被调查事件有关的单位和个人，要求其对与被调查事件有关的事项做出说明；

（四）查阅、复制与被调查事件有关的财产权登记等资料；

（五）查阅、复制当事人和与被调查事件有关的单位和个人的期货交易记录、财务会计资料以及其他相关文件和资料；对可能被转移、隐匿或者毁损的文件和资料，可以予以封存；

（六）查询与被调查事件有关的单位的保证金账户和银行账户；

（七）在调查操纵期货交易价格、内幕交易等重大期货违法行为时，经国务院期货监督管理机构主要负责人批准，可以限制被调查事件当事人的期货交易，但限制的时间不得超过 15 个交易日；案情复杂的，可以延长至 30 个交易日；

（八）法律、行政法规规定的其他措施。

第五十二条　期货交易所、期货公司及其他期货经营机构、期货保证金安全存管监控机构,应当向国务院期货监督管理机构报送财务会计报告、业务资料和其他有关资料。

对期货公司及其他期货经营机构报送的年度报告,国务院期货监督管理机构应当指定专人进行审核,并制作审核报告。审核人员应当在审核报告上签字。审核中发现问题的,国务院期货监督管理机构应当及时采取相应措施。

必要时,国务院期货监督管理机构可以要求非期货公司结算会员、交割仓库,以及期货公司股东、实际控制人或者其他关联人报送相关资料。

第五十三条　国务院期货监督管理机构依法履行职责,进行监督检查或者调查时,被检查、调查的单位和个人应当配合,如实提供有关文件和资料,不得拒绝、阻碍和隐瞒;其他有关部门和单位应当给予支持和配合。

第五十四条　国家根据期货市场发展的需要,设立期货投资者保障基金。

期货投资者保障基金的筹集、管理和使用的具体办法,由国务院期货监督管理机构会同国务院财政部门制定。

第五十五条　国务院期货监督管理机构应当建立、健全保证金安全存管监控制度,设立期货保证金安全存管监控机构。

客户和期货交易所、期货公司及其他期货经营机构、非期货公司结算会员以及期货保证金存管银行,应当遵守国务院期货监督管理机构有关保证金安全存管监控的规定。

第五十六条　期货保证金安全存管监控机构依照有关规定对保证金安全实施监控,进行每日稽核,发现问题应当立即报告国务院期货监督管理机构。国务院期货监督管理机构应当根据不同情况,依照本条例有关规定及时处理。

第五十七条　国务院期货监督管理机构对期货交易所、期货公司及其他期货经营机构和期货保证金安全存管监控机构的董事、监事、高级管理人员以及其他期货从业人员,实行资格管理制度。

第五十八条　国务院期货监督管理机构应当制定期货公司持续性经营规则,对期货公司的净资本与净资产的比例,净资本与境内期货经纪、境外期货经纪等业务规模的比例,流动资产与流动负债的比例等风险监管指标做出规定;对期货公司及其分支机构的经营条件、风险管理、内部控制、保证金存管、关联交易等方面提出要求。

第五十九条　期货公司及其分支机构不符合持续性经营规则或者出现经营风险的,国务院期货监督管理机构可以对期货公司及其董事、监事和高级管理人员采取谈话、提示、记入信用记录等监管措施或者责令期货公司限期整改,并对其整改情况进行检查验收。

期货公司逾期未改正,其行为严重危及期货公司的稳健运行、损害客户合法权益,或者涉嫌严重违法违规正在被国务院期货监督管理机构调查的,国务院期货监督管理机构可以区别情形,对其采取下列措施:

(一)限制或者暂停部分期货业务;

（二）停止批准新增业务或者分支机构；

（三）限制分配红利，限制向董事、监事、高级管理人员支付报酬、提供福利；

（四）限制转让财产或者在财产上设定其他权利；

（五）责令更换董事、监事、高级管理人员或者有关业务部门、分支机构的负责人员，或者限制其权利；

（六）限制期货公司自有资金或者风险准备金的调拨和使用；

（七）责令控股股东转让股权或者限制有关股东行使股东权利。

对经过整改符合有关法律、行政法规规定以及持续性经营规则要求的期货公司，国务院期货监督管理机构应当自验收完毕之日起 3 日内解除对其采取的有关措施。

对经过整改仍未达到持续性经营规则要求，严重影响正常经营的期货公司，国务院期货监督管理机构有权撤销其部分或者全部期货业务许可、关闭其分支机构。

第六十条   期货公司违法经营或者出现重大风险，严重危害期货市场秩序、损害客户利益的，国务院期货监督管理机构可以对该期货公司采取责令停业整顿、指定其他机构托管或者接管等监管措施。经国务院期货监督管理机构批准，可以对该期货公司直接负责的董事、监事、高级管理人员和其他直接责任人员采取以下措施：

（一）通知出境管理机关依法阻止其出境；

（二）申请司法机关禁止其转移、转让或者以其他方式处分财产，或者在财产上设定其他权利。

第六十一条   期货公司的股东有虚假出资或者抽逃出资行为的，国务院期货监督管理机构应当责令其限期改正，并可责令其转让所持期货公司的股权。

在股东按照前款要求改正违法行为、转让所持期货公司的股权前，国务院期货监督管理机构可以限制其股东权利。

第六十二条   当期货市场出现异常情况时，国务院期货监督管理机构可以采取必要的风险处置措施。

第六十三条   期货公司的交易软件、结算软件，应当满足期货公司审慎经营和风险管理以及国务院期货监督管理机构有关保证金安全存管监控规定的要求。期货公司的交易软件、结算软件不符合要求的，国务院期货监督管理机构有权要求期货公司予以改进或者更换。

国务院期货监督管理机构可以要求期货公司的交易软件、结算软件的供应商提供该软件的相关资料，供应商应当予以配合。国务院期货监督管理机构对供应商提供的相关资料负有保密义务。

第六十四条   期货公司涉及重大诉讼、仲裁，或者股权被冻结或者用于担保，以及发生其他重大事件时，期货公司及其相关股东、实际控制人应当自该事件发生之日起 5 日内向国务院期货监督管理机构提交书面报告。

第六十五条　会计师事务所、律师事务所、资产评估机构等中介服务机构向期货交易所和期货公司等市场相关参与者提供相关服务时,应当遵守期货法律、行政法规以及国家有关规定,并按照国务院期货监督管理机构的要求提供相关资料。

第六十六条　国务院期货监督管理机构应当与有关部门建立监督管理的信息共享和协调配合机制。

国务院期货监督管理机构可以和其他国家或者地区的期货监督管理机构建立监督管理合作机制,实施跨境监督管理。

第六十七条　国务院期货监督管理机构、期货交易所、期货保证金安全存管监控机构和期货保证金存管银行等相关单位的工作人员,应当忠于职守,依法办事,公正廉洁,保守国家秘密和有关当事人的商业秘密,不得利用职务便利牟取不正当的利益。

第七章　法律责任

第六十八条　期货交易所、非期货公司结算会员有下列行为之一的,责令改正,给予警告,没收违法所得:

(一)违反规定接纳会员的;

(二)违反规定收取手续费的;

(三)违反规定使用、分配收益的;

(四)不按照规定公布即时行情的,或者发布价格预测信息的;

(五)不按照规定向国务院期货监督管理机构履行报告义务的;

(六)不按照规定向国务院期货监督管理机构报送有关文件、资料的;

(七)不按照规定建立、健全结算担保金制度的;

(八)不按照规定提取、管理和使用风险准备金的;

(九)违反国务院期货监督管理机构有关保证金安全存管监控规定的;

(十)限制会员实物交割总量的;

(十一)任用不具备资格的期货从业人员的;

(十二)违反国务院期货监督管理机构规定的其他行为。

有前款所列行为之一的,对直接负责的主管人员和其他直接责任人员给予纪律处分,处 1 万元以上 10 万元以下的罚款。

有本条第一款第(二)项所列行为的,应当责令退还多收取的手续费。

期货保证金安全存管监控机构有本条第一款第(五)项、第(六)项、第(九)项、第(十一)项、第(十二)项所列行为的,依照本条第一款、第二款的规定处罚、处分。期货保证金存管银行有本条第一款第(九)项、第(十二)项所列行为的,依照本条第一款、第二款的规定处罚、处分。

第六十九条　期货交易所、非期货公司结算会员有下列行为之一的,责令改正,给予警告,没收违法所得,并处违法所得1倍以上5倍以下的罚款;没有违法所得或者违法所得不满10万元的,并处10万元以上50万元以下的罚款;情节严重的,责令停业整顿:

(一) 未经批准,擅自办理本条例第十三条所列事项的;

(二) 允许会员在保证金不足的情况下进行期货交易的;

(三) 直接或者间接参与期货交易,或者违反规定从事与其职责无关的业务的;

(四) 违反规定收取保证金,或者挪用保证金的;

(五) 伪造、涂改或者不按照规定保存期货交易、结算、交割资料的;

(六) 未建立或者未执行当日无负债结算、涨跌停板、持仓限额和大户持仓报告制度的;

(七) 拒绝或者妨碍国务院期货监督管理机构监督检查的;

(八) 违反国务院期货监督管理机构规定的其他行为。

有前款所列行为之一的,对直接负责的主管人员和其他直接责任人员给予纪律处分,处1万元以上10万元以下的罚款。

期货保证金安全存管监控机构有本条第一款第(三)项、第(七)项、第(八)项所列行为的,依照本条第一款、第二款的规定处罚、处分。

第七十条　期货公司有下列行为之一的,责令改正,给予警告,没收违法所得,并处违法所得1倍以上3倍以下的罚款;没有违法所得或者违法所得不满10万元的,并处10万元以上30万元以下的罚款;情节严重的,责令停业整顿或者吊销期货业务许可证:

(一) 接受不符合规定条件的单位或者个人委托的;

(二) 允许客户在保证金不足的情况下进行期货交易的;

(三) 未经批准,擅自办理本条例第十九条、第二十条所列事项的;

(四) 违反规定从事与期货业务无关的活动的;

(五) 从事或者变相从事期货自营业务的;

(六) 为其股东、实际控制人或者其他关联人提供融资,或者对外担保的;

(七) 违反国务院期货监督管理机构有关保证金安全存管监控规定的;

(八) 不按照规定向国务院期货监督管理机构履行报告义务或者报送有关文件、资料的;

(九) 交易软件、结算软件不符合期货公司审慎经营和风险管理以及国务院期货监督管理机构有关保证金安全存管监控规定的要求的;

(十) 不按照规定提取、管理和使用风险准备金的;

(十一) 伪造、涂改或者不按照规定保存期货交易、结算、交割资料的;

(十二) 任用不具备资格的期货从业人员的;

(十三) 伪造、变造、出租、出借、买卖期货业务许可证或者经营许可证的;

（十四）进行混码交易的；

（十五）拒绝或者妨碍国务院期货监督管理机构监督检查的；

（十六）违反国务院期货监督管理机构规定的其他行为。

期货公司有前款所列行为之一的，对直接负责的主管人员和其他直接责任人员给予警告，并处 1 万元以上 5 万元以下的罚款；情节严重的，暂停或者撤销任职资格、期货从业人员资格。

期货公司之外的其他期货经营机构有本条第一款第（八）项、第（十二）项、第（十三）项、第（十五）项、第（十六）项所列行为的，依照本条第一款、第二款的规定处罚。

期货公司的股东、实际控制人或者其他关联人未经批准擅自委托他人或者接受他人委托持有或者管理期货公司股权的，拒不配合国务院期货监督管理机构的检查，拒不按照规定履行报告义务、提供有关信息和资料，或者报送、提供的信息和资料有虚假记载、误导性陈述或者重大遗漏的，依照本条第一款、第二款的规定处罚。

第七十一条 期货公司有下列欺诈客户行为之一的，责令改正，给予警告，没收违法所得，并处违法所得 1 倍以上 5 倍以下的罚款；没有违法所得或者违法所得不满 10 万元的，并处 10 万元以上 50 万元以下的罚款；情节严重的，责令停业整顿或者吊销期货业务许可证：

（一）向客户做获利保证或者不按照规定向客户出示风险说明书的；

（二）在经纪业务中与客户约定分享利益、共担风险的；

（三）不按照规定接受客户委托或者不按照客户委托内容擅自进行期货交易的；

（四）隐瞒重要事项或者使用其他不正当手段，诱骗客户发出交易指令的；

（五）向客户提供虚假成交回报的；

（六）未将客户交易指令下达到期货交易所的；

（七）挪用客户保证金的；

（八）不按照规定在期货保证金存管银行开立保证金账户，或者违规划转客户保证金的；

（九）国务院期货监督管理机构规定的其他欺诈客户的行为。

期货公司有前款所列行为之一的，对直接负责的主管人员和其他直接责任人员给予警告，并处 1 万元以上 10 万元以下的罚款；情节严重的，暂停或者撤销任职资格、期货从业人员资格。

任何单位或者个人编造并且传播有关期货交易的虚假信息，扰乱期货交易市场的，依照本条第一款、第二款的规定处罚。

第七十二条 期货公司及其他期货经营机构、非期货公司结算会员、期货保证金存管银行提供虚假申请文件或者采取其他欺诈手段隐瞒重要事实骗取期货业务许可的，撤销其期货业务许可，没收违法所得。

第七十三条 期货交易内幕信息的知情人或者非法获取期货交易内幕信息的人,在对期货交易价格有重大影响的信息尚未公开前,利用内幕信息从事期货交易,或者向他人泄露内幕信息,使他人利用内幕信息进行期货交易的,没收违法所得,并处违法所得1倍以上5倍以下的罚款;没有违法所得或者违法所得不满10万元的,处10万元以上50万元以下的罚款。单位从事内幕交易的,还应当对直接负责的主管人员和其他直接责任人员给予警告,并处3万元以上30万元以下的罚款。

国务院期货监督管理机构、期货交易所和期货保证金安全存管监控机构的工作人员进行内幕交易的,从重处罚。

第七十四条 任何单位或者个人有下列行为之一,操纵期货交易价格的,责令改正,没收违法所得,并处违法所得1倍以上5倍以下的罚款;没有违法所得或者违法所得不满20万元的,处20万元以上100万元以下的罚款:

(一)单独或者合谋,集中资金优势、持仓优势或者利用信息优势联合或者连续买卖合约,操纵期货交易价格的;

(二)蓄意串通,按事先约定的时间、价格和方式相互进行期货交易,影响期货交易价格或者期货交易量的;

(三)以自己为交易对象,自买自卖,影响期货交易价格或者期货交易量的;

(四)为影响期货市场行情囤积现货的;

(五)国务院期货监督管理机构规定的其他操纵期货交易价格的行为。

单位有前款所列行为之一的,对直接负责的主管人员和其他直接责任人员给予警告,并处1万元以上10万元以下的罚款。

第七十五条 交割仓库有本条例第三十九条第二款所列行为之一的,责令改正,给予警告,没收违法所得,并处违法所得1倍以上5倍以下的罚款;没有违法所得或者违法所得不满10万元的,并处10万元以上50万元以下的罚款;情节严重的,责令期货交易所暂停或者取消其交割仓库资格。对直接负责的主管人员和其他直接责任人员给予警告,并处1万元以上10万元以下的罚款。

第七十六条 国有以及国有控股企业违反本条例和国务院国有资产监督管理机构以及其他有关部门关于企业以国有资产进入期货市场的有关规定进行期货交易,或者单位、个人违规使用信贷资金、财政资金进行期货交易的,给予警告,没收违法所得,并处违法所得1倍以上5倍以下的罚款;没有违法所得或者违法所得不满10万元的,并处10万元以上50万元以下的罚款。对直接负责的主管人员和其他直接责任人员给予降级直至开除的纪律处分。

第七十七条 境内单位或者个人违反规定从事境外期货交易的,责令改正,给予警告,没收违法所得,并处违法所得1倍以上5倍以下的罚款;没有违法所得或者违法所得不满20万元的,并处20万元以上100万元以下的罚款;情节严重的,暂停其境外期货交易。对直接负责的主管人员和其他直接责任人员给予警告,并处 1 万元以上 10 万元以下的罚款。

第七十八条　任何单位或者个人非法设立或者变相设立期货交易所、期货公司及其他期货经营机构,或者擅自从事期货业务,或者组织变相期货交易活动的,予以取缔,没收违法所得,并处违法所得 1 倍以上 5 倍以下的罚款;没有违法所得或者违法所得不满 20 万元的,处 20 万元以上 100 万元以下的罚款。对直接负责的主管人员和其他直接责任人员给予警告,并处 1 万元以上 10 万元以下的罚款。

第七十九条　期货公司的交易软件、结算软件供应商拒不配合国务院期货监督管理机构调查,或者未按照规定向国务院期货监督管理机构提供相关软件资料,或者提供的软件资料有虚假、重大遗漏的,责令改正,处 3 万元以上 10 万元以下的罚款。对直接负责的主管人员和其他直接责任人员给予警告,并处 1 万元以上 5 万元以下的罚款。

第八十条　会计师事务所、律师事务所、资产评估机构等中介服务机构未勤勉尽责,所出具的文件有虚假记载、误导性陈述或者重大遗漏的,责令改正,没收业务收入,暂停或者撤销相关业务许可,并处业务收入 1 倍以上 5 倍以下的罚款。对直接负责的主管人员和其他直接责任人员给予警告,并处 3 万元以上 10 万元以下的罚款。

第八十一条　任何单位或者个人违反本条例规定,情节严重的,由国务院期货监督管理机构宣布该个人、该单位或者该单位的直接责任人员为期货市场禁止进入者。

第八十二条　国务院期货监督管理机构、期货交易所、期货保证金安全存管监控机构和期货保证金存管银行等相关单位的工作人员,泄露知悉的国家秘密或者会员、客户商业秘密,或者徇私舞弊、玩忽职守、滥用职权、收受贿赂的,依法给予行政处分或者纪律处分。

第八十三条　违反本条例规定,构成犯罪的,依法追究刑事责任。

第八十四条　对本条例规定的违法行为的行政处罚,由国务院期货监督管理机构决定;涉及其他有关部门法定职权的,国务院期货监督管理机构应当会同其他有关部门处理;属于其他有关部门法定职权的,国务院期货监督管理机构应当移交其他有关部门处理。

第八章　附　　则

第八十五条　本条例下列用语的含义:

(一)期货合约,是指由期货交易所统一制定的、规定在将来某一特定的时间和地点交割一定数量标的物的标准化合约。根据合约标的物的不同,期货合约分为商品期货合约和金融期货合约。商品期货合约的标的物包括农产品、工业品、能源和其他商品及其相关指数产品;金融期货合约的标的物包括有价证券、利率、汇率等金融产品及其相关指数产品。

（二）期权合约，是指由期货交易所统一制定的、规定买方有权在将来某一时间以特定价格买入或者卖出约定标的物（包括期货合约）的标准化合约。

（三）保证金，是指期货交易者按照规定标准缴纳的资金，用于结算和保证履约。

（四）结算，是指根据期货交易所公布的结算价格对交易双方的交易盈亏状况进行的资金清算和划转。

（五）交割，是指合约到期时，按照期货交易所的规则和程序，交易双方通过该合约所载标的物所有权的转移，或者按照规定结算价格进行现金差价结算，了结到期未平仓合约的过程。

（六）平仓，是指期货交易者买入或者卖出与其所持合约的品种、数量和交割月份相同但交易方向相反的合约，了结期货交易的行为。

（七）持仓量，是指期货交易者所持有的未平仓合约的数量。

（八）持仓限额，是指期货交易所对期货交易者的持仓量规定的最高数额。

（九）仓单，是指交割仓库开具并经期货交易所认定的标准化提货凭证。

（十）涨跌停板，是指合约在 1 个交易日中的交易价格不得高于或者低于规定的涨跌幅度，超出该涨跌幅度的报价将被视为无效，不能成交。

（十一）内幕信息，是指可能对期货交易价格产生重大影响的尚未公开的信息，包括：国务院期货监督管理机构以及其他相关部门制定的对期货交易价格可能发生重大影响的政策，期货交易所做出的可能对期货交易价格发生重大影响的决定，期货交易所会员、客户的资金和交易动向以及国务院期货监督管理机构认定的对期货交易价格有显著影响的其他重要信息。

（十二）内幕信息的知情人员，是指由于其管理地位、监督地位或者职业地位，或者作为雇员、专业顾问履行职务，能够接触或者获得内幕信息的人员，包括：期货交易所的管理人员以及其他由于任职可获取内幕信息的从业人员，国务院期货监督管理机构和其他有关部门的工作人员以及国务院期货监督管理机构规定的其他人员。

第八十六条 国务院期货监督管理机构可以批准设立期货专门结算机构，专门履行期货交易所的结算以及相关职责，并承担相应法律责任。

第八十七条 境外机构在境内设立、收购或者参股期货经营机构，以及境外期货经营机构在境内设立分支机构（含代表处）的管理办法，由国务院期货监督管理机构会同国务院商务主管部门、外汇管理部门等有关部门制订，报国务院批准后施行。

第八十八条 在期货交易所之外的国务院期货监督管理机构批准的交易场所进行的期货交易，依照本条例的有关规定执行。

第八十九条 任何机构或者市场，未经国务院期货监督管理机构批准，采用集中交易方式进行标准化合约交易，同时采用以下交易机制或者具备以下交易机制特征之一的，为变相期货交易：

（一）为参与集中交易的所有买方和卖方提供履约担保的；

（二）实行当日无负债结算制度和保证金制度，同时保证金收取比例低于合约（或者合同）标的额 20％的。

本条例施行前采用前款规定的交易机制或者具备前款规定的交易机制特征之一的机构或者市场，应当在国务院商务主管部门规定的期限内进行整改。

第九十条　不属于期货交易的商品或者金融产品的其他交易活动，由国家有关部门监督管理，不适用本条例。

第九十一条　本条例自 2007 年 4 月 15 日起施行。1999 年 6 月 2 日国务院发布的《期货交易管理暂行条例》同时废止。

实验报告模板

第一章　实验名称

班级：　　　　　　　学号：　　　　　　　姓名：

1. 实验目的与原理

2. 实验环境（地点、时间、软件）

3. 实验设计方案（实验步骤）

4. 实验内容（数据资料、交易情况等）

5. 实验结果分析（运用理论分析实验结果）

6. 实验结论及小结

7. 实验心得体会

8. 参考文献

实验报告要求

1. 资料真实可靠；

2. 交易目的明确、选择合约合理、数量准确；

3. 客观分析现货市场的风险；

4. 对套期保值的结果进行公正的评价；

5. 报告结构完整、语言通顺、分析与评价充分；

6. 采用宋体，小 4 号字打印。

参 考 文 献

[1]　陈松男.金融分析:投资策略与衍生创新[M].上海:复旦大学出版社,2001.

[2]　戴志敏.证券投资分析学理论、实践与案例分析[M].杭州:浙江大学出版社,2009.

[3]　邓幼强,吴静.金融实验教程[M].北京:北京大学出版社,2006.

[4]　丁忠明,黄华继.证券投资学实验教程[M].北京:中国金融出版社,2008.

[5]　董正信.证券投资学[M].石家庄:河北人民出版社,2005.

[6]　胡利琴.金融工程实验教程[M].武汉:武汉大学出版社,2008.

[7]　李国强,李雯.证券投资分析[M].北京:机械工业出版社,2008.

[8]　李健华.证券投资实验教程[M].北京:经济科学出版社,2010.

[9]　李建军.金融统计分析实验教程[M].北京:清华大学出版社,2011.

[10]　李健元.证券、期货、外汇模拟实验[M].大连:东北财经大学出版社,2008.

[11]　娄伟等.买得准,长线攻略,海通证券分析师研究新思路[M].长春:吉林大学出版社,2001.

[12]　任森春.金融业务综合实验教程[M].天津:天津大学出版社,2009.

[13]　邵新力.外汇交易分析与实验[M].北京:中国金融出版社,2007.

[14]　束景虹.证券投资分析[M].北京:对外经济贸易大学出版社,2008.

[15]　宋玉臣,刘柏.金融市场投资实验教程[M].长春:吉林大学出版社,2008.

[16]　孙静,王景增,刘宇.金融综合实验教程[M].北京:社会科学文献出版社,2009.

[17]　王晓芳.证券投资的理论分析与发展研究[M].北京:中国经济出版社,1997.

[18]　魏娜.实用证券投资分析教程[M].沈阳:东北大学出版社,2010.

[19]　杨朝军,蔡明超等.证券投资分析:理论前沿与中国实证[M].上海:上海交通大学出版社,2004.

[20]　杨长江,姜波克.国际金融[M].北京:高等教育出版社,2011.

[21]　张玉明.证券投资学[M].北京:北京交通大学出版社,2007.

[22]　张元萍.金融投资实验教程[M].北京:北京经济学院出版社,2006.

[23]　张元萍.金融投资实验教程(修订第2版)[M].北京:首都经济贸易大学出版社,2010.

[24]　赵庆国.证券投资学[M].南京:东南大学出版社,2005.

[25]　赵文君.证券投资基础与实务[M].北京:清华大学出版社,2010.

[26]　中国证券业协会.证券投资分析[M].北京:中国金融出版社,2008.

[27]　周爱民,陈婷婷,周霞等.实验金融学[M].北京:中国财政经济出版社,2008.

[28]　上海证券交易所网站 http://www.sse.com.cn

[29]　深圳证券交易所网站 http://www.szse.cn

[30]　上海期货交易所网站 www.shfe.com.cn

[31]　大连期货交易所网站 www.dce.com.cn

[32]　郑州期货交易所网站 www.czce.com.cn

[33]　中国货币网 www.chinamoney.com.cn

[34]　约翰·赫尔.期权与期货市场基本原理(英文版.第6版)[M].北京:机械工业出版社,2010.